Votre portrait astrologique

Isabelle Teissier du Cros

Votre portrait astrologique

Douze images symboliques, douze regards, douze rôles à jouer

Marabout

À Pierre,
pour ses encouragements et son soutien,
pour son intelligence à comprendre tant de choses
et sa sagesse à accueillir celles qui lui restent incompréhensibles.

Sommaire

AVANT-PROPOS 9

Astrologie 11
Les éléments 20
Planètes, Ascendant et Milieu-du-Ciel 23
Les Maisons 28
Et si le zodiaque était une montre ? 34
Douze portraits zodiacaux 35

BÉLIER 43
TAUREAU 69
GÉMEAUX 99
CANCER 129
LION 161
VIERGE 193
BALANCE 227
SCORPION 259
SAGITTAIRE 291
CAPRICORNE 325
VERSEAU 361
POISSONS 393

AVANT-PROPOS

Astrologie

L'astrologie est l'art de la correspondance entre l'homme et le cosmos, l'étude du lien invisible et mystérieux qui nous unit au système solaire. L'astrologie est un langage, un objet de méditation. Elle transforme notre vision du monde, notre regard sur les autres et sur nous-même. Elle nous fait toucher du doigt notre participation à un mouvement incessant, à une dynamique qui nous dépasse, celle des pulsations du cosmos. Pour s'intéresser à l'astrologie, il faut laisser derrière soi quatre siècles de matérialisme scientifique et s'ouvrir à l'intuition secrète – ou à l'intime conviction – que notre univers répond à l'antique loi de l'interdépendance universelle, où chaque partie est en sympathie avec les autres. Tels sont le postulat et le fondement de l'astrologie.

Pour être astrologue, pour écouter un astrologue, il faut croire. Non pas croire que « l'astrologie, ça marche », mais avoir une certaine représentation du monde ; croire que nous sommes de la poussière d'étoiles, composés des mêmes atomes que les planètes ; qu'il existe différentes échelles de temps, et qu'elles se correspondent ; que nous ne sommes ni seuls ni séparés, mais que nous appartenons au cosmos ; que les battements d'ailes du papillon suffisent à perturber de manière infinitésimale le mouvement de la Terre ; que chaque être vivant, chaque chose inerte, chaque pensée, chaque prière, chaque intention et chaque acte sont interdépendants les uns des autres, et que rien ne tombe jamais ni dans le néant ni dans l'oubli, mais nourrit les noces toujours recommencées de la vie et de la mort. Chaque détail, du brin d'herbe à la furtive inquiétude, est une pièce du grand puzzle.

Il faut être poète.

Il faut croire que l'âme est éternelle et qu'elle choisit, ou que *quelque chose* en elle choisit l'incarnation dans un certain pays, à une certaine époque, dans une certaine famille qui a une certaine histoire à laquelle elle va participer.

Croire également – je vais en faire bondir certains – que le destin de chacun, même s'il nous est incompréhensible, n'arrive pas *par hasard*, mais qu'il entre dans le processus de la Vie. Certains parleront des impénétrables voies du Seigneur, d'autres du karma ou de l'Esprit. Tout se passe comme si *quelque chose*, à l'intérieur de l'être, choisissait le chemin à prendre, pour répondre à quelque mystérieux projet.

L'astrologie est-elle une science ?

Pour être jugée scientifique, une expérience doit être reproductible ; son résultat ne doit pas varier d'un observateur à l'autre. L'astrologie ne peut remplir ces conditions : on ne peut isoler le facteur astrologique (une planète, par exemple) de son contexte (le système solaire) qui, de surcroît, est en mouvement, donc change constamment. Un thème natal, qui se calcule pour le lieu précis et la minute exacte de la naissance, est unique. Et le ciel ne reproduit jamais la même configuration planétaire (ou alors, à l'échelle de millions d'années). De plus, l'observateur – l'astrologue – n'est pas coupé de ce qu'il observe, et ne saurait en donner une interprétation « objective ». L'astrologie, bien que fondée sur des règles d'interprétation précises, n'en est pas moins un art subjectif, où entre une grande part d'inspiration…

Cela dit, on ne peut non plus assimiler l'astrologie à une science divinatoire, à la voyance, aux cartes ou au marc de café : l'interprétation s'appuie sur des données astronomiques scientifiques.

L'astrologie est une connaissance, un art symbolique qui n'appartient pas au champ de la science mais relève d'un plan transcendantal. Elle ne répond à mon sens à aucun critère scientifique ; elle semble appartenir à un autre niveau de réalité. « C'est dans le cadre des nouveaux paysages épistémologiques ouverts par la physique quantique qu'il est possible de situer le lieu de l'astrologie et de préciser la nature de ses possibles liens avec la science[1]. » Autrement dit, la vision holistique de l'univers que semble permettre la physique quantique peut servir de modèle au symbolisme astrologique.

Outil de prévision ?

Astrologues ou pas, certains croient notre destin tout tracé ; ce sont les adeptes du *Fatum*. D'autres se pensent maîtres de leur vie : l'idée d'un lien profond et invisible avec le reste du monde est souvent, pour ces derniers, une abstraction qui ne les concerne pas. Pour l'astrologue, les événements ne sont pas le fruit du hasard, mais s'inscrivent dans un ordre cosmique qui leur donne sens.

Dans le domaine prévisionnel, l'astrologue peut calculer la position des planètes, la comparer avec les positions natales. Il peut en tirer des conclusions, portant sur l'enjeu du moment pour une personne, sur le passage et la prise de

1. Alain Nègre, *Science et Astrologie*, http://cura.free.fr/quinq/01negre.html

conscience qu'elle est amenée à faire ; sur les schémas psychologiques qui sont à remettre en question, sur les automatismes récurrents qui peuvent être progressivement remplacés par un comportement plus authentique, plus adapté, en somme plus vivant.

Ce que l'astrologie ne peut pas prévoir, ce sont les options que la personne va prendre, ses décisions, ses choix, ses réactions. Si le thème natal dépeint un caractère, et brosse à partir de là une ligne de destinée, celle-ci peut à tout moment être déviée par les prises de conscience. Toute la question du déterminisme se réduit pour moi à cette dualité : rester objet (du destin) ou bien devenir sujet, c'est-à-dire gagner en conscience et donc en liberté.

Vouloir à tout prix prévoir, c'est nier tout espace de libre arbitre et d'évolution.

… ou de conscience ?

J'aimerais vous faire partager ma conviction que nous ne sommes pas des coquilles de noix ballottées entre vents propices et vents contraires. Nous progressons toute notre vie, chacun à notre rythme et à l'intérieur de nos propres limites, vers le statut de sujets conscients. Pour cela, nous devons terrasser quelques dragons, remettre en cause les croyances et automatismes sur lesquels nous nous sommes construits, certes, mais qui ne nous donnent à percevoir qu'une image tronquée (voire radicalement fausse) de nous-mêmes.

À mon sens, la fonction de l'astrologie n'est pas de prévoir ce qui va nous tomber sur la tête, mais de nous aider à prendre conscience de comportements inconscients qui nous envoient, par exemple, droit à la réussite – ou à l'échec.

Sa fonction ne serait donc pas de nous renseigner sur ce qui va nous arriver, mais de nous enseigner une meilleure adaptation aux variations du monde. Rester rivés au fonctionnement naïf de notre thème natal, à notre passé, enfermés dans notre inconscient, implique un jour ou l'autre de la souffrance, parce que le monde change. L'adaptation au monde est nécessairement un élan vers le changement, la transformation et donc la conscience.

Comment ça marche ?

On ne sait pas comment fonctionne l'astrologie. On distingue essentiellement deux théories, dont aucune ne satisfait notre logique cartésienne. Pour reprendre la boutade de Einstein : « La théorie, c'est quand on sait tout et que rien ne fonctionne. La pratique, c'est quand tout fonctionne et que personne ne sait pourquoi. »

Aujourd'hui, certains astrologues s'appuient encore sur le postulat antique de l'*influence* astrale. (À ce propos, il est important de garder à l'esprit que les planètes ne transitent pas un individu, mais son thème, c'est-à-dire la mémoire qu'il a imprimée de l'état du monde à sa naissance. Dans le langage courant, nous n'avons que trop tendance à parler d'un transit « sur mon Soleil », par exemple, ce qui est un raccourci dangereux car, le langage étant créateur de même que la pensée, nous finissons par « imaginer » que le transit se produit « sur » nous en tant qu'être. Le thème est le médiateur, mais nous ne sommes pas notre thème, nous sommes un être en perpétuelle évolution.)

D'autres astrologues, dont ceux qui pratiquent l'astrologie structurale, parlent plutôt de *synchronicité* (notion qui présuppose l'apparition de coïncidences significatives entre des phénomènes sans rapport causal). Cette théorie nous renvoie à l'antique idée de correspondance : « ce qui est en haut *est comme* ce qui est en bas » – ce qui ne signifie pas que ce qui est en haut gouverne, régisse ni *influence* ce qui est en bas. Pour Jung, « les planètes, les signes du zodiaque (…) sont des images archétypiques ou des symboles. Mars, Mercure, Vénus en astrologie représentent les puissances d'agressivité et d'initiative (Mars), de communication (Mercure), d'amour (Vénus) qui sont en nous, que nous avons typifiées et projetées sur les planètes qui nous semblaient le mieux exprimer ces qualités. Et le sentiment de coïncidence psychique que nous pouvons avoir avec l'univers de notre naissance [notre thème natal] n'est pas dû à l'influence physique de ces planètes mais au fait que nous sommes nés en synchronicité avec l'univers tel qu'il était à notre naissance[1] ». En allant plus loin, et dans la mesure où sont indiqués dans le thème des éléments *antérieurs* à sa naissance, tout se passe comme si l'être choisissait, ou était choisi pour s'incarner au lieu et temps de sa naissance, et qu'un ordonnancement mystérieux rendait ce choix cohérent, ou *synchrone* avec la configuration céleste...

Peut-on parler de « bonnes » et de « mauvaises » périodes ?

Ce qu'en astrologie traditionnelle on nomme « transits dissonants » sont des périodes où une planète forme un angle dur (division du cercle zodiacal en 2, 4 ou 8) avec une planète de notre thème ; ce sont des périodes où le système solaire entre en résonance intime avec notre thème natal, c'est-à-dire avec notre mémoire de nouveau-né. Cette résonance perturbe notre croyance, construite sur nos expériences de bébé et symbolisée par l'aspect. Si nous ne prenons pas alors le train en marche pour prendre conscience de cette croyance, la perturbation s'objective sous la forme d'un événement (échec, maladie, accident...) qui nous met face à notre « modèle du monde ».

1. Alain Nègre, *op. cit.*

L'horloge cosmique est en correspondance avec l'horloge biologique humaine ; un transit planétaire n'est pas – à mon sens – une influence extérieure susceptible de détruire mon intégrité, mais la trace visible d'un rythme intérieur, appartenant à mes cycles internes. Si Uranus forme un angle dissonant avec mon Soleil natal, il ne s'agit pas d'une force extérieure susceptible de me détruire ou de m'agresser, mais d'une trace, d'un signe que mon horloge interne est parvenue à un temps de changement, de déclic, qui se passera consciemment ou non. Cette façon de voir permet de ne plus se sentir *objet* virtuellement menacé par des forces extérieures dangereuses et hostiles, mais *sujet* conçu comme une partie d'un Tout (l'univers), agissant en interaction harmonieuse avec ce Tout.

De la même manière qu'il existe plusieurs niveaux de conscience ou de maturité, il existe maintes manières de vivre un transit planétaire. Il peut se manifester matériellement, physiologiquement ou psychologiquement, et cela fait partie de notre libre arbitre que de vivre un transit comme une crise, ou comme une occasion d'évoluer. Il s'agit essentiellement d'une question d'adaptation. Ce que l'on appelle « bonne période » est une phase facile, d'épanouissement, de croissance. On nomme (à tort) « mauvaise » une phase de remise en question, de changement impliquant une prise de conscience, un effort ou un renoncement et le courage de « plonger dans l'Inconnu pour trouver du Nouveau » – ou de se dépasser. C'est dans ces périodes « critiques » que nous donnons à notre vie ses grandes orientations et que nous devenons progressivement ce que nous sommes.

Aujourd'hui, l'astrologie (notamment les courants humaniste[1] et structural) se détache de plus en plus du

1. Lire à ce sujet les ouvrages de Dane Rudhyar, traduits aux éd. du Rocher.

courant traditionnel déterministe pour viser à nous donner les outils de notre propre transformation. Ordinairement, on allait voir un astrologue pour connaître l'avenir. Ce n'est pas forcément inefficace : si l'on imagine une personne malade qui voudrait connaître les prochaines périodes *probables* de rechute ou de crise, il est possible de répondre. Mais il ne s'agit que de *probabilités*, qui ne surviendront que si l'on ne fait rien pour que la situation change.

Le risque de nommer ces probabilités est de peser d'un poids déterministe sur la conscience de la personne, qui sent *ipso facto* son destin lui filer entre les doigts, pour devenir l'objet de forces extérieures arbitraires… Ici, l'on rejoint une vision magique du monde, où les planètes sont en quelque sorte divinisées (pour ne pas dire diabolisées !), où l'homme est un fétu de paille – intelligent mais impuissant face aux dangers qui peuvent l'assaillir à chaque instant.

Ceci est diamétralement opposé à l'idée d'interdépendance universelle, qui implique la réponse immédiate du monde à nos moindres actions extérieures et variations intérieures, et fait croître avec le temps la responsabilité de l'homme face à sa destinée.

L'astrologie soulève des questions fondamentales. Si elle n'avait d'autres mérites, celui-ci suffirait : réfléchir sur la place de l'homme dans l'univers, sur la question du hasard et de la nécessité, sur les relations humaines, sur le sens des événements et du destin.

Les dix cycles planétaires (depuis le cycle lunaire de 28 jours, jusqu'au cycle plutonien de 248 ans) s'imbriquant les uns avec les autres, chaque instant de la vie humaine se place sous une configuration planétaire unique. Autrement dit, la saveur, la couleur, le sens et l'énergie de chaque instant sont éphémères et précieux. L'astrologie nous enseigne l'importance d'être présents au « souffle qui passe », pour reprendre l'expression d'Omar Khayam[1].

L'astrologie nous apprend que la linéarité n'existe pas ; que le temps est cyclique. Qu'à tout flux succède un reflux. À tout déclin, un essor. À toute défaite, une victoire. Que tout est équilibre et harmonie, même si l'harmonie, ponctuellement, à une heure et en un lieu, nous échappe.

Elle nous apprend que l'événement est neutre et que nous sommes responsables du regard que nous posons sur lui, sur ce qu'il nous enseigne.

Que notre liberté est intérieure, qu'elle dépend de notre faculté à ne pas nous identifier à ce que nous croyons être, à ce que nous vivons, à ce que nous faisons.

Que chaque être qui nous inspire de la haine est un miroir.

Que celui qui nous inspire de l'amour est aussi un miroir.

Que l'Autre est irrémédiablement autre, que nous ne serons *jamais* à sa place.

Que l'homme a plusieurs niveaux de conscience, depuis le stade de dépendance lunaire du nourrisson à l'affirmation solaire de l'ego, jusqu'au stade saturnien de responsabilité de l'adulte socialisé. Puis qu'il existe une autre phase d'évolution, transpersonnelle, spirituelle. Que nous sommes libres d'élargir notre univers, notre regard sur le monde, c'est-à-dire d'arrêter notre monde à notre monde sublunaire, aux planètes intérieures, aux planètes visibles, ou aux transsaturniennes. Certains, peut-être, peuvent dépasser, en conscience, le système solaire et comprendre la galaxie. Mais de ceux-là, on peut dire qu'ils ne sont pas d'ici…

---

1. Poète, mathématicien et astrologue perse du XIe siècle.

Les éléments

Pour Aristote, chaque élément (le Feu, la Terre, l'Air, l'Eau) est une combinaison des quatre qualités élémentaires : le **chaud** (mouvement, dynamisme, élan, vie), le **froid** (immobilité, passivité, conservation, mémoire, résistance), le **sec** (rigidité, inadaptation aux variations, conservation, imperméabilité, pérennité) et l'**humide** (adaptation, réceptivité, passivité, sensibilité, inconstance, impressionnabilité). En fonction de ces données, Hippocrate détermina quatre tempéraments : bilieux, nerveux, sanguin et lymphatique.

Yin et Yang

On distingue les éléments **masculins** (Feu et Air) des éléments **féminins** (Terre et Eau). Les premiers sont actifs et réactifs ; les seconds ont besoin d'un temps d'assimilation (réflexion pour la Terre, stabilisation émotionnelle pour l'Eau). Lorsqu'une femme présente une dominante masculine, elle exprimera sa féminité de façon directe, franche, entreprenante, extravertie ; un homme dont le thème ferait dominer les éléments féminins aurait une façon posée, sensible, réceptive d'exprimer sa masculinité ; il serait plus à l'écoute… et plus galant !

Il faudra également combiner l'élément du signe avec sa qualité ternaire : le Bélier, le Cancer, la Balance et le Capricorne sont des signes **cardinaux ;** ils sont à l'origine d'une nouvelle qualité d'énergie (nouvelle saison). Le Taureau, le Lion, le Scorpion et le Verseau sont des signes **fixes :** ils stabilisent l'énergie, concentrent leur action et leur esprit dans une direction. Les Gémeaux, la Vierge, le Sagittaire et les Poissons sont des signes doubles, ou encore **mutables**, qui ont une fonction de liaison ; ils sont adaptables, mobiles, diplomates.

FEU : Bélier, Lion, Sagittaire

Le Feu est l'énergie vitale, la volonté, la passion. Il correspond, dans la psychologie jungienne, à la fonction du « sentiment ». Les personnes chez qui prédomine cet élément se caractérisent par les qualités suivantes : élan, impulsivité, enthousiasme, optimisme, courage, coups de foudre, forte émotivité, excitabilité. Tempérament chaleureux, vivant, agité, énergique, entreprenant, incapable de s'économiser ; il démarre au quart de tour ! Caractère franc, spontané, entier, agressif, colérique, autoritaire, rigide, intransigeant, exigeant (le Feu du Sagittaire est tempéré par son caractère mutable). Cette énergie masculine se retrouve également chez les personnes typées par le Soleil et Mars.

Le Feu **crée** dans l'instant.

TERRE : Taureau, Vierge, Capricorne

La Terre pétrit, conserve, évalue, calcule à long terme. Chez Jung, on retrouve ici la fonction de la « sensation ». Les personnes chez qui la Terre domine ont tendance à intérioriser leurs émotions ; les informations sont passées à travers le filtre de l'analyse et de la raison ; elles font preuve de stabilité d'humeur et d'opinions, conservent l'acquis et le font fructifier, organisent des objectifs à long terme. Fidèles et constantes, elles sont dotées d'une grande capacité de concentration et d'une puissance de travail infatigable. Leur esprit est rationnel, voire rigide, dogmatique, conformiste, traditionaliste (notons que la Terre de la Vierge est assouplie par son caractère mutable). Cette énergie féminine se retrouve chez les personnes typées par Saturne dans leur thème.

La Terre **construit** sur la durée.

AIR : Gémeaux, Balance, Verseau

L'Air relie, échange, épouse les variations avec humour et légèreté. Le Verbe appartient à cet élément, qui est lié à la fonction jungienne de la « pensée ». Le type « Air » a un grand besoin de changement et de mouvement, d'échange, de communication ; le tempérament est vif, mobile, juvénile, adaptable. Sociable, loquace, expressif, il s'intègre avec aisance au groupe. Il est apprécié pour son enthousiasme, sa légèreté, sa joie de vivre ; il fait preuve de distanciation mentale (surtout chez le Verseau réfléchi, dont l'Air est stabilisé par son caractère fixe). Cette énergie masculine se retrouve également chez les personnes typées par Mercure et Uranus.

L'Air **communique** et **relie**.

EAU : Cancer, Scorpion, Poissons

L'Eau épouse, se fond silencieusement, contemple, rêve, nourrit. Son monde est celui de l'imaginaire, des émotions, de l'instinct. L'Eau est liée à la fonction « intuition » chez Jung. Les personnes à dominante « Eau » ont un tempérament doux, sensible, impressionnable, une grande capacité d'écoute, de réceptivité et d'empathie. Mélancoliques, passifs (sauf le Scorpion), ils préservent leurs secrets en silence, fuient le bruit et l'agitation ; leurs réactions sont intériorisées ; leurs désirs, souvent sublimés ou idéalisés ; l'imagination est très active et n'a pas forcément besoin d'aboutir à un résultat concret. La créativité artistique est en ébullition. Ces personnes s'adaptent avec souplesse au milieu ambiant. Elles ont de la difficulté à s'engager, à dire non ou à prononcer une opinion tranchée (mais l'Eau du Scorpion est cristallisée par son caractère fixe). Cette énergie féminine se retrouve également chez les personnes typées par la Lune et Neptune.

L'Eau **conserve** la mémoire, dilue et féconde.

Le signe solaire ne suffit pas à définir l'élément prédominant. La **dominante élémentaire** tient compte de l'ensemble des planètes du thème, ainsi que des signes de l'Ascendant, du Descendant, du Milieu-du-Ciel et du Fond-du-Ciel. Vous pourrez la calculer vous-même en remplissant le tableau suivant à l'aide de vos positions planétaires[1].

	So	**Lu**	**Me**	**Vé**	**Ma**	**Ju**	**Sa**	**AS**	**MC**
Feu									
Terre									
Air									
Eau									

Planètes, Ascendant et Milieu-du-Ciel

Chaque planète individuelle (de la Lune à Saturne) symbolise une fonction psychologique. La position des planètes dans les signes donne le fonctionnement naturel de la planète ; mais il se peut qu'une planète demeure, pour différentes raisons, à l'état de potentiel ; des blocages empêchent cette planète d'accéder à son capital d'énergie et de fonctionner. Les événements de la vie, les prises de conscience spontanées ou favorisées par un travail thérapeutique permettront de récupérer cette énergie en sommeil.

1. Voir p. 431.

Soleil ○

Si l'on devait placer un Soleil à l'intérieur de soi, que choisirait-on ? Le **cœur**. Le Soleil dans notre thème, c'est ce qui brille en nous : notre **conscience** d'être, notre **désir** de réaliser, la forme de notre **créativité**, notre manière de regarder le monde – comme un défi à remporter, pour le Bélier, ou comme un travail à accomplir, pour la Vierge. Il représente notre **idéal**. Pour la Tradition, le Soleil représente aussi le **père** et, pour une femme, la relation à l'**homme**.

Lune ☾

Satellite, mobile, changeante, la Lune représente notre statut de **dépendance**. Le côté enfant, et même **bébé** en nous ; celui qui a besoin d'être nourri, comblé, rassuré. Notre capacité à demander, à exprimer nos **besoins**. Une Lune en Cancer se sentira en prise avec son corps et ses besoins, alors qu'une Lune en Capricorne ne s'écoutera pas et luttera pour ne jamais rien demander à personne. La Lune représente nos **émotions**, notre mémoire, l'antenne **sensible**, intuitive, qui nous relie au monde. C'est aussi notre capacité à protéger, à materner – à être **mère** pour une femme ; ou encore, c'est l'image de la **femme** dans le thème d'un homme. Le signe de la Lune nous renseigne sur ce dont nous avons fondamentalement besoin pour nous sentir bien, physiquement et émotionnellement. La Lune est la forme que prend notre faim.

Mercure ☿

Juste après la Lune qui représente le stade de dépendance absolue du nourrisson et son monde de sensations, vient Mercure qui représente l'éveil de l'**intelligence**, la capacité de **discernement**, le besoin de **communiquer**. La fonction de Mercure dans notre thème est une fonction d'**échange** ; sa position en signe nous renseigne sur la façon dont nous nous relions avec les autres, sur notre capacité d'expression, notre **éloquence**, notre **écoute** de l'autre. Sommes-nous capable d'écouter (à la manière d'un Mercure en Poissons) ou cherchons-nous d'abord à nous faire entendre (Mercure en Lion) ?

Vénus ♀

Vénus représente l'image que nous avons de nous-même, surtout en termes de séduction : sommes-nous capable de séduire, de nous intégrer, de nous faire aimer, et comment ? C'est notre outil de séduction et notre **manière d'aimer** et d'exprimer nos sentiments. Une Vénus en Vierge, pudique et bien élevée, ne sera pas sur la même longueur d'onde qu'une Vénus en Sagittaire, par exemple, conquérante et gouailleuse… Vénus représente la sexualité de la femme, et dans le thème d'un homme, son image de la Princesse idéale…

Mars ♂

Avec Mars, dieu de la guerre, vient le temps de la **lutte ;** Mars sera mon outil pour obtenir ce que je veux, pour réaliser mon désir solaire. Il représente ma forme de **volonté**, ma force de **décision** et d'**action**, mon instinct de défense et de conquête ; il dit ma capacité à me battre, et ma manière de le faire : sera-ce à la façon ondoyante du Poissons, civilisée de la Balance, opiniâtre du Taureau… ? Mars, c'est aussi la sexualité pour un homme, et le Prince charmant dans le thème de la femme : sa conception de la virilité.

Jupiter ♃

Cette planète représente notre capacité à nous nourrir du monde, à être comblé matériellement, à être reconnu et valorisé socialement. En somme, notre capacité au **bonheur** et à l'épanouissement, ainsi que notre instinct de **territoire**. Il représente aussi les outils à notre disposition pour réussir, ainsi que notre rapport à la hiérarchie, aux lois, à la bienséance. Un Jupiter Verseau aura tendance à chercher une voie originale pour s'imposer, hors des sentiers battus, alors qu'un Jupiter Vierge préférera la sécurité du fonctionnariat. Jupiter, c'est notre capacité à gagner de l'argent – ou à nous **enrichir** spirituellement.

Souvent, les difficultés qui peuvent survenir dans ce domaine sont directement liées à un manque vécu à l'état de nourrisson (problèmes d'allaitement, de nourriture...), que l'adulte va ensuite reproduire dans son rapport au monde.

Saturne ♄

Saturne représente notre ossature, notre colonne vertébrale (au propre comme au figuré), notre **structure** intérieure. Il dit notre capacité à nous imposer des règles, des lois, des limites afin de pouvoir vivre en **société**. Notre faculté, enfant, à nous montrer raisonnable, à tempérer nos appétits et nos désirs ; puis, plus tard, à prendre sur soi, à s'imposer un effort, une discipline, une **morale**. Saturne représente l'obstacle que l'on dresse devant son propre désir, qui a force de **loi**, et qui provient initialement du **père**. Saturne représente donc notre père intérieur, notre **surmoi** freudien ; notre **conscience** morale, et éventuellement la culpabilité qui peut y être liée. Saturne est lié à la capacité d'abstraction (les scientifiques et les philosophes, par exemple, sont des saturniens) et à l'accès au symbolisme.

Ascendant

L'Ascendant est le signe (et, plus précisément, le degré de ce signe) qui, du lieu et à la minute de la naissance, monte à l'horizon Est. Ce point mathématique se calcule en fonction de la rotation de la Terre sur elle-même. Les Grecs le nommèrent *horoscope*[1]. L'Ascendant change de signe toutes les deux heures, à raison d'un degré toutes les quatre minutes. D'où l'importance d'une heure de naissance exacte…

Il s'agit de notre signature astrale la plus personnelle, celle qui nous concerne le plus spécifiquement. Il représente la manière originale dont nous allons nous démarquer de notre milieu familial. L'Ascendant décrit le **caractère**, le tempérament, le **comportement social** et ce que la personne dégage au premier abord. C'est notre manière particulière de réagir et de nous adapter au monde. Il donne des indications sur la santé, la vitalité, la morphologie…

Signe Ascendant et signe solaire : distinction subtile…

Le Soleil dans notre thème est une fonction psychologique : il s'agit de la fonction du désir, de la volonté. Le Soleil dit : voici qui je veux être et comment. Cette fonction met environ un an à se développer, et peut être freinée, voire étouffée par une histoire familiale problématique (ce qui explique qu'un grand nombre de personnes soient contrariées dans leur désir et leur épanouissement, surtout dans notre civilisation occidentale solaire où l'accent est mis sur… le Soleil : l'ego, le rayonnement, l'affirmation de soi, la célébrité et le pouvoir). Alors que l'Ascendant correspond

1. Littéralement : « qui considère l'heure de la naissance ».

à notre nature : nous ne pouvons exercer sur elle aucun contrôle, ni conscient, ni inconscient. En somme, le Soleil a quelque chose à voir avec le mental conscient. L'Ascendant représente l'enveloppe dans laquelle nous avons choisi de nous incarner.

Milieu-du-Ciel

Le Milieu-du-Ciel est le point d'origine de la Maison X. Il représente la vocation professionnelle et, pour la Tradition, la destinée. Bien sûr, le signe du Milieu-du-Ciel ne suffit pas à décrire la vocation, d'autres facteurs doivent être pris en compte. Mais il donne une première indication.

Les Maisons

Les Maisons vont donner à notre thème une dimension unique. Si un grand nombre de naissances ont lieu à la même minute, elles n'ont pas lieu exactement au même endroit. Si l'on tire une droite qui part du centre de la Terre et nous traverse, à l'instant du premier cri, cette verticale-là nous appartient ; certes, à l'échelle de la Terre, naître à deux ou trois mètres de distance d'un autre bébé semble négligeable. Mais si l'on prolonge les deux verticales dans le cosmos, elles divergeront à l'infini ; et l'étoile qu'atteindra cette verticale est la nôtre. D'où, peut-être, l'expression : naître sous une bonne étoile.

Avec l'intégration des Maisons dans le calcul du thème (que nous devons aux Grecs) va donc se préciser l'orientation généthliaque[1] de l'astrologie. Chaque Maison donne en effet le domaine de vie dans lequel la planète va s'exprimer.

1. Astrologie s'adressant à l'individu (plutôt qu'à un peuple).

La domification – système de calcul des Maisons – est une division en douze de l'espace local (la sphère dont la personne est le centre au lieu de sa naissance). L'Ascendant (début de la Maison I) est le point où l'horizon Est coupe l'écliptique ; le Descendant (Maison VII) le coupe à l'Ouest. Le Milieu-du-Ciel est la prolongation du méridien de naissance sur l'écliptique, et le Fond-du-Ciel est son opposé. Une fois ces quatre points posés, il existe plusieurs systèmes de domification, dont le plus communément utilisé est celui de Placidus, repris de Ptolémée.

La position en Maison du Soleil donne une indication sur le domaine privilégié d'expression de la personne. Toutefois, cette indication n'est qu'un seul élément de la totalité du thème, aussi faut-il en relativiser la portée...

On remarquera qu'il existe une correspondance Maison/signe : la Maison I, par exemple, possède certaines caractéristiques du Bélier (premier signe).

Soleil en Maison I (en analogie avec le Bélier) : être

Cette position forte est celle d'une personnalité autoritaire, rayonnante, qui cherchera très tôt à s'affirmer, à se démarquer de son milieu familial pour suivre sa propre voie, son propre désir. Cette personne a un grand besoin d'être au centre et à l'origine des choses. L'énergie s'oriente donc vers l'action d'entreprendre, de commencer, de créer des dynamiques nouvelles, d'imposer sa volonté et son désir.

N'oublions pas que, dans un thème féminin, le Soleil peut être projeté sur l'homme, si la femme s'est identifiée à sa Lune – ce qui ne l'empêchera pas, éventuellement, de reprendre un jour possession de ce Soleil qu'elle vit par procuration.

Soleil en Maison II (en analogie avec le Taureau) : avoir

Cette personne a besoin de réaliser des choses concrètes ; de faire fructifier ses avoirs, de gérer le patrimoine familial, de construire. Elle a le sens de la valeur des choses et peut avoir une certaine ambition matérielle, mener une existence qui tourne autour de la question de l'argent, des richesses, de la Terre, de la reconnaissance matérielle – même si son propos est plus élevé.

Soleil en Maison III (en analogie avec le Gémeaux) : communiquer

Que ce soit par le biais de la conversation, de l'écriture, du commerce ou en jouant le rôle d'intermédiaire, cette personne est spontanément dans l'échange, la communication, et gravite de préférence dans les sphères de la pensée, des livres ou des médias. Elle a besoin de mouvement, de déplacements, de variété dans ses activités, et surtout d'échanges humains.

Soleil en Maison IV (en analogie avec le Cancer) : fonder

À cette Maison est liée la notion de racine et de foyer. La famille peut rester longtemps un modèle, comme dans le cas d'une entreprise familiale ; cette personne a à cœur de fonder une famille, qui formera le centre de son existence ; il se peut aussi qu'elle soit motivée par la création d'un foyer moral ou spirituel, comme une entreprise, un centre, un lieu de vie, une association, une école de pensée.

Soleil en Maison V (en analogie avec le Lion) : créer

Le jeu, les loisirs et la création artistique forment le domaine de prédilection. Très proche des enfants et de ceux qui savent profiter de l'instant, c'est quelqu'un qui prend un grand plaisir à créer et à se contempler à travers ses propres œuvres. Sa productivité est grande, mais elle est davantage liée à la notion de besoin, de plaisir que de travail ou de contrainte.

Soleil en Maison VI (en analogie avec la Vierge) : servir

Cette personne a tendance à centrer sa vie autour du travail, des devoirs et des contraintes extérieures comme intérieures, c'est-à-dire dictées par sa santé. La notion d'efficacité et d'utilité est centrale, comme tout ce qui tourne autour de la technique, du soin, de la diététique et, d'une façon générale, du bon fonctionnement des choses.

Soleil en Maison VII (en analogie avec la Balance) : (se) lier

Pendant une partie de sa vie, cette personne cherche chez l'Autre son Soleil. Être en relation lui est indispensable puisqu'elle délègue au partenaire la partie brillante, rayonnante, créatrice, d'elle-même. Dans la relation, elle aura tendance à tenir un rôle lunaire ou saturnien[1]. À l'occasion d'une phase de crise[2] (le mariage en est une !), elle prendra

1. Cf. p. 38-39.
2. Cf. les « bonnes et mauvaises périodes » p. 16.

conscience qu'elle a aussi un projet, un désir propre et s'imposera progressivement, peut-être en s'associant (avec son conjoint ?) : toute forme de contrat lui permet de récupérer son potentiel et de s'épanouir.

Soleil en Maison VIII (en analogie avec le Scorpion) : transformer

Sujette aux crises, tourmentée, cette personne est d'abord en conflit avec son environnement, dont elle se sent victime – ou exclue. Pendant toute une partie de sa vie, elle perçoit le monde des autres comme hostile et peut s'identifier à un statut de victime et suivre une conduite d'échec, aussi bien dans sa vie privée que professionnelle. Lorsqu'elle prend conscience qu'elle s'enferme elle-même dans les problèmes qu'elle subit, elle s'ouvrira au monde pour lui apporter sa force de pénétration psychique, son pouvoir de guérison et de transformation. Elle pourra alors transmuter les pulsions destructrices qui l'avaient d'abord animée en pure énergie de vie et de conscience.

Soleil en Maison IX (en analogie avec le Sagittaire) : savoir

La créativité de cette personne peut s'épanouir dans l'enseignement, et dans toutes les disciplines de la connaissance et de la culture. L'étranger peut également jouer un rôle décisif, soit que la destinée s'y joue, soit que la personne soit amenée à voyager souvent. Il y a là un grand besoin d'espace, d'oxygène, sur le plan physique, et d'ouvertures intellectuelles et spirituelles, sur le plan intérieur.

Soleil en Maison X
(en analogie avec le Capricorne) : réussir

Pour cette personne, il est important de faire carrière ; son autorité naturelle et son ambition, l'énergie qu'elle mettra très tôt pour se donner les moyens d'atteindre ses objectifs seront ses atouts. Elle aura tendance à juger ses semblables sur la place qu'ils ont dans la société ; la reconnaissance sociale est un important critère de valeur de l'individu.

Soleil en Maison XI
(en analogie avec le Verseau) : participer

Cette personne saura très tôt se constituer des connaissances, un réseau relationnel qui va lui permettre d'avancer. On peut nommer chance cette faculté naturelle à s'entourer des bonnes personnes, à se faire aider et propulser. C'est quelqu'un qui saura s'intégrer dans le groupe et en mobiliser l'énergie. Œuvrer en équipe est son fonctionnement naturel.

Soleil en Maison XII
(en analogie avec le Poissons) : méditer

Il y a un côté « je ne suis pas d'ici » chez cette personne, qui préfère la solitude, la méditation et la fréquentation des lieux retirés à l'agitation du monde. Elle se passionne pour l'envers du décor, les questions philosophiques et religieuses, les mystères de l'invisible, l'étude de l'inconscient ou de la folie. Il peut y avoir un sentiment confus de faute originelle, d'existence non désirée, de sacrifice obligé : dans ce cas, cette personne peut être porteuse d'un secret de famille qu'elle est venue élucider. La quête spirituelle est le chemin de la Maison XII.

… Et si le zodiaque était une montre ?

À l'aube, plante la nouvelle graine qui fleurira demain.

Bélier

N'oublie pas la jubilation en toute chose. N'oublie pas la nature en toute chose[1].

Taureau

Rencontre ton semblable, déchiffre son regard, parle-lui dans sa langue.

Gémeaux

Cultive ta terre, entretiens le feu dans ton foyer. Transmets à tes enfants la mémoire de tes ancêtres.

Cancer

Impose, à toi-même et au monde, ton désir créateur et jubile de ce que tu as créé.

Lion

Recherche la perfection, jusque dans l'invisible détail ; cultive l'humilité et la lucidité.

Vierge

Aime l'étranger qui partage ta vie, le frère qui croise ta route. Émerveille-toi de son mystère et de son humanité.

Balance

Et accueille dans ta chair l'éblouissement de l'unité retrouvée.

Scorpion

Détourne-toi de ton foyer, de ton passé et de tes croyances, découvre le monde et ses lois.

Sagittaire

1. G. Dieterlen.

Dépouille-toi de tes masques et de ta vanité, et connais-toi dans ton essence.

Capricorne

Ainsi tu percevras l'étincelle d'esprit en chacun ; tu reconnaîtras l'étranger comme ton frère.

Verseau

Aux heures de grand silence, abandonne-toi entre conscience et rêve, et peut-être apercevras-tu, l'espace d'un instant, l'entrelacs infini des autres mondes.

Poissons

Douze portraits zodiacaux

Naissance

Chaque portrait se fonde sur la position du Soleil, vu de la Terre, dans tel ou tel signe, au moment de la naissance. Certains astrologues ont pu reconstituer le thème de conception (qui présente d'ailleurs souvent des similitudes avec le thème natal), ce qui est une information valable à condition d'en avoir l'heure… L'astrologie généthliaque (de genèse) se fonde, par définition, sur la naissance, autrement dit sur le moment où le bébé émerge du corps maternel, au premier inspir (qu'il s'agisse d'un accouchement naturel, provoqué ou d'une césarienne) et vient au monde.

Zodiaque

Le zodiaque est une division mathématique du cercle de l'écliptique[1] en douze parties égales. L'astrologie occidentale

1. C'est le cercle que décrit la course du Soleil, vu de la Terre, et sur lequel toutes les planètes se déplacent (à l'exception de Pluton, excentrique).

utilise le zodiaque tropical (basé sur les saisons et non sur les constellations) ; il commence avec le Bélier, autrement dit à l'équinoxe de printemps. Le zodiaque (étymologiquement roue de la vie, ou encore route des animaux) symbolise les douze étapes de la course apparente du Soleil. Selon Dane Rudhyard, il retrace les étapes de l'évolution humaine, aussi bien à l'échelle individuelle que collective.

Soleil ○

Le Soleil occupe une place majeure dans le thème : dans la symbolique astrologique, il représente la conscience de soi, la forme que prennent notre désir, notre projet, notre créativité et notre manière de voir le monde (ces deux choses étant liées : le regard que nous portons sur notre vie est créateur de celle-ci). Figuré par un point entouré d'un cercle, il représente notre centre (certains disent le Soi) autour duquel va s'ordonner l'ensemble du thème. On considère que les planètes qui lui sont le plus proches sont ses « outils ». Celui qui vit pleinement son Soleil, qui connaît intimement son désir et exprime librement sa créativité, se retrouvera dans le portrait de son signe zodiacal. Il y trouvera peut-être un sens, une cohérence qui est celle de l'inscription dans une globalité : le zodiaque décrit non seulement le cercle des douze phases de l'évolution (des saisons et des hommes) mais il peut aussi se regarder comme une spirale ascensionnelle, le Bélier (premier signe) s'appuyant sur les expériences du précédent Poissons (dernier signe dans la roue du zodiaque).

Thème natal

C'est l'instantané du ciel à la naissance, à savoir essentiellement la position des dix planètes sur le zodiaque et dans les Maisons. Chaque facteur – signe, planète, Maison, aspect... – a sa signification propre ; l'interprétation du thème est à la fois un travail d'analyse et de synthèse, d'application rationnelle des règles, d'expérience et d'intuition. Le thème natal ne change pas ; c'est l'angle de l'interprétation qui diffère en fonction de la culture, de l'âge, de la situation particulière et du niveau de conscience de la personne. Saturne peut signifier, suivant le contexte, aussi bien le père, la loi, le statut social que la dégénérescence ou la lucidité, ce qui ne signifie pas qu'il porte indifféremment toutes ces significations en même temps ; c'est du reste l'apport essentiel de l'astrologie structurale que d'avoir structuré, précisément, les éléments astrologiques en une organisation à plusieurs niveaux d'interprétation.

Si le thème natal ne change pas, en revanche le travail de l'astrologue est d'étudier en quoi se trouve touchée, sollicitée ou perturbée telle ou telle zone du thème à un certain moment, et ce que cela signifie pour la personne à cette phase de sa vie.

Signe solaire

Bien que centre et moteur de vie, le signe du Soleil ne suffit pas à décrire l'individu dans toute sa complexité ; chaque facteur du thème interagissant les uns avec les autres, les caractéristiques solaires seront altérées par l'ensemble du thème, celui-ci décrivant plusieurs sous-personnalités organisées en un tout plus ou moins cohérent. Le signe lunaire et celui de l'Ascendant, par exemple, sont tout aussi importants que le signe solaire.

Cas particuliers

Ceci posé, j'aimerais répondre à une question qui se pose parfois : pourquoi certaines personnes ne se reconnaissent-elles pas dans leur signe ?

Considérons trois cas de figure classiques :

1. Au lieu d'affirmer son indépendance, l'enfant confirme sa dépendance : c'est le ***statut lunaire***.

À la naissance, nous sommes vulnérables et dépendants ; nous sommes d'ailleurs les seuls mammifères à demeurer si longtemps dépendants, à prendre tant de temps à nous construire et à devenir autonomes. Pendant ce temps, notre vie tourne autour de notre mère, comme la Lune autour du Soleil ; elle nous nourrit, nous protège, nous vivons à travers elle. Nous sommes alors dans un statut « lunaire » (et notre mère tient un rôle « solaire »). À ce stade, le tempérament de l'enfant est décrit par la Lune de son thème (et par son Ascendant, qui reste une constante), tandis que son Soleil natal est projeté sur la mère. Par exemple, si le bébé est né sous le signe du Poissons, avec une Lune en Bélier et un Ascendant Lion, il sera plutôt caractérisé par un tempérament Feu (Bélier/Lion) et son Moi plus contemplatif (Poissons) sera encore en sommeil, la mère jouant pour lui le rôle de Soleil, rayonnant, créateur et source de vie.

À l'âge d'un an environ, le bébé est suffisamment construit pour commencer à dire non, à se positionner contre sa mère, à affirmer sa volonté. C'est le stade de l'enfant-roi, ou encore stade « solaire ». C'est ici que l'enfant commence à incarner les caractéristiques de son signe, tandis que sa Lune natale est projetée sur la mère (et plus tard sur la femme, s'il s'agit d'un homme). Si tout se passe bien, il y a inversion des pôles – et des rôles.

Mais tout ne se passe pas nécessairement de façon fluide, « normale » – c'est même plutôt rare. Parfois, l'enfant sent obscurément que sa mère l'aimera *moins* s'il affirme son indépendance et sa volonté. Cela peut se produire lorsque la mère refuse la permutation des rôles, refuse de devenir « l'esclave de son enfant » et demeure en position de pouvoir. Celui-ci, ne pouvant pas intégrer son Soleil, régressera vers son statut lunaire, passif, malléable d'enfant sage – et pendu aux basques maternelles.

Dans ce cas, l'enfant sera reconnaissable aux caractéristiques de sa Lune natale, mais pas du tout à celles de son signe solaire… Arrivé à l'âge adulte, il devient difficile (dans notre société) de rester dans ce rôle – mais pas impossible : il suffit de se mettre en situation de dépendance matérielle, affective… vis-à-vis d'un partenaire (d'un parent, d'un mari, d'une femme plus riche, ou d'un enfant qui devient le centre du monde) qui tiendra le rôle de Soleil. C'est le cas d'une femme au foyer, ou de l'artiste qui se fait prendre en charge, par exemple. On retrouve cette règle dans la tradition, où le Soleil représente souvent le mari dans le thème de l'épouse. Dans ce cas, les caractéristiques du signe solaire seront peu ou pas apparentes du tout chez cette personne, tant qu'elle n'aura pas fait un travail sur elle-même pour retrouver son Soleil, autrement dit son désir propre.

2. Au lieu de s'affirmer, l'enfant s'infirme : c'est le ***statut saturnien***.

Il peut aussi se produire que, dans les premières années de son évolution, l'enfant ne puisse pas développer sa volonté solaire – parce qu'il en sent l'interdiction implicite – mais ne s'autorise pas non plus à régresser vers un statut lunaire parce qu'il atteint l'âge où l'on attend de lui qu'il soit « raisonnable ». Ne pouvant ni s'exprimer librement ni se pelotonner dans une dépendance, il va se réfugier dans une autre sous-personnalité : Saturne, le surmoi, le parent intérieur. S'il est souvent laissé à lui-même, par exemple, il va s'autonomiser rapidement, apprendre à raisonner comme un adulte, mais sans être passé par la case « Soleil », ce qui en fera plus tard un adulte prématuré et manquant de confiance en lui, de créativité, de légèreté, de joie de vivre. Il devra lui aussi, au cours de sa vie, cheminer intérieurement pour retrouver son désir et la source de sa joie. Dans ce cas de figure, le signe solaire est escamoté ou diminué : c'est dans les caractéristiques du Saturne natal que l'individu se reconnaîtra[1].

3. L'empreinte parentale et l'histoire familiale : ***aspects des planètes lentes au Soleil.***

Dernier cas de figure expliquant qu'un Verseau ne ressemble pas à un Verseau : l'enfant va copier un modèle de comportement parental. Il va donc *réduire* les caractéristiques de son signe, les *tordre* pour les faire entrer dans une petite case. Ces comportements sont visibles dans le thème. Dans le cas d'un Soleil Verseau, par exemple, qui serait imprégné d'un modèle parental « neptunien » – manquant de rationalité, de rigueur, et porteur d'une puissante idéologie qui privilégie la collectivité au détriment de l'individu (toutes caractéristiques antinomiques avec la Vierge) –, le modèle parental, c'est-à-dire la forme, le moule, primera sur l'être, c'est-à-dire le fond. On verra davantage le côté neptunien que le côté Verseau chez cette personne. Jusqu'à ce qu'un travail personnel puisse la rendre libre d'adhérer à ce comportement acquis, ou de s'en distancier,

Voilà pour les cas particuliers. D'une manière générale, chaque personne née sous un certain signe est différenciée d'une autre par la totalité du thème et plus spécifiquement par tout ce qui modifie et caractérise son Soleil natal. En premier lieu, le signe occupé par le maître du Soleil colore le portrait solaire[2] : une Vierge avec un Mercure Bélier sera presque autant caractérisée par le Bélier que par la Vierge…

---

1. Les notions de statut lunaire, solaire et saturnien, ainsi que cette Théorie des Actants sont issues de l'astrologie structurale.

2. Voir p. 431.

Petite parenthèse sur les maîtrises

Le Bélier et le Scorpion sont sous la maîtrise de Mars. Le Taureau et la Balance, de Vénus. Les Gémeaux et la Vierge, de Mercure. Le Cancer, de la Lune. Le Lion, du Soleil (c'est un cas particulier : le maître du signe est dans son signe). Le Sagittaire et les Poissons, de Jupiter. Le Capricorne et le Verseau, de Saturne.

PORTRAIT ASTROLOGIQUE
DU SIGNE DU BÉLIER

♈

Image symbolique

Un jeune bélier, cornes en avant, bondit sans voir où l'entraîne son élan. Il symbolise la force de vie jaillissante du printemps ; l'élan vital, la franchise, l'agressivité. Il ne recule devant aucun risque, jusqu'à l'extrême. Son goût de la compétition n'est pas une recherche de pouvoir mais une quête d'identité ; il s'investit dans son acte créateur, puis se désintéresse de sa création. Du chaos dont il est issu, il garde l'angoisse diffuse du néant et réagit par une activité incessante. Il a confiance en sa force de vie.

Le bébé Bélier

Le nourrisson, satellite dépendant de sa mère, est plutôt défini par le signe de la Lune natale que par son signe solaire. À partir de l'âge d'un an environ, le bébé acquiert de plus en plus d'autonomie et commence à affirmer ses quatre volontés : c'est le stade de « l'enfant-roi ». Ce n'est qu'à ce moment-là, où il réalise que sa mère et lui forment deux entités séparées et où il cherche à se différencier d'elle, que le bébé « devient un Soleil » à part entière et qu'il adopte les caractéristiques de son signe solaire.

Soleil en Bélier	Environ du 21 mars au 20 avril
Sa fonction	Éclairer les ténèbres du cycle précédent et insuffler la vie nouvelle
Sa saison	Le printemps ; temps de montée de la sève où la vie renaît et éclate de toutes parts
Sa planète maîtresse	Mars
Sa planète d'exil	Vénus
Sa planète d'exaltation	Le Soleil
Sa planète de chute	Saturne
Son élément	Le Feu
Sa polarité	Masculine
Correspondance physiologique	La tête
Sa couleur	Le rouge
Ses fleurs	La bruyère, la menthe, la gentiane
Son métal	L'étain
Ses pierres	L'améthyste, la cornaline
Ses chiffres	7, 11, 17, 21
Son parfum	Le foin coupé
Son type caractérologique	Surémotif, actif, primaire
Son tempérament	Bilieux, colérique, extraverti[1]

Avec un petit Bélier, pas d'ambiguïté : c'est de la dynamite ! Volontaire, casse-cou et autoritaire, votre bébé n'est pas de tout repos à contrôler. Il sait exactement ce qu'il veut

1. Cf. le classique *Traité pratique d'astrologie* d'André Barbault pour aller plus loin.

et surtout ce qu'il ne veut pas, et l'exprime haut et fort. Il n'est guère impressionnable, sauf peut-être par les grosses voix d'hommes – et encore. Il se caractérise par une joie de vivre, une santé, un appétit remarquables. Conquérant et aventurier, il semble chercher tout exprès les situations dangereuses ; il est attiré par le feu, par les outils, les moteurs, tout ce qui fait du bruit… Il est infatigable et n'a peur de rien. Durant toute son enfance – et même quelquefois toute sa vie –, il mettra ses parents sur un piédestal : ce sont ses héros ! Mais s'il les déifie, cela ne l'empêchera pas de les défier : rebelle à l'autorité, il cherche sans cesse les limites… jusqu'à ce qu'il les trouve. Au fond, le petit Bélier cherche un modèle d'autorité absolue : il a besoin de respecter pour écouter. Mais n'attendez pas de lui qu'il devienne un jour raisonnable… Ce n'est pas dans ses gènes !

La petite fille et l'adolescente Bélier

Ne vous étonnez pas si vous la trouvez systématiquement en train de jouer avec les garçons : les jeux de filles ne l'intéressent pas et rien ne pourrait davantage la vexer que de recevoir une poupée Barbie à Noël (sauf une Barbie motarde, à la rigueur). Pleine d'énergie, courageuse et risque-tout, votre petite Bélier n'a pas la langue dans la poche et adore contredire et critiquer. N'essayez pas de l'avoir par la culpabilité, encore moins à l'usure. Établissez des règles précises, justifiées et ne transigez pas : devant votre indécision ou votre manque de rigueur, elle finirait rapidement par ne plus vous respecter. À l'adolescence, ne vous effrayez pas si elle joue les Calamity Jane et s'habille comme un garçon, en pire. Sa féminité l'embarrasse plus qu'une autre petite fille, et elle préférera pendant un temps jouer les garçons manqués – à moins que, au contraire, elle ne joue les starlettes provocantes. Tout plutôt que de ressembler à une petite fille modèle !

Le petit garçon et l'ado Bélier

Intrépide et bagarreur, c'est un vrai petit mec qui n'a qu'une idée en tête : montrer qu'il est le plus fort. Tout ce qui ne fait pas de bruit et n'est pas fait pour la castagne, c'est des trucs de fille. Inutile de préciser qu'il est fasciné par les armes et qu'il préfère les jeux tout-terrain, avec force dépense d'énergie, plutôt que les écrans de télé ou d'ordinateur. Fasciné par les super-héros invincibles, il a besoin d'un modèle, qu'il cherchera chez une figure masculine forte, autoritaire, sans faille – un oncle, un professeur, un ami de la famille – qu'il idéalisera avec passion. Plus qu'un autre petit garçon, il aura besoin de s'identifier à cette image et fera tout son possible pour lui ressembler, tout en respectant sa suprématie. Courageux petit soldat, il recherche avidement l'autorité et la justice ; il a besoin d'un monde de règles, et ne supporte ni la confusion, ni la faiblesse. Pour ne pas rentrer dans un épuisant rapport de force, le seul moyen pour les parents est de faire preuve d'intransigeance, mais aussi de chaleur humaine et d'enthousiasme : un Bélier a besoin d'une vie qui bouge !

Le Bélier devenu adulte, quel est son comportement de surface ?

Il apparaît comme quelqu'un de simple, franc, direct. Il vous regarde droit dans les yeux, vous serre la main énergiquement et va droit au but. Un Bélier ne tourne pas autour du pot. Même s'il le voulait, il ne saurait pas tergiverser, arrondir les angles, faire le diplomate ou prendre le temps de connaître l'humeur de son interlocuteur. Il prend les devants, se positionne, exprime ce qu'il veut. Ainsi il est sûr d'avancer. En même temps (mais il ne serait pas d'accord pour en convenir : il se prend pour quelqu'un de très rationnel), il est guidé par un instinct très sûr de ce qu'il doit faire : il *sait*. Il n'a aucun doute sur la direction à prendre, le langage à tenir, les choix à faire, la marche à suivre. Déjà, on entrevoit par cette composante intuitive que le Bélier n'est pas aussi carré qu'il le prétend.

Homme d'action

Deuxième caractéristique : à chaque fois que vous croisez un Bélier, il a toujours plusieurs fers au feu. L'affaire dont il vous a parlé six mois plus tôt est bouclée depuis longtemps (et oubliée), une autre est en route, un projet est dans l'air. En un mot, c'est un homme/une femme d'action : un entrepreneur-né, qui vit intensément dans le présent, et se projette volontiers dans un avenir immédiat. En revanche, le passé ne présente pour lui aucun intérêt, pour la bonne raison qu'il ne peut pas le transformer. Or, la raison d'être du Bélier, c'est d'agir. Faire, entreprendre, décider, résoudre les problèmes et lancer de nouveaux projets, voilà ce qui le motive : c'est ainsi qu'il se sent vivant. Il s'acharnera à faire bouger les choses, à dépoussiérer les habitudes et à ouvrir la route. D'autres achèveront son travail derrière lui, feront fructifier ses initiatives : cela ne le concerne ni ne l'intéresse. Il ne s'épanouit que dans le commencement, l'initiative, le démarrage. Lorsqu'il aura mis sa vaillance et son courage au service d'une entreprise quelconque, il cherchera un autre projet dans lequel s'investir. Un Bélier ne peut rester indéfiniment dans un même cadre, à faire toujours la même chose. Ou alors, c'est qu'il est un peu Vierge !

Pour alimenter ce désir bouillant et permanent d'action, notre Bélier ne manque pas de combustible : en tant que signe de Feu, masculin et cardinal, il est à lui tout seul une véritable usine à énergie. Sa vitalité est extraordinaire. Profitons-en pour parler un instant de sa…

Santé de fer

Un Bélier n'est jamais fatigué ! Il a besoin de peu de sommeil et récupère à une vitesse impressionnante. En revanche, son énergie se consume aussi vite qu'elle se régénère (et inversement) : cela peut donner lieu à de brusques « coups de pompe » ou coups de déprime de courte durée, mais dont la fréquence augmente avec l'âge.

À l'image de l'animal qui fonce tête baissée, toute son énergie est concentrée vers l'avant. Son point faible est la tête : les migraines, névralgies, maux de dents, insomnies, problèmes oculaires et surtout les violents accès de fièvre sont souvent le lot du Bélier. Cependant, il est rarement – pour ne pas dire jamais – malade : il ne laisse pas de prise à la maladie et ne s'écoute pas (assez). Propulsé dans le mouvement en avant, il se préoccupe peu de son bien-être et peut s'imposer un rythme infernal jusqu'à ce que son organisme tire la sonnette d'alarme. Ne faisant jamais les choses à moitié, quand il déclare forfait c'est que rien ne va plus : congestions cérébrales, fièvres de cheval, accidents spectaculaires le ramènent sur terre et lui rappellent que le corps a ses limites, comme le reste ! « Comme pour se jauger, nous dit Solange de Mailly-Nesle[1], il est capable de se détruire, afin

1. S. de Mailly-Nesle, *L'Astrologie*, Fernand Nathan.

de saisir l'essence de ses forces. Mais au fond de lui-même, il est déjà persuadé que le feu qui l'anime ne pourra s'éteindre et que le sens de la vie est en lui. »

Pas de limites !

En somme, le problème du Bélier, c'est de ne pas savoir emmagasiner l'énergie, de ne pas l'économiser. Du reste, il ne connaît pas le sens de ce mot, et le prononce toujours du bout des lèvres, avec un léger mépris. Un ami Bélier (et américain) me posait un jour, non sans condescendance, cette question embarrassante : « *What are you saving your life for ?* » Pour quoi économises-tu ta vie ? ou plutôt : qu'attends-tu pour vivre *vraiment ?* – ce qui, dans l'esprit d'un Bélier, signifie à fond, à toute allure, en donnant toute sa mesure…

Certes, le Bélier (disons : la personne très marquée par ce signe) donne toute sa mesure… ou du moins il essaye, suscitant parfois l'inquiétude ou l'incompréhension de son entourage.

Mais qu'est-ce qui fait donc courir le Bélier ?

Deux choses : il est pris en sandwich entre deux forces extrêmement exigeantes. La première, son incapacité à se fixer des limites. La Tradition place le Bélier comme lieu de chute de Saturne (les limites, la raison, la prudence…) : le vieux Saturne moraliste n'a pas son mot à dire. Le Bélier est aveugle et sourd à toute forme de raison. L'idée même de se brider, de s'imposer un cadre ou de faire un régime le rend malade. Parce que – entre autres – sa nature, sa fougue et ses désirs sont d'une puissance vertigineuse.

Et surtout parce que la deuxième force qui fait courir le Bélier, c'est une tension extrême à être, à exister, à affirmer sa personnalité, à courir après *qui* il est. En effet, le Bélier possède une caractéristique commune avec le Poissons, aussi paradoxal que cela paraisse : leur sentiment d'identité est des plus diffus. Pourquoi ?

Être ou ne pas être…

Zodiaque signifie : roue de la vie. Imaginons notre roue, cycle éternellement recommencé, avec ses phases de conception, germination, naissance, décrépitude, mort et renouveau… Le Bélier est le premier. C'est lui qui, avec le printemps, émerge brutalement de l'immobilisme de l'hiver. Il en émerge, mais il en garde la trace, le souvenir diffus et une angoisse indéfinissable. Juste derrière lui, juste avant, c'est le chaos océanique des Poissons ; le magma, le vertige, les ténèbres – mais aussi le chaos primordial, l'eau maternelle d'où la vie peut émerger. Dans les Poissons, il y a cette promesse du renouveau ; dans le Bélier, cette mémoire du néant.

Et c'est pour y échapper que le Bélier court si vite, droit devant, cornes en avant ; et surtout pour savoir qui il est. À chaque signe son rôle, sa fonction, sa quête : au Bélier revient de ralentir sa course et d'oser plonger en lui-même pour trouver enfin la paix.

Cette quête d'identité le pousse d'ailleurs souvent à mettre une personnalité sur un piédestal. Le Bélier est fasciné par les fortes personnalités. On pourrait croire qu'il n'a rien à leur envier, mais c'est tout le contraire : le Bélier est terriblement jeune, juvénile, c'est l'agneau de lait, c'est le jeune chien impétueux qui ne sait jamais très bien où il en est ni où il va. Nous verrons que c'est précisément cette question qui trouvera sa réponse dans le signe suivant, le Taureau.

La fascination pour les personnages rayonnants, puissants, pour les chefs, pour les héros, se retrouve dans l'hypertrophie solaire propre au Bélier : le Soleil est *exalté* dans ce signe, ce qui signifie que la position de toute-puissance est son fantasme, sa jubilation, en tant qu'elle apparaît comme la solution à son *manque à être*.

Ce qu'il ne sait peut-être pas de lui-même

Descendons un peu plus bas, au cœur même du Bélier, dans cette partie refoulée de l'inconscient qu'il met longtemps à reconnaître et à accepter. Que cache-t-il ?

Là, on est surpris. Ce personnage pragmatique, qui ne s'intéresse apparemment qu'à ce qu'il peut voir et toucher, qui se démène pour réaliser des actions concrètes, tangibles, efficaces, et tient toujours un discours d'une logique implacable, possède au fond de lui une grande part d'irrationalité ; les émotions, violentes, se bousculent, l'instinct est tout-puissant, la sensibilité vive. De tous les signes masculins, il tient la place d'honneur : c'est le plus masculin des masculins. Mais ici se trouve la dimension féminine de cet hyper-mâle ! – dimension d'artiste, de visionnaire, en prise avec l'invisible, en contact direct avec une prodigieuse intuition.

Cette dimension, qui appartient au registre de l'inconscient chez le Bélier, est bien sûr refoulée, niée par la conscience – mais elle est perçue par les autres : on se rend bien compte, à regarder fonctionner un Bélier, qu'il n'a rien de rationnel, au fond… Et que sa quête d'actions héroïques est une fuite en avant.

Le Bélier et l'amour

De tout ce qui vient d'être dit, on conçoit sans peine que le Bélier se sente plus à l'aise avec le désir qu'avec le sentiment, avec la conquête gaillarde qu'avec la séduction galante. Le désir, la conquête, la sexualité font partie du champ de ce que sa conscience connaît et maîtrise, du champ de Mars (qui le gouverne), planète guerrière, masculine, active, virile. Alors que le sentiment et l'émotion font partie du domaine de Vénus (en *exil* dans le Bélier, autrement dit rejetée – et projetée), qui appartient à l'inconscient qu'il refoule. L'homme Bélier est donc beaucoup plus à l'aise dans son rôle de mâle que la femme du même signe, qui se démarque souvent des critères établis de la féminité (encore que, pour une femme, ce soient surtout la Lune et Vénus qui décriront son rapport à sa féminité).

Un Bélier sait tomber amoureux : passionnément, à la folie, avec fougue, avec impatience. Pour cela, il doit d'abord tomber en admiration ! Et qu'est-ce qu'un Bélier admire ? La *personnalité*. Impossible pour lui de s'extasier pour une Princesse au petit pois, de frémir pour quelqu'un de timide, qui ne s'affirme pas, ne rayonne pas, dont les vertus sont intérieures… Non : il sera conquis par une personnalité triomphante, solaire, populaire, admirée de tous, et si possible possédant un certain pouvoir (social et matériel) : là, c'est le top ! Le Bélier cherche un Soleil…

Comment le Bélier aime-t-il ? Question délicate. Aimer, cela voudrait dire se mettre en danger. S'ouvrir, c'est sortir de son champ de contrôle. Typiquement, le Bélier montrera donc une aversion pour le sentimentalisme, le romantisme, la galanterie et autres minauderies qui le mettront mal à l'aise. Madame Bélier jouera plus naturellement les amazones que les oies blanches, et Monsieur Bélier ne supportera pas qu'on le fasse mariner trop longtemps, ni qu'on le mène en bateau : alors, c'est oui ou c'est non ??

Une fois la relation stabilisée (et tout en sachant qu'*a priori*, ce n'est pas la stabilité qu'un Bélier recherche, mais la passion), l'impétueux animal se débrouillera toujours pour faire éclater une bonne scène de ménage au moment où le couple s'enlise un peu trop, ou pour disparaître pendant trois jours au motif d'acheter des cigarettes, si son cher et tendre lui colle trop aux basques.

C'est vrai, quoi : l'amour, il n'y a pas que ça dans la vie…

Précisons tout de même qu'il ne s'agit que de généralités sur le Bélier, et que celles-ci s'appliquent plus particulièrement si Vénus – planète de l'amour comme on s'en doute – se trouve dans ce signe, ainsi que nous le verrons plus loin.

La femme Bélier

On aura compris que la femme née sous ce signe masculin aura plutôt tendance à rejeter une féminité encombrante, surtout à la période de l'adolescence. Le Bélier *exilant* Vénus, planète féminine par excellence, la femme de ce signe refusera d'incarner la séduction, la douceur, la tendresse ou la diplomatie propres à son sexe ; elle sera attirée par les personnes (typées Taureau ou Balance) incarnant ces caractéristiques. Elle se montrera quant à elle délibérément franche, directe (voire, au pire, maladroite et brutale !), – à moins que la Lune, Vénus ou l'Ascendant ne se trouvent en signe féminin (ou en Balance) dans son thème, ce qui lui permet de « récupérer » sa féminité, tandis qu'on retrouvera le Bélier dans sa force de caractère, son indépendance foncière, son tempérament fougueux et spontané, courageux et entreprenant.

À condition d'incarner son Soleil, elle exprimera les vertus de combativité et d'activité propres à son signe ; elle n'aura pas la langue dans sa poche et aura tendance à s'enflammer rapidement – et à se consumer tout aussi vite ! Si elle reporte ce Soleil en Bélier sur son mari, par exemple[1], elle aura plutôt tendance à s'identifier à sa Lune, ou à son Saturne natal. On ne retrouvera dans ce cas quasiment aucune des caractéristiques du Bélier dans sa personnalité.

1. Cf. p. 38-39.

Le Bélier et le travail

Notre hyper-actif va donc privilégier les activités qui lui laisseront toute latitude d'entreprendre à sa guise : le statut de fonctionnaire n'est pas pour lui. S'il est employé, ce ne pourra être que dans une position de dirigeant, de cadre, de chef de projet. Mais idéalement, le Bélier a besoin d'être libre aux entournures ; il est fait pour être son propre patron et pour avoir une activité diversifiée, demandant audace, esprit de décision, courage et combativité. Quels sont les types de métiers typiquement Bélier ? Sachant qu'il faut tenir compte de l'ensemble des facteurs du thème natal d'une personne, un natif du Bélier aura tendance à s'orienter :

En premier lieu, vers la création d'entreprise.

Ensuite, vers les activités à risque, demandant une intervention musclée, ou physiquement éprouvantes (sportif, cascadeur, militaire, homme de terrain ou chirurgien dans une ONG, médecin dans un hôpital, reporter couvrant les endroits chauds du globe...).

Enfin, vers les métiers du fer (y compris l'armement), du feu (pompier) et du sang (chirurgien, boucher)...

Le Bélier et l'argent

C'est un panier percé. Généreux et excessif, le Bélier considère que l'argent est fait pour être dépensé aujourd'hui : demain est un autre jour. Sa plus grande épreuve dans la vie est d'être obligé de compter. La prévoyance, on l'a vu, n'est pas dans ses cordes. Les possessions n'ont pour lui qu'une valeur circonstancielle et momentanée : ce qui présentait une réelle valeur à ses yeux hier peut être oublié demain. En revanche, gagner de l'argent est un jeu, une compétition – et un moyen de réaliser ses envies, toujours très pressantes ! Mais ne comptez pas sur lui pour tenir les cordons de la bourse. Sauf si d'autres éléments de son thème corrigent son côté flambeur...

Soleil en Bélier, combiné à douze Ascendants

Bélier Ascendant Bélier

Lorsque le signe et l'Ascendant se trouvent dans le même signe (ou sont voisins), il se présente deux cas de figure : le Soleil se trouve au-dessus de l'horizon – ou en dessous[1]. Seul un astrologue peut vous le dire, mais si le Soleil natal se trouve dans le premier décan (ou le second), et l'Ascendant dans le second (ou le dernier), autrement dit *après*
vous pouvez être sûr que votre Soleil se trouve au-dessus de l'horizon, c'est-à-dire dans la Maison XII[2]. Dans ce cas, les caractéristiques propres au signe solaire sont assez masquées au départ et ne se révéleront qu'à travers un véritable chemin de vie initiatique. Dans le cas contraire, le Soleil se trouve dans la Maison I, ce qui rajoute au signe natal une forte valeur solaire (comparable à un côté Lion pour simplifier).

Dans les deux cas, l'Ascendant ne change pas : en Bélier, vous serez perçu comme quelqu'un de franc, dynamique, ouvert, toujours partant pour les expéditions sportives et autres aventures musclées. Vous avez un sympathique côté scout-toujours-prêt, qui ne s'embarrasse pas d'inhibitions et oublie aussitôt ses défaites. Votre danger est de gaspiller votre énergie à vous battre contre des moulins et à ne pas tirer l'enseignement de vos erreurs. Votre force est dans votre confiance en l'énergie vitale qui vous habite et que vous insufflez autour de vous… La Balance est votre *alter ego*. Le signe occupé par Mars dans votre thème enrichira et affinera ce portrait.

---

1. Cf. définition p. 27.
2. Voir p. 432. Pour les détails, voir p. 28-33.

Bélier Ascendant Taureau

Vous êtes une force de la nature ! Vous avez tout pour croquer la vie à belles dents (à moins que votre Soleil ne se trouve en Maison XII[1], auquel cas votre priorité est plus spirituelle). Votre caractère impétueux et bagarreur est masqué par une apparence tranquille, calme, posée. Si votre désir vous entraîne chaque fois vers un objectif nouveau, votre nature profonde vous pousse à réaliser, achever, amener les choses à leur terme, les faire aboutir pleinement. Vous avez ainsi tous les atouts d'une efficacité redoutable. Optimiste et sensuel, vous savez jouir pleinement de l'instant et ne redoutez ni l'effort, ni l'échec, ni même la souffrance : votre force de vie est telle que vous pouvez toujours vous relever et repartir avec le même entrain. Le Scorpion est votre *alter ego*. Les signes occupés par Mars et Vénus dans votre thème enrichiront et affineront ce portrait.

Bélier Ascendant Gémeaux

Vous vous présentez comme quelqu'un de gai, ouvert et sociable. Certains pourraient même vous trouver superficiel, tant vous prenez la vie avec légèreté – sauf si votre Soleil natal est en Maison XII[2], ce qui vous rend secret, mystique, et vous oriente vers la psychanalyse et les choses de l'esprit… Autrement, vous avez vraiment un côté juvénile prononcé, et l'on vous perçoit comme une véritable bouffée de fraîcheur et d'oxygène. À l'exception, peut-être, des caractères plus sentimentaux, qui trouvent que vous manquez de cœur ! C'est qu'effectivement, vous pouvez avoir un côté don Juan… Votre comportement adaptable et séducteur peut parfois masquer

1. Voir le paragraphe précédent.
2. Voir « Bélier Ascendant Bélier ».

votre détermination. Au fond, vous savez très bien sur quelle corde jouer pour atteindre votre but, et vous y parvenez sans peine : la vie est pour vous un grand Jeu dont il s'agit de sortir vainqueur, sans toutefois le prendre trop au sérieux… Le Sagittaire est votre *alter ego*. Les signes occupés par Mars et Mercure dans votre thème enrichiront et affineront ce portrait.

Bélier Ascendant Cancer

Vous êtes bourré de contradictions et l'on a du mal à vous suivre (vous aussi parfois) ! D'un naturel doux, tendre et plutôt inquiet, vous avancez pourtant dans la vie armé jusqu'aux dents. On ne sait jamais très bien sur quel pied danser avec vous et si l'on doit vous prendre pour un redoutable guerrier ou pour un artiste vulnérable. Les deux, mon général ! Tout dépend de l'instant, des circonstances, de votre humeur excessivement changeante. Votre sensibilité est vive, vous êtes susceptible et recherchez instinctivement la sécurité et le confort du foyer. Pourtant, vos désirs (ou vos rêves) vous emportent toujours vers d'audacieuses conquêtes, des explorations voyageuses ou de brillantes réalisations professionnelles. Du reste, votre réalisation passe par une implication sociale (carrière professionnelle, activités associatives ou études et enseignement des sciences humaines…). Côté cœur, vous serez attiré par les personnes stables, responsables. Le Capricorne est votre *alter ego*. Les signes occupés par Mars et la Lune dans votre thème enrichiront et affineront ce portrait.

Bélier Ascendant Lion

Deux fois signe de Feu, quel feu d'artifice ! Infatigable, éclatant de vitalité, de joie de vivre et dégageant une autorité puissante, vous ne passez pas inaperçu. Voilà qui serait d'ailleurs une expérience déprimante ! Plutôt s'attirer les foudres, déclencher les hostilités que laisser indifférent. Certains vous trouvent même frondeur, prétentieux, égocentrique… mais jalousent secrètement votre confiance en vous, votre courage et votre indéracinable optimisme. Vous disposez d'un potentiel énorme pour faire bouger les choses, galvaniser les motivations, réorganiser le monde autour de vous, lancer les projets les plus ambitieux… ! Côté cœur, vous êtes l'esclave de votre bonne nature et de vos passions ; vous vous jetez dans l'amour avec une candeur brûlante, chaque fois à la vie, à la mort. Votre goût de la conquête lutte vaillamment avec votre sens de l'engagement ; vous avez une prédilection pour les personnes originales, indépendantes, voire excentriques. Professionnellement, vous êtes au top de votre potentiel dans une position de chef. Le Verseau est votre *alter ego*. Le signe occupé par Mars dans votre thème enrichira et affinera ce portrait. L'Ascendant en Lion donne un poids supplémentaire au signe solaire.

Bélier Ascendant Vierge

Il y a dans votre personnalité une profonde contradiction entre votre comportement plutôt réservé, votre besoin de servir une cause, de vous dévouer – et votre désir profond de réaliser des actions d'éclats, gratuites, peut-être provocantes, en tout cas innovatrices. On vous considère probablement comme quelqu'un de modeste, dissimulant un caractère énergique. Vous êtes très tourné vers les autres et vous développez tout votre potentiel lorsque vous êtes investi d'une mission, lorsque vous pouvez vous battre dans l'intérêt d'un tiers. Être échoué sur une île déserte serait pour vous un pur enfer : votre vie n'aurait plus de sens sans une vie sociale. Il est donc important que vous trouviez votre place dans la société et que vous vous sentiez utile. Le Poissons est votre *alter ego*. Les signes occupés par Mars et Mercure dans votre thème enrichiront et affineront ce portrait.

Bélier Ascendant Balance

Derrière un comportement séduisant, affable et souriant, vous êtes quelqu'un d'énergique et de résolu. Une main de fer dans un gant de velours ! Il ne s'agit nullement de cacher votre jeu, mais d'exprimer une manière d'être qui vous est naturelle : une attitude civilisée, responsable et enjouée, soucieuse d'autrui. Vous aimez les gens et avez profondément besoin de vous sentir accepté, intégré, accueilli ; vous faites en sorte d'être agréable, conciliant et léger, et de ne désobliger personne. Tout cela ne vous empêche pas d'être mû par un désir ardent, de ressentir des passions violentes et d'avoir dans la vie un rôle de moteur, de meneur. Mais menez tout cela dans le savoir-vivre et la diplomatie... Côté cœur, vous êtes un séducteur dont on ne sait jamais clairement pour qui le cœur penche le plus... et vous avez beaucoup de mal à maîtriser votre instinct de conquête ! Le Bélier est votre *alter ego*... Les signes occupés par Mars et Vénus dans votre thème enrichiront et affineront ce portrait.

Bélier Ascendant Scorpion

Mars, planète de la guerre et de l'action, gouverne votre Soleil et votre Ascendant : vous n'êtes pas un tiède ! Vos désirs sont ardents et vous allez jusqu'au bout pour les satisfaire. L'échec n'a pas de prise sur votre volonté : vous avez toujours la ressource nécessaire pour rebondir, quelles que soient les épreuves (y compris physiques) que vous traversez. Vous avez d'ailleurs tendance à aller les chercher, peut-être par défi, pour vous éprouver : il y a en vous du héros, de l'incorruptible, du jusqu'au-boutiste. Les défis sont pour vous autant d'expériences initiatiques, à l'issue desquelles vous vous sentez plus vivant... Côté cœur, vous êtes passionné, possessif et très exigeant – la vie avec vous n'est pas un long fleuve tranquille !

Vous devrez apprendre, petit à petit, à laisser l'Autre respirer… Le Taureau est votre *alter ego*. Le signe occupé par Mars dans votre thème enrichira et affinera ce portrait.

Bélier Ascendant Sagittaire

Vous êtes quelqu'un de franc et d'ouvert, apprécié pour son mélange de spontanéité et de profondeur. Optimiste, conquérant et débordant d'énergie, vous êtes un infatigable don Quichotte, en quête permanente d'une Réponse ou d'un Ailleurs édénique. D'un dynamisme contagieux, vous ne concevez l'existence que dans le mouvement : vous êtes tout entier tendu vers l'avant, vers l'avenir et l'exploration du monde. Transmettre votre passion, votre savoir ou votre vision du monde, enseigner, éduquer, motiver vos semblables (et les jeunes en particulier) font partie des tâches qui vous enthousiasment. Votre plus grande satisfaction est d'être missionné pour une action d'envergure. Côté cœur, vous avez un net côté Prince charmant pourfendeur de dragons – au masculin ou version amazone. Le Gémeaux est votre *alter ego*. Les signes occupés par Mars et Jupiter dans votre thème enrichiront et affineront ce portrait.

Bélier Ascendant Capricorne

Vous êtes un dur à cuire ! Vous avez appris très tôt à vous construire une armure cloutée et à vous débarrasser de vos illusions concernant la nature humaine. Du reste, vous êtes partagé entre un grand besoin de méditation solitaire et le désir de vous frotter au monde. Vous êtes très exigeant vis-à-vis de vous-même, des autres et de la vie en général – et peu prêt à faire des concessions. Ce manque d'indulgence rend votre commerce difficile et peut masquer vos qualités, qui sont peu communes. Courageux et absolutiste, vous n'avez peur de rien ni de personne ; vous êtes à la fois responsable, très lucide sur vous-même et conscient des difficultés de la vie – ce qui ne vous rend pas très optimiste. Côté cœur, vous êtes fidèle et entier dans vos sentiments, mais partagé entre le sens de vos responsabilités liées au couple et votre besoin d'indépendance… Votre *alter ego* est le Cancer. Les signes occupés par Mars et Saturne dans votre thème enrichiront et affineront ce portrait.

Bélier Ascendant Verseau

Vous êtes un visionnaire et un innovateur. Vous avez une grande capacité de projection dans le futur et savez intuitivement dans quelle direction va le monde ; ainsi, le présent n'a pour vous qu'une valeur relative et le passé n'a aucune importance. Seuls comptent les projets, l'évolution humaine, les arts et les techniques d'avant-garde, les rencontres. Vous marchez un pas devant les autres – non dans l'espace, mais dans le temps. Vos qualités d'initiative et de dynamisme actif, vous ne pouvez les mettre qu'au service de l'intérêt commun : vous battre pour une cause, être le porte-parole d'une minorité opprimée, combattre les injustices sociales, voilà qui vous permet de donner le meilleur de vous-même. Côté cœur, vous placez l'amitié bien au-dessus de l'amour et, *a priori*, cherchez davantage la magie des rencontres que la construction d'un foyer… Votre *alter ego* est le Lion. Les signes occupés par Mars et Saturne dans votre thème enrichiront et affineront ce portrait.

Bélier Ascendant Poissons

Votre apparence indolente et rêveuse ne laisse guère deviner votre vraie nature ! Sans tambour ni trompette, vous savez pourtant affirmer votre différence, imposer votre volonté et mener votre vie comme ça vous chante. Vous êtes pris dans une dualité indéfinissable, entre une combativité qui s'exerce dans la réalité tangible, dans le concret, et un tempérament détaché, désinvolte, poète, voire mystique…

On ne sait jamais trop sur quel pied danser avec vous, ni ce qui vous motive profondément ! Mais vous aimez bien brouiller les pistes… Il est possible que vous vous affirmiez dans une activité artistique. Côté cœur, vous êtes plutôt libéral et ne supportez pas trop les contraintes de la vie quotidienne ; vous ferez en sorte de préserver votre indépendance, ou en tout cas votre jardin secret. La Vierge est votre *alter ego*. Les signes occupés par Mars et Jupiter dans votre thème enrichiront et affineront ce portrait.

Planètes, Ascendant et Milieu-du-Ciel en Bélier

Lune ☾ en Bélier ♈

Vous avez le sang chaud ! – et vous avez facilement trop chaud, d'ailleurs : vous êtes une centrale d'énergie à vous tout seul ! De tempérament sanguin, vos réactions et vos appétits sont impérieux et vifs ; vous ne supportez pas que quelque chose se mette en travers de vos envies ardentes. Vous avez un besoin physique de mouvement, d'action, de sport, de tonicité, voire de bagarres : il faut qu'il y ait de la vie, de l'énergie ! L'inaction vous pèse. Si vous êtes une femme, vous avez un côté amazone prononcé et préférez le casque de moto aux dentelles…

Si vous êtes un homme, les femmes volontaires et fougueuses vous attirent ; il est possible que vous ne vous reconnaissiez pas dans ce portrait. Dans ce cas, vous n'êtes peut-être pas en contact avec vos émotions, votre corps et les besoins de votre nature ; vous « déléguez » votre fonction lunaire à quelqu'un d'autre : votre femme ou votre enfant, par exemple.

Ajoutons que la Lune Bélier est très attirée par les natifs du signe.

Mercure ☿ en Bélier ♈

Votre mode de communication est clair et direct : vous n'utilisez guère les circonlocutions et manquez parfois de diplomatie ou de douceur dans votre expression. Certains vous trouvent brutal et n'osent pas se confier à vous ; d'autres apprécient votre franchise et votre esprit pragmatique, carré. Peut-être devez-vous apprendre à tenir davantage compte de l'avis d'autrui, à communiquer de façon bilatérale plutôt que d'être en émission permanente… à moins que vous n'ayez le Soleil en Poissons.

Vénus ♀ en Bélier ♈

Vos sentiments amoureux sont ardents, vos désirs puissants, et votre esprit de conquête est extrêmement développé ! Chaleureux et généreux, vous savez exprimer haut et fort votre passion et ne redoutez pas l'échec ou le rejet : pour vous, l'amour est une aventure, un risque à courir, et les déceptions ne vous arrêtent guère. Ce côté juvénile et passionné vous donne une fraîcheur séduisante – mais peut agacer les plus farouches, ceux dont les sentiments sont plus intériorisés. Si vous êtes une femme, vous avez du mal à rester dans un rôle passif et votre impatience peut faire peur aux hommes… Apprenez à contrôler vos émotions !

Mars ♂ en Bélier ♈

Vous disposez d'une inépuisable source d'énergie vitale. Votre capacité de récupération est remarquable et votre esprit de décision, énergique. Vous n'êtes pas un coureur de fond, mais plutôt un sprinter. Vous êtes l'as des efforts intenses, mais la persévérance n'est pas votre fort : c'est que vous devez garder votre disponibilité intacte. Toujours prêt, c'est la devise de Mars en Bélier ! La dépense physique d'énergie semble indispensable à votre équilibre. Si vous êtes un homme, votre sexualité est puissante, exigeante, et vous êtes très viril (ou vous en avez le potentiel) ; si vous êtes une femme, c'est de votre image de l'homme qu'il s'agit, et du type d'homme que vous avez tendance à rencontrer.

Jupiter ♃ en Bélier ♈

Réussir, pour vous, c'est un sport ! Vous dédaignez la facilité, les places toutes chaudes, la sécurité et le fonctionnariat. Vous avez besoin de vous battre professionnellement, que les choses aillent vite, exigent de prendre les décisions dans l'urgence ; le courage, la force de conviction, la parole sont des outils importants. Un instinct très sûr vous guide. Vous brandissez vos gains et vos signes extérieurs de richesse comme autant de trophées. Vous avez un côté flambeur : même si vous êtes sans le sou, vous préserverez les apparences sans céder un pouce sur votre générosité flamboyante et n'hésitez pas à creuser votre découvert pour inviter tout le monde. Vous avez du mal à vous imposer des limites sur le plan de la consommation, des dépenses, et vous aimez être en représentation. C'est dans les domaines exigeant sens de la répartie, esprit d'initiative, audace et courage (y compris physique) que vous avez le plus de talent pour réussir socialement. Cette position est un des éléments en faveur d'une situation indépendante ou de *self-made man.*

Saturne ♄ en Bélier ♈

L'image paternelle est celle d'un père autoritaire, strict, imposant des règles claires sans transiger ; il peut aussi s'agir d'un père coléreux, voire brutal.

Au départ, la personne construit son ego sur le refus de l'autorité, de l'agressivité, de l'action incontrôlée : c'est par cette attitude qu'elle posera ses limites et, ce faisant, se sentira exister ; elle refusera de diriger les autres, de se mettre en avant ; pourtant, elle sera perçue à son tour comme autoritaire, capable d'agressivité comme d'initiatives audacieuses (voire extrêmement risquées), douée pour commander et motiver les autres. Par la suite, cette personne aura tendance à se montrer excessive, risque-tout, et aura du mal à s'autoréguler, à se montrer raisonnable, à s'imposer des limites – comme à accepter celles des autres.

Notons un cas qui, bien que particulier, n'en est pas moins fréquent : celui du statut saturnien[1]. Dans ce cas, la personne identifiée à son Saturne en Bélier se montrera d'abord brusque, carrée, provocante, bagarreuse et craintive à la fois, cachant un manque de sûreté de soi dans une attitude agressive et sans nuances. Elle se montrera en somme sous les traits d'une sorte de « faux Bélier », se voulant arrogante mais manquant de courage : le statut saturnien étant un masque, une défense, il ne peut s'investir des qualités solaires de rayonnement, de sûreté de soi et de joie de vivre. Cette personne aura un chemin à faire pour lâcher ses craintes, s'ouvrir au monde et, par là même, retrouver son Désir.

Ascendant en Bélier ♈

Si votre signe solaire est censé faire de vous une personne discrète (Vierge), conciliante (Balance) ou introvertie (Capricorne), il est probable que vous ne vous reconnaissiez que très épisodiquement. C'est que votre Ascendant Bélier vous donne un comportement social, une attitude vis-à-vis des autres, une *personnalité*[2] Bélier. On vous considère comme quelqu'un qui ne mâche pas ses mots, qui prend

1. Cf. p. 39.
2. De *persona*, masque.

toujours le chemin le plus court pour aller d'un point à un autre, et qui n'a pas peur de se frotter aux autres. Même si, fondamentalement, votre impératif dans la vie n'est ni l'action, ni le changement, ni la lutte, vous vous présentez comme quelqu'un d'actif, d'enthousiaste, de battant, parce que cela fait partie de votre nature ; cette nature, cette énergie se trouvent dans votre corps, dans votre métabolisme. À ce titre, la position de l'Ascendant ressemble fort (surtout pour une femme) à celle de la Lune… À noter que la position de Mars (gouverneur du Bélier, donc de votre Ascendant) en signe, dans votre thème, donnera des indications supplémentaires sur votre comportement social et la façon dont les autres vous perçoivent.

Milieu-du-Ciel en Bélier ♈

Quel que soit votre métier, vous l'abordez avec initiative, audace, énergie. Vous préférez être libre de vos mouvements et, idéalement, être votre propre chef. La position de subalterne ne vous sied guère – sauf si c'est ponctuel, ou si vous avez une relative liberté d'organisation et de décision. Typiquement, ce qui a été dit au paragraphe « le Bélier et le travail » s'applique aussi ici ; mais pour être plus près de la vérité, il est indispensable de considérer le signe de Mars (gouverneur de votre MC) dans votre thème, qui donnera des indications supplémentaires à cette position en signe.

PORTRAIT ASTROLOGIQUE DU SIGNE DU TAUREAU

♉

Image symbolique

Un taureau paît calmement dans une prairie verdoyante. Il est confiant en sa force, confiant dans la Nature qu'il connaît et respecte. Lenteur, paix, besoin de jouir de l'instant. Il aime la terre, la chair, la bonne chère, le contact sensuel ; c'est un tactile. Son esprit est pragmatique, son sens du territoire, aigu. Il avance lentement mais sûrement vers son but. Le Taureau, tel le chêne, est inébranlable ! Il crée, érige, construit, fait grandir ; il s'identifie à sa création.

Le bébé Taureau

Le nourrisson, satellite dépendant de sa mère, est plutôt défini par le signe de la Lune natale que par son signe solaire. À partir de l'âge d'un an environ, le bébé acquiert de plus en plus d'autonomie et commence à affirmer ses quatre volontés : c'est le stade de « l'enfant-roi ». Ce n'est qu'à ce moment-là, où il réalise que sa mère et lui forment deux entités séparées et où il cherche à se différencier d'elle, que le bébé « devient un Soleil » à part entière et qu'il adopte les caractéristiques de son signe solaire.

Soleil en Taureau	Environ du 20 avril au 21 mai
Sa fonction	Réaliser, donner forme, construire, édifier ; focaliser et stabiliser l'élan vital du Bélier dans une direction
Sa saison	Le printemps ; les femelles mettent bas et allaitent leurs petits. Exubérance de vie, de parfums et de couleurs
Sa planète maîtresse	Vénus
Sa planète d'exil	Mars
Sa planète d'exaltation	La Lune
Sa planète de chute	Saturne
Son élément	La Terre
Sa polarité	Féminine
Correspondance physiologique	La gorge, le cou, la bouche, ORL
Sa couleur	Le vert bouteille
Ses fleurs	Le lilas, la rose
Son métal	Le cuivre
Ses pierres	L'émeraude, le corail, le jade
Ses chiffres	4, 6, 11
Ses parfums	La verveine, le romarin, le lilas
Son type caractérologique	Secondaire, inémotif-passif (dominante froide) ou surémotif-actif (dominante chaude[1])
Son tempérament	Lymphatico-nerveux, introverti (froid) ou sanguin, extraverti (chaud)

1. On distingue deux types Taureau : le *froid* et le *chaud* – fonction de la dominante élémentaire. Cf. le *Traité pratique d'astrologie* d'André Barbault pour aller plus loin.

Avec votre bébé Taureau, tendre et sensuel, ne lésinez pas sur les câlins, les caresses et les siestes pelotonnés l'un contre l'autre : plus qu'un autre, il est sensible au toucher, à la chaleur du corps, et ne se sent bien qu'au contact de sa maman. Plutôt paisible et facile, c'est un calme : il ne fait pas de difficulté pour aller dormir, encore moins pour manger : la gourmandise du Taureau n'est plus à prouver... Manger fait partie de ces délicieux moments, qu'il s'agit de prolonger ou de répéter le plus souvent possible. Attention au grignotage ! Il n'a naturellement guère le sens des limites, et ce sera à vous de les lui inculquer avec diplomatie... Inutile en effet de déchaîner les colères du jeune Taureau, qui sont aussi rares que terribles ! Très sensible à la nature et à tout ce qui vit, votre petit Taureau ne se sentira jamais aussi bien que dans un jardin, à jouer avec un animal ou à explorer l'univers des fourmis...

La petite fille et l'adolescente Taureau

Féminine, charmante, c'est un vrai petit bout de femme, fort consciente des jeux de séduction et sachant en user... Ce qu'elle préfère largement aux jeux de ballon ou aux cris des garçons. Par souci de plaire comme par sens de la tranquillité, elle sait se faire douce et docile, mais n'en abusez pas : un Taureau qui se braque ne baisse pas les armes ! Pourtant, d'ordinaire, elle déteste la brutalité, les efforts et l'agitation... Elle rêve d'école buissonnière et de promenades au bord d'une rivière. Plus tard, elle rêvera plus volontiers de son amoureux, et de la belle maison pleine d'enfants qu'elle habitera. Adolescente indolente, il ne faudra pas trop compter sur elle pour participer aux tâches domestiques : elle préférera s'enfermer sous le casque de son walk-man et se faire les ongles… sauf si elle sait déjà quelle direction donner à sa vie. Dans ce cas, la jeune fille lascive peut se muer en redoutable machine à travailler ! En attendant cette révélation qui la transformera, orientez-la vers la danse, les arts plastiques ou l'équitation, activités qui lui permettront de s'épanouir pleinement.

Le petit garçon et l'ado Taureau

Doux, paisible et plus porté à la rêverie qu'aux bagarres, votre petit Taureau sait cependant très bien ce qu'il veut. Ne prenez pas sa gentillesse câline pour de la mollesse ou de l'indécision : sous son enveloppe tendre, c'est un dur ! Très attaché à sa maman, il voit d'un mauvais œil ce papa aux attitudes de propriétaire, qui s'enferme chaque soir avec elle. Après tout, c'est sa maman. Ce lien demeure souvent fort très longtemps : pour un petit Taureau, sa maman restera la première femme de sa vie… Les autres n'auront qu'à bien se tenir ! Jamais elles ne réussiront la tarte aux framboises comme elle. Adolescent, il ne saura pas où donner de la tête entre tous les plaisirs qui s'offrent à lui. Les filles, en tout premier lieu, le plongent dans de délicieuses souffrances : entre sa timidité maladive et ses appétits puissants, comment trouver le joint ? Dans un premier temps, il trouvera dans l'art un exutoire à sa nature romantique et sensuelle : peinture, sculpture, musique l'apaiseront et lui procureront un immense plaisir. Ensuite, peut-être se sentira-t-il attiré par l'architecture, le bâtiment… ou la carrière de chanteur professionnel ?

Le Taureau devenu adulte, quel est son comportement de surface ?

Un terrien pur souche

En tant que bon signe de Terre, le Taureau se montre d'abord timide. N'aimant ni s'imposer, ni déplaire, il affiche souvent, à première vue, une affabilité de bon ton, juste milieu entre une chaleureuse convivialité (vénusienne) et une distance prudente (terrienne). Le terrien ne s'impose pas, se mélange encore moins ; il reste sur sa réserve en prenant le temps de jauger les situations. La passivité (ou plus exactement l'inertie) fait partie des propriétés féminines de l'élément Terre, avec l'intériorité et la capacité à endurer longtemps avant de réagir. Le Taureau doit trouver le moyen de concilier en lui la froideur de la Terre et la volupté de Vénus – et il y parvient en général par un charme qui lui est tout particulier, mélange de distance et de tendresse.

Pensée concrète

Notre Taureau écoutera donc son interlocuteur avec attention, sans excessive curiosité, et s'intéressera surtout aux points tangibles, concrets, de son argumentation ou de son récit. Les interprétations subjectives et autres idées conceptuelles l'intéressent moins qu'un exposé objectif des faits, chiffres à l'appui – et, idéalement, rapports budgétaires en annexe. En contact direct avec le réel, le Taureau type, pragmatique et matérialiste, ne spécule guère sur des abstractions mais sur des considérations palpables et mesurables. N'a de valeur dans son système de pensée que ce qui *produit* quelque chose, ce qui s'oriente vers un *résultat* concret.

Importance du ressenti

Le Taureau est un lent. Il a besoin de s'imprégner des choses, de ressentir physiquement ce dont il parle – en cela, seule *l'expérience* a valeur à ses yeux, sur un plan philosophique. Un Taureau ne saurait disserter sur un sujet qu'il n'a pas *éprouvé* – et n'en verrait pas l'intérêt. Il est donc lent à s'emparer des idées et, dans le dialogue, à entrer dans l'univers d'autrui ; car c'est ainsi qu'il fonctionne, par prise et emprise sur les choses, et en partant de son propre point de vue réaliste. Très loin des signes aériens (Verseau notamment) qui jonglent avec de pures Idées, le Taureau garde en permanence contact avec le réel, avec son ressenti, ses émotions ; l'idée doit faire son chemin, l'atteindre au cœur ; il doit pouvoir l'associer immédiatement avec une expérience éprouvée. Son intelligence se trouve là, dans cette association *sensorielle* avec le vécu, d'une part, et avec une faculté de projection réaliste dans le futur d'autre part : s'il imagine le développement d'un projet, ce sera toujours avec bon sens, précision et esprit pratique.

Force d'inertie

Lente aussi est sa mobilisation à agir. Lorsque notre Taureau n'est pas absorbé par son travail, il peut faire preuve d'une inertie, d'une passivité confondantes. Autour de lui, tout s'agite, mais il est capable de rester là sans rien faire, à goûter la vie qui passe, à regarder passer les nuages (à défaut des trains), perdu dans une contemplation quasi léthargique. Ce n'est pourtant pas l'énergie qui lui manque : mais elle a besoin d'être mobilisée. Il prépare le terrain, calcule sa progression pas à pas, en assure les moyens matériels, financiers ; il prévoit à l'avance les alliés, les obstacles, les outils. Il a une totale confiance dans sa force, dans sa résistance face aux intempéries et, une fois lancé, dans sa puissance de réalisation. Mais la machine est précisément d'une telle puissance et d'une telle inertie qu'il lui faut régler la direction et vérifier les moindres rouages avant de la mettre en marche ; car ensuite, il sera difficile de changer d'orientation, et quasiment impossible de faire marche arrière.

Rien n'arrête un Taureau !

Une fois mobilisé vers son but, qui consiste essentiellement à produire quelque chose de concret, et idéalement de *vivant* – d'où l'association Taureau-Terre Mère[1]-Vie (le Taureau est le prototype de l'éleveur) –, il avance patiemment et inexorablement, renversant tous les obstacles sur sa route. Sa détermination, son opiniâtreté sont impressionnantes, sa capacité de travail énorme, et grandes ses chances de succès, du fait de sa constance et de sa formidable énergie créatrice. Autant le Bélier était tout entier tendu vers l'action en soi – sans égard pour son aboutissement –, autant le Taureau est tout entier tendu vers le résultat de son effort, vers l'obtention d'un gain : *Il faut que je l'aie et je l'aurai !*

Avoir est le leitmotiv du Taureau, qu'il s'agisse d'acquérir un bien matériel, de séduire (et souvent d'épouser) la personne aimée ou d'*avoir* des enfants. Le sentiment de possession et l'opiniâtreté sont ici intimement liés.

Telle est sa dynamique, lente à se mouvoir comme à s'émouvoir, mais déterminée dans ses choix, et fixe dans ses objectifs. À telle enseigne que, face à des bouleversements imposés de l'extérieur, notre Taureau sera peut-être le moins

1. Au néolithique, la déesse mère et le taureau étaient symboliquement associés dans les représentations de divinités (cf. *Naissance des divinités, naissance de l'agriculture*, Jacques Cauvin, CNRS Éd.).

qualifié pour trouver en lui les ressources d'adaptation à une activité nouvelle, surtout s'il lui faut se déraciner géographiquement.

Artiste sensuel

Son pouvoir d'abstraction et son imagination sont peu développés – sauf lorsqu'il s'agit d'exprimer sa créativité artistique. Toutefois, le Taureau ne recherchera pas spécifiquement la création originale, mais plutôt le plaisir sensuel que lui procurent l'harmonie des couleurs et des sons ou, mieux encore, le contact de la matière – je pense notamment à la sculpture et à la poterie, arts Taureau par excellence. L'argile, que l'on façonne et dont on tire une forme, puis un objet utile, voilà qui entre tout à fait dans l'univers tactile, artistique et pragmatique du Taureau.

Un signe féminin

Le zodiaque s'est ouvert avec le Bélier, son gouverneur Mars et l'exaltation des valeurs masculines d'émergence, de propulsion, de pénétration ; il se poursuit dans le Taureau, avec son gouverneur Vénus et l'exaltation des valeurs féminines de gestation, d'intériorisation, de passivité. Le Taureau est le signe le plus féminin, dans le sens de la féminité nourrissante, maternelle (en cela, il se rapproche du Cancer, dont le gouverneur, la Lune, est *exalté*[1] en Taureau) ; d'où son instinct de reproduction puissant, son lien intime avec la nature et son côté extrêmement vital.

---

1. *Domicile, exil, exaltation et chute :* il s'agit là des *dignités* des planètes, autrement dit de leurs correspondances avec les signes. Dans le thème natal, une planète dans son signe d'exil n'a pas la même signification que dans son domicile.

Le dessous des cartes

Il se présente comme un être sensible, un artiste, un tendre : il met ainsi en avant son côté vénusien, se définissant comme quelqu'un d'instinctif, qui réagit avec ses tripes, se laisse guider par son intuition et ses appétits. La nourriture (et la sexualité) prend une place primordiale dans sa vie – son frigidaire est toujours plein ! Bon vivant, jouisseur, il se dégage de lui une extraordinaire vitalité, non dans le sens dynamique du Bélier, mais dans le sens de connexion au vivant – de fait, ce lien puissant avec la nature, et avec sa nature, lui confère des ressources quasiment inépuisables de survie, de régénération. L'amour de la vie du Taureau est un plaisir à voir – et c'est un véritable cadeau, pour lui-même comme pour ceux qui l'entourent. Dans la difficulté, dans l'épreuve, il lui suffira de se ressourcer aux arbres, aux éléments, de plonger dans une rivière, de bêcher son jardin pour retrouver contact avec la Vie – lui plus que tout autre. Et cette certitude-là lui donne cette sérénité paisible, cette force tranquille si séduisante.

Cependant, que se passe-t-il en dessous du niveau de la mer ? À l'inverse du Bélier, la conscience du Taureau, arcboutée sur le ressenti (*Je ne fais que ce que je sens*), est sous-tendue, portée par un inconscient extraordinairement *lucide* et *pragmatique*. Au fond, le Taureau n'est pas seulement cet être frémissant qu'il se plaît à incarner (avec toute l'honnêteté du monde !) : s'il est en danger, s'il se sent attaqué, la partie inconsciente de sa psyché remonte à la surface ; on se trouve alors devant le Taureau furieux de l'arène. Oubliée, la tendresse moelleuse du vénusien : c'est un personnage froid et violent qui surgit. En situation de crise, le Taureau devient distant, calculateur, froidement raisonneur (cette réaction de survie est commune à la Balance, l'agressivité en plus) et cruel. Cette agressivité, qu'il refoule et rejette la plupart du temps (*Ce sont les autres qui sont agressifs, pas moi*), jaillit alors sans frein : les colères du Taureau sont aussi rares que terribles, surtout par leur caractère froid, détaché, implacable.

C'est dans cette attitude-là qu'il trouvera en lui les ressources pour réagir, combattre le danger, surmonter une attaque, une crise. Lorsqu'il retrouvera la sécurité, il redeviendra lui-même… Un agneau !

Le Taureau et l'amour

Terrible dualité du Taureau ! Pris entre deux forces contraires et d'égale intensité… D'un côté, le désir solide et puissant d'assurer sa sécurité – affective comme matérielle – ; de l'autre, un tempérament de séducteur, amoureux des plaisirs, résistant difficilement (ou pas du tout) à la jubilatoire attraction des corps… Le désir, pour lui source et manifestation de vie, ne peut raisonnablement être refoulé – ce serait nier la sacro-sainte Nature ! La fidélité représente pour lui un effort énorme, et quasiment dénué de sens, car l'enfreindre ne saurait remettre en question la profondeur de son lien conjugal et son sentiment de responsabilité par rapport à sa famille. En revanche, il est d'une jalousie de propriétaire et ne peut supporter de partager l'élu(e) de son cœur… Trahi, notre Taureau peut se montrer d'une rancune tenace !

Il lui faut du temps (un temps relatif, fonction de son éducation, de ses expériences, et de son thème personnel) pour faire taire ses passions et privilégier la tendresse paisible du foyer. Cependant, son besoin de sécurité – tout aussi puissant que sa sensualité – le pousse souvent à se marier jeune et à fonder un foyer. À moins qu'il ne soit entièrement monopolisé par une activité professionnelle qui comporte cette notion de croissance, d'édification et de maturation d'un projet à son terme, le Taureau a fondamentalement besoin de se prolonger, d'assurer la continuité du flot de la vie après lui, de concevoir et d'élever des enfants. On retrouve ici l'exaltation, dans ce signe, de la Lune, symbole de fécondité et de nutrition…

Sensuel, tendre et charmeur, le Taureau est un(e) amant(e) de choix… et un conjoint fidèle, du moins dans ses sentiments et dans ses choix. S'il ne donne pas sa confiance spontanément, ses amitiés une fois soudées sont profondes et définitives. Bien que séducteur, il est loin d'être léger, et ses quelques grandes histoires d'amour, avec leurs exaltations et leurs désillusions, laissent dans son cœur une empreinte profonde. Ruminant par nature ses idées comme ses sentiments, il est aussi rancunier que fidèle, et son cœur est un bloc d'argile sur lequel on peut lire les griffures du temps : le Taureau n'oublie rien.

La femme Taureau

Avec sa bouche gourmande, sa bonne humeur indestructible et son sein accueillant, cette Vénus accorte et maternelle n'engendre pas la mélancolie. Son éclatante féminité ne l'empêche pas de savoir ce qu'elle veut et de se donner les moyens de l'obtenir : volontaire, stable et forte, elle ne se décourage devant aucune difficulté et suit patiemment et jusqu'au bout le sillon qu'elle s'est tracé. Son inépuisable vitalité n'a d'égale que sa sensualité, qui se traduit par une joie de vivre communicative et un irrépressible amour du plaisir et du confort. D'ailleurs, elle est souvent fin cordon-bleu, entre autres talents. Réaliste, optimiste et chaleureuse, elle donne avec générosité – et prend avec autorité. Sensible et romantique à ses heures, elle ne perd jamais la tête ni ses intérêts de vue : le désir et le sentiment s'arrêtent au froid calcul et se heurtent à des principes stricts. Ce n'est pas une femme qui s'en laisse imposer, mais qui décide. Une fois son choix arrêté, en revanche, elle révèle une fidélité et une profondeur de sentiment remarquables. Toutefois, il y a des règles à respecter : la semaine suivante, elle peut vous accueillir avec une froideur inexplicable – surtout si vous débarquez sans prévenir.

À condition d'incarner son Soleil, elle exprimera les qualités propres à son signe ; tandis que si elle projette ce Soleil en Taureau sur son mari, par exemple[1], elle aura plutôt tendance à s'identifier à sa Lune, ou à son Saturne natal. On ne retrouvera dans ce cas quasiment aucune des caractéristiques du Taureau dans sa personnalité.

Le Taureau et le travail

Nous l'avons dit, il possède une redoutable capacité de travail, et sa constance opiniâtre est l'un de ses atouts majeurs. Il cherche à créer de la stabilité, à fixer des repères, à faire émerger une chose (une maison, une entreprise, une personne) qu'il ne va « lâcher » dans la nature qu'au moment où elle sera arrivée à maturité. Le Taureau est un remarquable architecte, par exemple – il affectionne tout particulièrement les maisons, source de stabilité par excellence. Il s'acharnera sur son projet de construction avec une passion exclusive, y consacrera sa formidable puissance de travail, puis passera à autre chose lorsque le projet sera achevé – mais seulement à ce moment-là. À l'inverse du signe précédent, le Bélier, sa fonction n'est pas d'entreprendre tous azimuts mais d'aboutir.

Quels sont les types de métiers typiquement Taureau ? Sachant qu'il faut tenir compte de l'ensemble des facteurs

1. Cf. p. 39.

du thème, le Taureau aura tendance à s'orienter vers les métiers :

– liés aux maisons (architecte, paysagiste, agent immobilier...), à la terre (agriculture, agronomie...) ou à la matière (entreprise de bâtiment, commerce de matériaux, fabrication de tissus ; travail du bois, de la pierre...) ;

– de la finance et de la gestion ;

– liés au corps (massage, parfumerie, esthétique, diététique, chant), à l'art (peintre, sculpteur...) ;

– liés à la maternité et aux bébés (sage-femme, puéricultrice...), à la nourriture (restauration...) ou aux animaux (éleveur, vétérinaire)...

Il ne manque pas de cordes à son arc !

Le Taureau et l'argent

Impossible de parler de Taureau sans parler d'argent ! Signe proche de la matière, signe de territoire et de possession, autant porté sur la production laborieuse que sur les plaisirs terrestres, le Taureau entretient un rapport intime avec l'argent et, plus généralement, avec les biens matériels.

L'argent est tout d'abord synonyme pour lui de confort, d'abondance, voire de luxe, et condition *sine qua non* de l'assouvissement de ses (gros) appétits. Se restreindre (faire un régime !) est très pénible au Taureau jouisseur...

Ensuite, l'argent est, pour lui plus que pour tout autre, un gage de sécurité – et un Taureau ne badine pas avec ça. Il assurera ses arrières, sa retraite et l'héritage de ses enfants avec une prévoyance méthodique de comptable.

Enfin, l'argent – mais aussi la maison, puis la voiture, puis éventuellement les terres, les objets d'art, les animaux au pedigree choisi... – est le reflet de sa réussite : un Taureau qui ne *possède* rien à la fin de sa vie aura un sentiment cuisant d'échec. Un autre, qui léguera un patrimoine confortable à ses enfants, aura la gratifiante satisfaction du devoir accompli. On imagine donc que le Taureau gère l'argent avec sérieux. Bon vivant et généreux, il ne lésinera pas sur les moyens de (se) faire plaisir ; gestionnaire dans l'âme, il connaîtra toujours l'état de ses comptes, faisant ainsi preuve d'une conscience très aiguë de la valeur des choses.

Santé du Taureau

Il est solide comme un roc. Proche de son corps, de sa nature et de ses besoins, il sait en général vivre en harmonie avec lui-même et trouver l'hygiène de vie qui lui correspond. La proximité des éléments, de la Terre, de l'Eau et du Soleil, est une garantie de bien-être et de bonne santé : il est très sensible à la nature de son environnement. Peu enclin à somatiser, de constitution robuste, il tombe rarement malade. Ses seuls points sensibles sont la sphère ORL et, par répercussion avec le Scorpion, son opposé, les organes génitaux et le côlon.

Soleil en Taureau, combiné à douze Ascendants

Taureau Ascendant Bélier

Vos caractéristiques Taureau sont très marquées. Pourtant, votre comportement entreprenant et expansif peut donner de vous l'image d'une personnalité très masculine, directe, combative – ce qui est juste – et minimiser la composante féminine de votre caractère, qui vous donne ce côté tendre et cette patience paisible. L'une de vos qualités les plus remarquables est cette capacité à choisir une direction dans la vie et à vous y engager totalement, entièrement et passionnément. Pour atteindre le but (généralement à long terme) que vous vous êtes fixé, vous lutterez vaillamment, remuerez ciel et terre. L'hésitation et le doute ne sont pas de votre ressort et vous ne comprenez pas ces réactions que vous prenez pour autant de faiblesses. Dans le couple, vous recherchez l'harmonie, la tendresse et la douceur de vivre – et vous pouvez décrocher la Lune pour l'élu de votre cœur... Votre *alter ego :* une Balance. Les signes occupés par Vénus et Mars dans votre thème enrichiront et affineront ce portrait.

Taureau Ascendant Taureau

Lorsque le Soleil et l'Ascendant se trouvent dans le même signe (ou sont voisins), il se présente deux cas de figure : le Soleil se trouve au-dessus de l'horizon – ou en dessous[1]. Seul un astrologue peut vous le dire, mais si le Soleil natal se trouve dans le premier décan (ou le second), et l'Ascendant dans le second (ou le dernier), autrement dit après le Soleil, vous pouvez être sûr que votre Soleil se trouve au-dessus de l'horizon, c'est-à-dire dans la Maison XII[2]. Dans ce cas, les caractéristiques propres au signe solaire sont assez masquées au départ et ne se révéleront qu'à travers un véritable chemin de vie initiatique. Dans le cas contraire, le Soleil se trouve dans la Maison I, ce qui rajoute au signe natal une forte valeur solaire (comparable à un côté Lion pour simplifier).

Dans les deux cas, l'Ascendant ne change pas : en Taureau, il vous prédispose à une constitution robuste, un physique plutôt carré, massif, un large cou (et une fragilité de la

1. Cf. définition p. 27.
2. Voir p. 432. Pour les détails, voir p. 28-33.

sphère ORL), et ce d'autant plus que le Soleil se trouve dans le même signe. Votre rythme est lent, votre tempérament paisible, placide et doux – sauf lorsque vous perdez votre *self-control*, ce qui est aussi rare que redoutable ! Même si vous pouvez afficher un air rêveur, vous ne l'êtes guère ; réaliste, pragmatique, matérialiste, vous avez les pieds sur terre et ne jugez rien sans certitude. Il vous faut du temps pour vous décider, vous mettre au travail, vous attacher, mais ensuite, on peut compter sur vous ! Sensuel et gourmand, vous êtes un séducteur par nature, mais votre cœur n'appartient qu'à celui (celle) que vous avez choisi(e). Vous attendez du couple à la fois un partage intense et un engagement définitif – et vous êtes prêt à patienter le temps qu'il faut pour dénicher la perle rare… Votre *alter ego :* un Scorpion. Le signe occupé par Vénus dans votre thème enrichira et affinera ce portrait.

Taureau Ascendant Gémeaux

Vous êtes un mélange étrange de fixité et de mobilité, de constance et de versatilité… Vous-même avez du mal à vous retrouver ! Vous évoluez dans la vie avec une forme de légèreté adolescente – sauf si votre Soleil natal est en Maison XII[1], ce qui vous rend secret, mystique, et vous oriente vers la psychanalyse et les choses de l'esprit… Mais quoi qu'il en soit, cette sociabilité joyeuse et débridée ne laisse guère soupçonner votre nature foncière qui, elle, ne perd pas le nord ! Loin d'être aussi désinvolte que vous l'affichez, vous avez une conscience aiguë des choses matérielles et savez parfaitement où vous en êtes dans la vie et dans la poursuite de vos objectifs… Côté cœur, vous êtes un adepte de l'indé-

1. Voir « Taureau Ascendant Taureau ».

pendance et de la liberté et cherchez avant tout un partenaire qui vous apprenne quelque chose. Une sorte de professeur dont les connaissances, ou la philosophie, vous nourrissent. La distance géographique ne vous fait pas peur ; par ailleurs, vous n'êtes jamais aussi amoureux qu'en voyage ! Une relation fermée sur elle-même, un cocooning à la Cancer, et c'est la cure de Prozac (ou le divorce) assurée. Votre *alter ego :* un Sagittaire. Les signes occupés par Vénus et Mercure dans votre thème enrichiront et affineront ce portrait.

Taureau Ascendant Cancer

Vous avez un côté yin prononcé : vous savez vous mettre dans une position d'attente réceptive, à l'écoute des autres et du monde qui vous entoure. Vos besoins de sécurité matérielle et affective et de stabilité professionnelle sont impératifs ; dès lors qu'un changement survient, votre premier instinct est de vous recentrer et de retrouver des repères stables. Vous avez plus que quiconque besoin d'un territoire, d'un nid, et si possible d'une famille soudée. Vous êtes particulièrement imprégné de votre histoire familiale et de votre éducation, et vous entendez la transmettre fidèlement à votre tour. Vous êtes un bâtisseur, un être à la fois proche de la terre et de ses émotions, à la fois lucide et sensible, et vous possédez d'indubitables talents artistiques. On peut seulement vous reprocher votre attachement (voire votre dépendance) aux traditions et aux conventions, et une introversion, un goût de la solitude qui peuvent vous couper des autres. Côté cœur, vous recherchez un compagnon solide, fiable, responsable… Votre *alter ego :* un Capricorne. Les signes occupés par Vénus et la Lune dans votre thème enrichiront et affineront ce portrait.

Taureau Ascendant Lion

Le regard des autres compte beaucoup : c'est à travers eux que vous vous jugez vous-même. Vous faites de gros efforts pour être reconnu, aimé et admiré, afin de rassurer votre ego qui a besoin d'être nourri de l'extérieur. Votre personnalité brillante, chaleureuse, conquérante, a besoin d'attirer l'attention et de s'imposer en tant que centre ordonnateur. La question du pouvoir et de la réussite sociale se pose donc de façon insistante et permanente. Cela peut vous faire perdre de vue votre désir profond et votre fonction fondamentale, qui est, certes, de diriger, d'organiser, d'administrer, mais dans un but Taureau : un but vitaliste qui est de faire grandir une forme de vie : de construire, d'édifier, d'enraciner, de mener à maturité. C'est en allant dans le sens de votre Soleil Taureau, de votre désir profond qui est en symbiose avec la nature et la Vie que vous nourrirez votre besoin de reconnaissance. Côté cœur, vous privilégiez une relation libre, fraternelle, intelligente, peut-être peu conventionnelle. Votre *alter ego :* un Verseau. Le signe occupé par Vénus dans votre thème enrichira et affinera ce portrait. L'Ascendant en Lion donne davantage de poids au signe solaire.

Taureau Ascendant Vierge

Vous vous présentez comme quelqu'un de sérieux, organisé et efficace – et vous l'êtes. Vous entretenez un rapport étroit avec la réalité concrète, palpable et mesurable ; vous êtes rationnel, rationaliste et pragmatique. Vos préoccupations ou votre champ d'activité dépassent volontiers le champ de votre réussite personnelle : tout ce qui concerne de près ou de loin l'humain et les lois de la vie vous passionne, aussi bien sur un plan biologique que philosophique ou psychologique. Sensuel, bon vivant, vous savez apprécier les cadeaux de la vie, même si votre esprit critique et votre attachement aux détails peuvent parfois vous masquer la beauté d'un moment ou les qualités d'une personne. Timide, réservé, vous ne vous donnez à voir qu'à ceux qui prennent le temps de vous connaître et sur qui vous pouvez compter. Vous cherchez un partenaire qui vous apporte ce qui vous manque : une vision du monde moins pragmatique, plus artistique ou mystique. Votre *alter ego :* un Poissons. Les signes occupés par Vénus et Mercure dans votre thème enrichiront et affineront ce portrait.

Taureau Ascendant Balance

Deux fois signé par Vénus, vous vous présentez comme la personne la plus charmante et affable qui soit. Douce, souriante, attentionnée et facile à vivre, vous êtes appréciée pour votre humeur égale, votre joie de vivre et votre goût pour les plaisirs terrestres. La relation à l'Autre est l'un des pivots de votre vie : vous vous épanouissez dans le couple comme au milieu d'un cercle d'amis. Sociable et ouvert, vous gardez cependant les quatre sabots bien plantés dans la terre ferme et ne vous laissez ni impressionner par ceux qui vous provoquent, ni influencer par ceux qui vous jugent. Vous persistez dans vos choix contre vents et marées et disposez de ressources solides pour traverser les obstacles. Vous attendez d'un partenaire (de préférence énergique et enthousiaste) qu'il soit le moteur de votre couple. Votre *alter ego :* un Bélier. Le signe occupé par Vénus dans votre thème enrichira et affinera ce portrait.

Taureau Ascendant Scorpion

Vous êtes quelqu'un de passionné et jusqu'au-boutiste. Vos contradictions internes peuvent prendre du temps avant de s'ajuster en une dynamique cohérente : mais une fois déterminée la voie à suivre, rien ni personne ne peut se mettre en travers de votre progression. Vous avez une personnalité secrète, intuitive et ambitieuse, et possédez de remarquables facultés de rebondissement après un échec. Vous exercez naturellement votre charme, voire votre emprise sur autrui, par votre redoutable capacité à percevoir les motifs cachés et les mécanismes psychologiques d'autrui. Certains peuvent vous reprocher (ou vous envier) votre côté rouleau compresseur, qui est la contrepartie de votre formidable potentiel de création et de réalisation. Le rapport de force est incontournable dans vos relations car vous ne pouvez respecter quelqu'un dont vous n'avez éprouvé la résistance. Vous cherchez un partenaire solide et fiable, terrien comme vous. Votre *alter ego :* un Taureau. Les signes occupés par Vénus et Mars dans votre thème enrichiront et affineront ce portrait.

Taureau Ascendant Sagittaire

Vous êtes un véritable épicurien. Au-delà des plaisirs terrestres et passagers, vous savez éprouver la simple jubilation d'exister. C'est votre grande force dans la vie : vous avez à votre disposition la ressource de cette joie d'être, même dans les épreuves. Vous avancez dans la vie avec curiosité pour ce qui vous entoure : le monde, les gens, les philosophies et cultures différentes. Mais cela ne vous éloigne pas de votre route. La sécurité et la solidité de ce que vous construisez dans la vie restent votre priorité : maison, enfants, patrimoine. L'argent et la respectabilité sociale sont également des préoccupations importantes et pour lesquelles vous dépensez efficacement votre énergie. Vous attendez de votre couple intelligence, légèreté, humour, complicité fraternelle. Votre *alter ego :* un Gémeaux. Les signes occupés par Vénus et Jupiter dans votre thème enrichiront et affineront ce portrait.

Taureau Ascendant Capricorne

Si l'on doit décerner la palme du Travailleur à quelqu'un, vous serez en tête de liste ! Le sacro-saint Travail régit votre vie, s'immisce même par tous les pores de votre être. C'est en tout cas l'image que vous avez besoin de donner. Cela fait partie de votre comportement social : farouche, solitaire, vous ne comptez *a priori* sur personne d'autre que sur vous. Il faut dire qu'effectivement, vous êtes assez fort ; et qu'il est difficile de trouver quelqu'un d'aussi perfectionniste, rigoureux, exact que vous. Timide et inhibé dans votre jeunesse, vous avez appris à vous éprouver et à reconnaître vos propres qualités ; exigeant envers vous-même, vous n'êtes guère enclin à la tolérance. Par moments, vous laissez parler votre nature épicurienne, mais vous ne pouvez profiter longtemps de la douceur de vivre sans culpabiliser. Les vacances, par exemple, vous paraissent une pure aberration ! En couple, vous rechercherez sécurité, fidélité et protection mutuelle – et vous ne détesterez pas jouer le rôle de parent. Votre *alter ego :* un Cancer. Les signes occupés par Vénus et Saturne dans votre thème enrichiront et affineront ce portrait.

Taureau Ascendant Verseau

Votre personnalité est ambivalente ; vous vous présentez comme quelqu'un d'ouvert, de spirituel (dans les deux sens du terme) et de sociable, indépendant et large d'esprit. L'amitié est une valeur sûre et correspond chez vous à un idéal de fraternité universelle. L'humain et les sciences humaines vous passionnent et vous ne manquez pas d'idées pour inventer un monde meilleur. Cependant, votre désir vous porte vers des valeurs autres : vers la sécurité, la préservation de l'acquis et des traditions, le confort matériel. Les idées ne vous nourrissent pas, même si votre conversation en fourmille : au fond, vous avez une approche pragmatique de l'existence et votre désir vous porte vers une réalisation concrète. Dans votre vie de couple, vous recherchez des personnes brillantes, dégageant une autorité naturelle, et socialement élevées ; vous avez besoin d'admirer pour aimer – ce qui peut vous exposer à des déconvenues, car vous cherchez un idéal auquel il vous faudra renoncer pour redescendre sur notre bonne vieille Terre. Votre *alter ego :* un Lion. Les signes occupés par Vénus et Saturne dans votre thème enrichiront et affineront ce portrait.

Taureau Ascendant Poissons

Votre flegme apparent est une pure méprise : en fait, vous êtes un bosseur et il n'y a rien qui compte davantage pour vous qu'une gestion parfaite du quotidien, une journée bien remplie, un service utile rendu… et une saine hygiène de vie. L'existence doit être efficace et chaque problème réglé méthodiquement. Pourtant, à voir votre regard rêveur, vos gestes lents et votre air de ne pas vous sentir concerné, on n'imagine pas un instant qu'en fait, vous êtes en train de faire mentalement votre énième liste de la journée, concernant au choix : les courses de ce soir, les tâches de demain, ou les affaires (ou mieux : les dossiers) à emporter à la campagne ce week-end. Quand il vous arrive d'être disponible, vous êtes une personne exquise : attentive et attentionnée, prête à vous mettre en quatre pour aider, à héberger les sans-abri et à adopter le cheptel de la SPA ; il n'est pas impossible que certains abusent de votre générosité universelle. Heureusement, vous avez tendance à vous choisir des partenaires pleins de discernement et de jugeotte, qui mettent un frein à vos élans d'humanité. Votre *alter ego :* une Vierge. Les signes occupés par Vénus et Jupiter dans votre thème enrichiront et affineront ce portrait.

Planètes, Ascendant et Milieu-du-Ciel en Taureau

Lune ☾ en Taureau ♉

Vos besoins sont puissants et votre sensualité épanouie. La nourriture prend une place de choix dans votre quotidien : l'heure du repas, c'est sacré ! Le goût et l'odorat sont extrêmement développés chez vous, d'où votre exigence à manger de la nourriture de qualité, bien cuisinée (vous aimez certainement faire la cuisine et avez les qualités d'un grand chef !). Vous avez beaucoup de mal à réguler votre régime alimentaire ; il y a dans le fait de se nourrir une compulsivité que vous maîtrisez difficilement, d'où une tendance à l'embonpoint. Vous avez toujours besoin de mâchouiller, boire ou grignoter quelque chose – et si vous êtes fumeur, de la même façon vous fumez beaucoup : vous avez du mal à vous restreindre. Vous avez besoin de contact avec la nature, de promenades au grand air ; vous n'êtes pas fait pour la vie urbaine ! Idéalement, si vous avez des fleurs ou un potager à cultiver, vous êtes heureux et il n'en faut pas plus que de plonger les mains dans la terre ou de marcher pieds nus dans l'herbe pour vous ressourcer. La maison est un nid que vous aimez arranger, embellir, rendre toujours plus confortable, accueillant, parfumé et plaisant à l'œil. Vous avez également des goûts de luxe et vivez difficilement sans argent ; vous aimez acquérir, posséder, et les beaux objets vous attirent. Si vous êtes une femme, la maternité est également un passage obligé dans votre vie, et attendre un enfant est pour vous une expérience magnifique, qui vous comble.

Ajoutons que la Lune Taureau est très attirée par les natifs du signe.

Mercure ☿ en Taureau ♉

Pour vous, un chat est un chat : pragmatique et carré, vous avez une intelligence concrète. Tirer des plans sur la comète ou lire un traité de philosophie vous ennuie profondément si vous n'y voyez pas un aboutissement tangible, un résultat – si possible sonnant et trébuchant. Vous êtes rationnel dans vos raisonnements, terre à terre dans vos objectifs et votre communication est toujours efficace. Vous parlez peu, mais jamais pour ne rien dire ; vous réfléchissez longuement avant de prendre une décision. Vous pouvez parfois vous buter ou manquer d'imagination ; mais votre clarté de réflexion et d'expression, votre esprit pratique et votre bon sens sont les bases solides sur lesquelles s'appuie votre mental.

Vénus ♀ en Taureau ♉

Vous êtes la Sensualité incarnée ! Gourmand jusqu'au péché, votre talent pour apprécier les moindres moments de plaisir de l'existence est inégalable ; c'est là une grande ressource que vous possédez. Votre appétit de vivre et votre charme plantureux ravissent ceux qui vous côtoient. En amour, malgré votre débordante sensualité, vous avez la tête sur les épaules et ne vous lancez pas à l'aveuglette. Vous pesez le pour et le contre, et dans la balance entrent aussi bien les paramètres matériels et financiers que les questions géographiques (on ne vous déracine pas comme ça) ou les qualités très objectives de votre promis(e) : physiques, morales, sociales, pécuniaires… Tout cela est méthodiquement passé au crible. Vous êtes très à cheval sur les questions de fidélité et d'engagement et revenez rarement sur vos choix… Vous attendez que l'élu en fasse autant !

Mars ♂ en Taureau ♉

Vous êtes doté d'un énorme capital d'énergie vitale. Confiant dans votre force physique comme dans vos ressources, vous êtes fait pour vous lancer dans un gros chantier de travail que vous mènerez avec l'inexorable patience du bœuf attelé à sa charrue ! Lent à démarrer, vous ne lâchez prise qu'une fois le projet achevé ; entretemps, les changements de direction vous sont pénibles... Ce que vous désirez, vous vous donnerez les moyens de l'obtenir et ne reculerez devant aucun effort. Si vous êtes un homme, telle sera la force de votre désir pour une femme ; difficile de ne pas céder à une telle détermination ! D'un naturel bon vivant, sensuel et travailleur, vous êtes capable de colères redoutables (si vous vous sentez trahi par exemple), et d'accès d'agressivité surprenants chez quelqu'un d'ordinaire si calme et contrôlé... Cette violence devrait pouvoir se réguler dans le sport (un art martial, par exemple), le chant ou le travail de la terre.

Telle est l'image qu'une femme projette sur l'homme, et celle à laquelle l'homme va s'identifier, si Mars, dans le thème de l'un ou de l'autre, se trouve en Taureau.

Jupiter ♃ en Taureau ♉

Votre domaine de réussite est dans tout ce qui touche au signe : la construction, le bâtiment, l'architecture, l'art, le massage, la finance, les métiers concernant l'environnement, l'éthologie, la maternité, le soin des bébés... Vous avez besoin de déterminer un objectif important que vous jalonnez d'étapes précises. Vous n'êtes pas à votre aise lorsqu'il s'agit d'improviser ou de changer de cap sans cesse. La réussite, pour vous, est forcément tangible, matérielle, palpable : elle doit se construire progressivement, se gagner avec un travail acharné, une constance et une détermination sans faille. Au bout, vous briguez le confort, l'aisance et la juste considération de vos pairs.

Saturne ♄ en Taureau ♉

L'image paternelle est celle d'un père bien planté dans le réel, dans le concret, la matière, la terre : un homme pragmatique, aux préoccupations pratiques, autoritaire, proche de ses instincts, de ses appétits, de tempérament plutôt calme mais capable de violents accès de colère.

L'ego se construit sur le refus du plaisir, de la sensualité, de la maternité, de tout ce qui est lié à la nature, à l'écologie, aux enfants… Mais également sur le refus de tout ce qui se rapporte à la richesse, à la possession, à la gestion du patrimoine : pas question, pour lui, de se commettre à gagner de l'argent, de se coltiner le suivi de chantier de sa maison… L'idée même d'être propriétaire l'insupporte. Pour se sentir exister, il y a une sorte de position arc-boutée contre le matériel, une volonté de ne pas se laisser alourdir par les choses, par la prévision à long terme, la comptabilité, la propriété… Même si des problèmes objectifs apparaissent – santé, finances, gestion… –, ils font partie de l'économie personnelle du sujet, jusqu'à ce que l'ego soit suffisamment construit pour qu'il puisse lâcher ce refus et s'ouvre à tout ce qu'il refusait auparavant.

Notons un cas qui, bien que particulier, n'en est pas moins fréquent : celui du statut saturnien[1]. Dans ce cas, la personne identifiée à son Saturne en Taureau se montrera plutôt lente, placide et besogneuse. Elle se montrera en somme sous les traits d'une sorte de « faux Taureau », se voulant efficace et pragmatique d'un côté, sensuelle et ins-

1. Cf. p. 39.

tinctive de l'autre, mais manquant d'élan, de tripes, de goût aux choses ; le statut saturnien étant un masque, une défense, il ne peut s'investir des qualités solaires de rayonnement, de sûreté de soi et de joie de vivre. Cette personne aura un chemin à faire pour lâcher ses craintes, s'ouvrir au monde et, par là même, retrouver son Désir.

Ascendant en Taureau ♉

Si votre signe solaire vous décrit comme versatile (Gémeaux), cérébral (Verseau) ou impétueux (Bélier), il est probable que vous ne vous reconnaissiez que très épisodiquement. C'est que votre Ascendant Taureau vous donne un comportement social, une attitude vis-à-vis des autres, une *personnalité*[1] Taureau. On vous perçoit comme quelqu'un de posé, discret, stable. Vos gestes sont lents et mesurés, votre démarche solide ; vous êtes rarement pressé et, du reste, ne supportez pas l'agitation. Charmeur, bienveillant et tout en rondeur, vous êtes apprécié pour ces qualités agréables et pour votre présence paisible. Vous êtes terre à terre, en contact direct avec la nature, avec la matière, avec les choses pratiques du quotidien ; vous faites preuve de bon sens, de prévoyance et d'ordre. Vous aimez vivre au rythme lent de la nature et pouvez demeurer ainsi, sans vous lasser, dans la contemplation du monde qui vous entoure et dont vous percevez toute la richesse vivante. Cela vous donne un air rêveur alors que vous êtes, plus que quiconque, bien planté dans le réel, l'ici et maintenant… Votre constitution est solide et vous êtes capable d'efforts prolongés, même si vous goûtez aussi le *dolce farniente* et les plaisirs terrestres…

1. De *persona*, masque.

À noter que la position de Vénus (gouverneur de votre Ascendant) en signe, dans votre thème, donnera des indications supplémentaires sur votre comportement social et la façon dont les autres vous perçoivent.

Milieu-du-Ciel en Taureau ♉

Quel que soit votre métier, vous l'abordez avec sérieux, constance et opiniâtreté. Vous ne briguez pas particulièrement une position dirigeante, mais plutôt un métier qui vous garantit une sécurité matérielle et le maximum de confort. Votre lieu de vie est important et vous y investissez du temps, de l'énergie et de l'argent : aussi votre activité doit-elle être suffisamment rentable pour combler vos rêves de propriétaire. Quel que soit votre tempérament, vous suivez dans votre métier une trajectoire stable, régulière et ascendante ; votre capacité de travail est importante et vous aimez vous investir dans un projet ambitieux, de longue haleine, qui vous permettra d'exploiter vos qualités d'organisation, de patience et d'opiniâtreté. Typiquement, ce qui a été dit au paragraphe « le Taureau et le travail » s'applique aussi ici, et particulièrement le type des métiers pour lesquels vous êtes fait ; mais pour être plus près de la vérité, il est indispensable de considérer le signe de Vénus (gouverneur de votre MC) dans votre thème.

PORTRAIT ASTROLOGIQUE
DU SIGNE DES GÉMEAUX

♊

Image symbolique

Deux enfants dansent joyeusement main dans la main. Deux jumelles, deux amants, âmes sœurs, frères ennemis ; l'un tient une plume, l'autre un archet. L'un ment, l'autre non. Mobilité, humour, intelligence, légèreté : le Gémeaux est un magicien agité et volubile, son esprit est toujours en mouvement, c'est un éternel adolescent. Il est opportuniste et adaptable, chaleureux et sociable. Fantaisiste, comédien, il a le don de mettre les gens en relation, de s'adapter à l'instant.

Le bébé Gémeaux

Le nourrisson, satellite dépendant de sa mère, est plutôt défini par le signe de la Lune natale que par son signe solaire. À partir de l'âge d'un an environ, le bébé acquiert de plus en plus d'autonomie et commence à affirmer ses quatre volontés : c'est le stade de « l'enfant-roi ». Ce n'est qu'à ce moment-là, où il réalise que sa mère et lui forment deux entités séparées et où il cherche à se différencier d'elle, que le bébé « devient un Soleil » à part entière et qu'il adopte les caractéristiques de son signe solaire.

Soleil en Gémeaux	Entre le 21 mai et le 21 juin environ
Sa fonction	Communiquer, mettre en relation, élargir le champ des contacts
Sa saison	La fin du printemps : les feuilles, gorgées de chlorophylle, rejettent l'oxygène dans l'air
Sa planète maîtresse	Mercure
Sa planète d'exil	Jupiter
Sa planète d'exaltation	Vénus
Sa planète de chute	Mercure
Son élément	L'Air
Sa polarité	Masculine en théorie, mais androgyne en réalité
Correspondance physiologique	Les poumons, le système nerveux, les bras et les mains
Sa couleur	Le gris
Ses fleurs	Le narcisse, la verveine
Ses métaux	Le mercure, l'argent
Ses pierres	Le béryl, l'aigue-marine
Ses chiffres	3, 12, 18
Son parfum	Le muguet
Son type caractérologique	Une facette émotif, non actif, primaire et une facette non émotif, actif, primaire
Son tempérament	Type nerveux pour la première facette, sanguin pour la seconde

1. Cf. le classique *Traité pratique d'astrologie* d'André Barbault pour aller plus loin.

Vers un an, donc, le signe solaire commence à se déceler plus précisément. Votre bébé Gémeaux est intelligent et précoce : il apprendra à parler plus vite que les autres – ou bien aura plus de facilité pour écrire, plus tard. Il est fasciné par les mots, par le langage : parle tout seul, s'entraîne à formuler tous les sons possibles… Parlez-lui : il en a besoin plus qu'un autre, et c'est indispensable au développement de son intelligence. Comédien, mobile, volubile, votre petit Gémeaux ne pèse pas plus lourd qu'une plume et ne tient pas en place. Son insatiable curiosité le tient sans cesse en éveil. Il touche à tout, s'engouffre dans les recoins les plus impossibles, essaye tout (les doigts dans les prises, les tubes, boîtes et bouteilles qui traînent…), écoute tout : extraordinairement ouvert sur le monde qui l'entoure, très sensible aux sons, il a les oreilles grandes ouvertes, assimile et enregistre tout ! Ne comptez par sur lui pour jouer tout seul ou se concentrer sur un jeu : il ne peut pas se couper de ce qui l'entoure, même pour une seconde ! Il a besoin de se sentir toujours disponible, en éveil, à l'écoute de ce qui se passe autour de lui.

L'enfant Gémeaux

Vous n'aurez pas de souci à vous faire pour sa première journée de crèche ou de maternelle : hyper-sociable, il aura tôt fait de se faire une myriade de copains. Faire le pitre est sa façon d'attirer l'attention et de se faire apprécier : il distribue le rire et la bonne humeur autour de lui.

Très vite, d'ailleurs, les copains l'intéresseront beaucoup plus que sa famille. Il supporte mal les contraintes, surtout celles de l'enfermement : il y a tant de choses à voir, à connaître ! Il est attiré irrésistiblement par le monde extérieur, prodigieusement intéressé par les faits et gestes de chacun. Du reste, ses parents ont du mal à suivre : c'est un feu follet qui ne vous laisse pas en paix une seconde, vous harcèle de questions et trouve toujours une farce à faire. Sa vivacité, son adresse et son intelligence en font un enfant agité, joyeux, joueur. Il s'intéresse à tout, mais détourne son attention au moindre souffle de vent : difficile pour un petit Gémeaux de se concentrer, de ne faire qu'une seule chose à la fois, d'aller au fond des choses alors qu'il comprend tout si vite ! Il y a tant d'événements qui se produisent à chaque seconde, et sa sensibilité au monde extérieur est tellement exacerbée...

Nerveux et éveillé, il aura certainement de la facilité à l'école – trop de facilité, peut-être, d'où le risque qu'il s'ennuie. Approfondir ne l'intéresse pas : pour retenir son attention, il a besoin que les informations se succèdent, circulent, que tout aille vite. Dès que le rythme ralentit, il trouve un moyen de s'évader, d'envoyer des petits mots à ses camarades ou de planquer son Game Boy sous le pupitre... Malgré son tempérament agité, le Gémeaux n'est pas un sportif : l'effort physique l'ennuie, mais le jeu le stimule : orientez-le plutôt vers le tennis, le ping-pong ou les sports d'équipe. Ce sont surtout les loisirs intellectuels qui l'intéressent : après avoir été fasciné par l'écriture, il sera attiré par les livres, puis les langues. Tout ce qui peut permettre à un Gémeaux de communiquer est bon à prendre !

Le Gémeaux étant un signe androgyne (comme le montre le symbole des deux enfants), il n'y a pas de différence notable entre le petit garçon et la petite fille du signe, jusqu'à un âge plus avancé.

Le Gémeaux devenu adulte, quel est son comportement de surface ?

Un être de rencontres

Amical et souriant, notre Gémeaux va vous accueillir avec un plaisir contagieux : il n'aime rien de plus que les rencontres, car celles-ci jalonnent sa vie de façon décisive. Selon lui, rien n'arrive sans une rencontre, rien ne s'invente, ne se crée, sans cet échange plein de promesses entre deux personnes – et inversement, une vie de solitaire n'a pas de sens. C'est un pragmatique : la rencontre l'intéresse moins pour les qualités d'âme de son interlocuteur que pour ce qu'il fait dans le monde, pour ses relations, ses besoins et ses ressources (le Gémeaux a toujours dans un coin de sa tête un signal qui s'allume dès que peuvent s'effectuer une relation entre deux situations, un rapprochement entre deux besoins).

Cependant chaque personne, en tant qu'elle représente une manière particulière de regarder et de vivre dans le monde, l'intéresse ; cela fait partie de son goût pour l'*expérimentation :* chaque individu recèle en quelque sorte une expérience à partager, un processus mental à déchiffrer, générant des idées particulières. C'est cela, en dernière analyse, qui intéresse le Gémeaux. Avec ce premier signe d'Air, nous entrons ici dans le monde du mental (et non pas de l'esprit, qui viendra à partir de la Balance pour aboutir au Verseau), de l'intellect et des idées. Pris dans son tourbillon incessant de pensées et d'émotions, le Gémeaux cherche (et trouve) dans la rencontre une somme d'informations précieuses (*information* est le principal mot du vocabulaire Gémeaux). Celles-ci lui permettent de circonscrire ses émotions, de préciser sa pensée, d'élaborer des repères intellectuels et intelligents dans un monde chaotique et changeant.

Amour des mots

Le Gémeaux représente la première tentative de contrôle (dans le sens d'appréhension) du réel par l'intelligence et surtout par les *mots*. Si l'on part du principe, comme D. Rudhyar[1], que le cycle du zodiaque retrace les phases de l'expérience humaine, la phase Gémeaux correspond au stade du langage. Il s'agit de nommer les choses. Leur donner un nom, c'est les circonscrire dans un périmètre défini, c'est instaurer un repère objectif sur la réalité. Grâce à la parole, se fait bien sûr l'échange, mais avant cela il se produit une emprise mentale sur le réel. D'où cette passion du Gémeaux pour expliquer, disserter, circonscrire le tourbillon mouvant de ses perceptions. Son amour des mots est proprement jubilatoire. Seule une personne marquée par le Gémeaux ou par Mercure (son gouverneur) peut saisir toute la jubilation dont le mot est porteur : le mot désigne une chose, en reconnaît donc l'existence, l'inscrit dans un registre, l'objective. Autant le Cancer trouvera dans le mot la poésie d'une évocation subjective, autant le Gémeaux utilise le mot comme un outil qui, d'une part, donne une forme objective à son ressenti (qui en devient moins bouleversant), d'autre part lui permet de transmettre ce ressenti. Le mot est cette clé merveilleuse dont le Gémeaux se sert pour sortir de son univers chaotique et entrer dans le Réel[2].

1. *Le Rythme du Zodiaque*, D. Rudhyar, Éd. du Rocher.

2. Le Gémeaux J.-P. Sartre en a fait le titre de l'une de ses œuvres : *Les Mots*...

Un don d'ubiquité

Autre caractéristique du Gémeaux : sa vivacité, son don d'ubiquité, son air de ne pas toucher terre et de faire dix choses à la fois. De fait, il sait tout faire de ses dix doigts. La main est d'ailleurs l'organe qui lui correspond. Il est doué d'une dextérité de cambrioleur, d'une virtuosité de pianiste ; il est habile, débrouillard, trouve toujours la solution à laquelle personne n'avait pensé, quitte à utiliser des outils fantaisistes pour réparer – et se passe des modes d'emploi pour utiliser ses outils, même les plus sophistiqués.

Incorrigible bavard

Toujours pressé, agité et occupé, il est la dualité incarnée : ne pouvant concentrer son attention ou son action sur un seul sujet, il donne souvent l'impression d'être en apesanteur, de ne pas écouter vraiment, ou d'être à l'affût de l'occasion où il pourra se remettre à parler. Car si le Gémeaux est considéré comme le signe de la communication, c'est surtout le signe de l'expression verbale. Un Gémeaux qui se tait s'agite sur sa chaise, fume, se ronge les ongles ou tripote nerveusement ce qui lui passe sous la main. Il ne peut pas tenir bien longtemps. C'est que la parole, plus que sa nature, est sa raison d'être, son moteur.

Les deux visages du Gémeaux

Les quatre signes mutables ont comme caractéristique de se partager en deux facettes distinctes. C'est ce que l'on entend par *signes doubles*. Il ne s'agit pas de duplicité mais de dualité interne. Le mutable (la Vierge, le Sagittaire et le

Poissons sont les trois autres) a cela de caractéristique qu'il ne supporte pas d'être défini, délimité, rangé dans une case, un style ou une fonction. De la même manière, il tient à sa liberté comme si sa vie en dépendait. Pourquoi ? Parce que la fonction fondamentale du mutable est une fonction d'échange – échange qui va prendre les caractéristiques du signe – et que cet échange, ce va-et-vient, demande une disponibilité et une mobilité constantes. Le propre du mutable est le mouvement, qui est la seule condition pour s'adapter à l'instant. Tout entiers dans l'*ici et maintenant*, toutes antennes sorties, les signes mutables dansent avec le mouvement de la vie.

On connaît souvent un Gémeaux sous une de ses facettes, et l'on ignore l'autre. Quand on croit le connaître, on n'en perçoit que la moitié. À chacune de ces facettes correspond un type de situation et d'environnement. L'une a tendance à se vivre de façon publique, l'autre en privé – ou en rêve, de façon purement fictive.

La première facette, c'est celle du « journaliste » ; un personnage actif, à l'affût de l'actualité (ou des potins), de ce qui se passe de nouveau – le Gémeaux est toujours au courant des dernières nouvelles, sait où se trouver pour assister à un événement, rapporter ce qu'il a vu, mettre en relation des gens qui pourraient être intéressés par l'événement, jouer le rôle d'agent, d'intermédiaire, de médiateur, de rapporteur…

Ce personnage vit dans un univers concret, tangible, matériel, où tout a une explication rationnelle. Le monde des idées, du langage et de la communication est le sien. Il est comme un poisson dans l'eau dans les métiers liés à la radio (surtout), à la télévision (animation…) et à la presse (reporter). Il tire profit de son activité d'échange, de son travail littéraire (critique, par exemple) ou d'agent. Il se déplace par tous les modes de transport possibles, essayant sans cesse de suivre (et si possible d'anticiper) le monde dans sa course et de jouer son rôle d'*intermédiaire*. C'est un joueur, un jongleur, un acrobate ; pour lui, il n'y a jamais de réels problèmes, mais des solutions à tout. C'est l'as du système D !

La deuxième facette, c'est celle du « poète », un personnage extrêmement émotif, à fleur de peau, inquiet, toujours sur le qui-vive et pris dans un tourbillon incessant d'émotions changeantes. Quelqu'un pour qui la vie amoureuse, on le devine, est centrale, mais qui a le plus grand mal à être comblé, parce qu'au fond, il ne cherche pas la stabilité mais l'expérimentation de la plus grande palette possible d'émotions. On a beaucoup comparé ce type de Gémeaux au comédien, à l'Arlequin, à Jean-de-la-Lune. C'est Gérard Philipe (Gémeaux) et ses *Belles de nuit*… La poésie, l'art, se conjuguent avec une sensibilité très fine, très mobile – il ne s'agit pas de peinture au couteau, encore moins de sculpture, mais plutôt de musique, des mots comme des sons. Fine, fragile, sensible, perméable et subtile dans ses émotions, cette facette n'a plus rien à voir avec la précédente, et pourtant les deux coexistent, réellement ou fantasmatiquement, dans la même personne.

Cela se décèle dans les situations de crise, de danger ou de stress : alors, le Gémeaux terre à terre devient émotif et irrationnel, tandis que le poète devient rationnel, matérialiste, raisonneur…

Insaisissable

On ne peut jamais saisir un signe double – et peut-être le Gémeaux moins encore que les trois autres, du fait que son élément (l'Air) se combine à son caractère mutable. Complexe, lui-même perdu dans ses propres contradictions, mentalement toujours en mouvement, il est sans repos et sans trêve, à la recherche de ce double qui n'est qu'à l'intérieur de lui…

Le Gémeaux et l'amour

Son côté poète, romanesque (même s'il n'est pas visible à tous), le prédispose très tôt aux jeux et aux troubles de l'amour. Bien loin d'un Capricorne – par exemple – attendant la perle rare avant de s'engager, le Gémeaux expérimente les aventures amoureuses avec une curiosité toujours en éveil. Cela peut ne rester qu'au stade du fantasme, l'éducation pouvant l'empêcher de vivre ses expériences comme il l'entend. Mais sa nature est de butiner, de faire de nouvelles rencontres, d'éprouver toutes les émotions possibles, sans chercher à les fixer, à s'engager ou à posséder l'autre. C'est peut-être le signe le plus libéral qui soit : la liberté est une condition vitale pour lui-même, aussi la conçoit-il pour tous. Un Scorpion y verra de l'indifférence, ou une incohérente duplicité ? Ce n'est ni l'un, ni l'autre : seulement une façon de vivre, celle d'être toujours dans le mouvement, toujours dans l'instant qui passe, de s'attacher passionnément – mais l'espace d'une seconde. Le Gémeaux n'a pas une libido puissante et se plaît surtout à séduire, à flirter, à faire naître les émois, les désirs, à échanger des regards, des mots, des lettres… Passer à l'acte devient très secondaire et peut surtout – c'est son inquiétude – priver l'expérience de son caractère ludique, onirique et léger. Départs, retours, virevoltes, il ne s'attache ni ne se détache : il est là où passe la vague de l'émotion, part sans laisser d'adresse, revient quand on ne l'attend plus… Heureusement que son autre facette le force tout de même à afficher un semblant de cohérence et de continuité dans ses sentiments ! Mais le grand défi du Gémeaux, seule condition à trouver enfin un apaisement – peut-être –, c'est d'apprendre à sortir assez de lui-même pour éprouver les émotions de *l'Autre*, et le *comprendre* enfin. Jusque-là, l'amour lui sert surtout à se comprendre lui-même.

La femme Gémeaux

Drôle, gaie, capricieuse, enfantine, charmeuse, c'est une véritable comédienne. Elle sait jouer de tous les registres pour vous enrouler autour de son petit doigt. La communication, le contact humain, la discussion d'un côté, l'écriture, la poésie, les échanges épistolaires de l'autre, c'est dans ce monde du Verbe qu'elle excelle, qu'elle s'épanouit avec bonheur. Plus que l'homme du signe, elle montre un irrépressible besoin de parler et ne tient pas en place. En amour, elle se passionne pour les rencontres, les commencements, les mots doux, le flirt… Mais il lui faut prendre un peu de bouteille avant de concevoir une relation stable sans que cette pérennité signifie ennui et répétition. Le mariage et la maternité sont rarement ses priorités, car sa liberté lui est chère, surtout celle d'aller et venir sans contrainte, de sauter dans un train ou dans un avion au gré de sa fantaisie, ou de mener sa vie professionnelle comme elle l'entend. Légère, aussi changeante et insaisissable qu'un papillon, elle est charmée par l'humour et l'esprit : les vertus de l'intelligence tiennent pour elle le premier rang, après quoi viennent celles du tact, puis de l'indépendance.

À condition d'incarner son Soleil, elle exprimera les qualités propres à son signe ; tandis que si elle projette ce Soleil en Gémeaux sur son mari, par exemple[1], elle aura plutôt tendance à s'identifier à sa Lune, ou à son Saturne natal. On ne retrouvera dans ce cas quasiment aucune des caractéristiques du Gémeaux dans sa personnalité.

Santé du Gémeaux

Il n'est pas d'une constitution particulièrement solide, mais ses troubles sont souvent passagers et superficiels. Son tempérament nerveux et inquiet l'expose principalement aux

1. Cf. p. 39.

troubles nerveux et respiratoires, voire aux troubles du comportement (anxiété, agitation, importantes variations d'humeur de type maniaco-dépressif) dans les cas graves. L'oxygène, les promenades au grand air, la marche et le jogging, tout ce qui peut l'amener à réguler sa respiration (souvent saccadée) lui font le plus grand bien ; en revanche, les excitants (tabac, café, thé...) sont à proscrire !

Le Gémeaux et le travail

Il n'est pas à proprement parler, par nature, un travailleur acharné. Éternel adolescent en quête d'école buissonnière et d'expériences nouvelles, il a besoin d'être motivé par un élément extérieur pour agir. Un travail répétitif, dans un espace confiné, et ne comportant aucune forme d'idée, d'information ou de communication (et pas un seul téléphone !), et c'est l'étiolement rapide. Toute son énergie se situe dans le mental et le système nerveux ; le Gémeaux doit donc être en situation de réfléchir, de mettre ses neurones au travail, de chercher des solutions, d'inventer de nouveaux outils, d'apprendre de nouvelles techniques (pour communiquer surtout : les théories de type Programmation Neurolinguistique ou Analyse Transactionnelle sont complètement dans le registre du signe). D'autre part, il faut que son activité lui permette, dans l'idéal, de nourrir sa facette « poète », autrement dit de pouvoir éprouver, et exprimer une émotion, peut-être à travers le jeu, le rire, la parodie, la comédie, l'écriture, la musique... Enfin, le métier doit comporter des déplacements, des voyages, nécessiter des improvisations en permanence.

Une caractéristique du signe (et notamment du Milieu-du-Ciel en Gémeaux[1]) est la disposition à exercer, simultanément ou successivement, deux activités.

1. Cf. p. 122.

Parmi les métiers typiquement Gémeaux, on trouve ceux qui sont liés :

– au commerce ;

– à la communication, à l'information et au langage : traducteur, professeur (instituteur notamment), écrivain, critique littéraire, éditeur, journaliste, reporter, animateur radio ou TV, formateur, publiciste (travaillant avec les mots, et non les images – qui concernent le Cancer) ;

– à l'humour, au jeu et à l'habileté physique : trapéziste, clown – tous les métiers du cirque –, humoriste, illusionniste, gentleman cambrioleur (Conan Doyle, le père de Sherlock Holmes, était Gémeaux), joueur de tennis, de ping-pong, pilote automobile…

Le Gémeaux et l'argent

L'attitude typiquement Gémeaux est assez caractéristique. Tout d'abord – comme beaucoup de choses qui le concernent –, elle est irrationnelle et changeante. Ensuite, elle est ambiguë, pour ne pas dire contradictoire. De par sa nature légère et adolescente, qui ne supporte rien moins que les limites et les contraintes, le Gémeaux honnit les restrictions. On conçoit donc que l'économie et la gestion ne soient pas sa tasse de thé. Donc, il dépense – tant qu'il a de l'argent.

Lorsqu'il n'en a pas – ce n'est pas un problème : il continue à dépenser. Il arrivera bien quelque chose qui régularisera la situation ; il compte sur sa bonne étoile, ou plutôt sur une sorte de processus naturel, de l'ordre de la magie, qui s'occupe de remettre les choses en ordre. De toute façon, pas question de penser à demain : le Gémeaux est le prototype de la cigale.

L'autre aspect caractéristique est, pourrait-on dire, d'ordre moral. L'exil[1] (position inconfortable) de Jupiter (symbole de l'opulence, de la richesse) dans ce signe met le Gémeaux mal à l'aise avec l'idée de gagner de l'argent. Être riche, chercher le profit, posséder, ce n'est pas ce qu'il cherche, et il le clame haut et fort ; parfois jusqu'à se saborder lui-même lorsque l'occasion se présente de faire un gain substantiel… En somme, le Gémeaux a tout intérêt à se trouver un conjoint (ou un associé) terrien – donc gestionnaire – s'il veut préserver une situation économique à peu près stable !…

Soleil en Gémeaux combiné à douze Ascendants

Gémeaux Ascendant Bélier

Votre univers, c'est le monde sensible, visible, palpable : vous êtes un pragmatique, aux idées concrètes, aux raisonnements logiques et souvent imparables. Vous allez dans la vie avec confiance en vous, dans un esprit ludique et juvénile qui attire la sympathie. Peu enclin à la réflexion et à l'introspection, il vous faut du temps avant d'acquérir maturité et expérience : vu de l'extérieur, on a souvent l'impression que vous foncez tête baissée dans les mêmes pièges et les mêmes mirages, avec une confiance confondante. Il est vrai que votre manque de recul est largement compensé par une

1. *Domicile, exil, exaltation et chute :* il s'agit là des *dignités* des planètes, autrement dit de leurs correspondances avec les signes. Dans le thème natal, une planète dans son signe de chute n'a pas la même signification que dans son domicile.

intuition fine et une belle intelligence du monde. Vous savez quelles ficelles tirer, quelle action entreprendre pour obtenir ce que vous voulez, et en général vous êtes payé en retour. Côté cœur, on vous reproche souvent un certain égocentrisme et un côté séducteur, conquérant – mais on apprécie votre joie de vivre, votre faculté à rebondir et votre énergie contagieuse. Votre *alter ego* est la Balance. Les signes occupés par Mercure et Mars dans votre thème enrichiront et affineront ce portrait.

Gémeaux Ascendant Taureau

Vous n'êtes pas de ces Gémeaux impondérables et intarissables, mais appartenez au contraire à une catégorie plus terrienne, qui vit dans le concret et recherche en toute chose l'efficacité, la productivité. Vous êtes quelqu'un de très tactile, vous avez besoin de toucher les gens quand vous leur parlez, de sentir leur présence physique. Très pragmatique et rationnel dans vos propos, vous êtes peu curieux de tout ce qui sort du cadre du scientifiquement prouvé (comme l'astrologie) et ne semble pas avoir d'utilité tangible et immédiate. Vous avez besoin de vous construire un territoire, une famille, et d'assurer à vos proches une vie confortable. De tempérament positif, vous ne vous laissez pas décourager par les obstacles et savez faire feu de tout bois pour parvenir à vos fins. Côté cœur, vous êtes passionné, mais exclusif et jaloux !… Votre *alter ego* est le Scorpion. Les signes occupés par Mercure et Vénus dans votre thème enrichiront et affineront ce portrait.

Gémeaux Ascendant Gémeaux

Lorsque le signe et l'Ascendant se trouvent dans le même signe (ou sont voisins), il se présente deux cas de figure : le

Soleil se trouve au-dessus de l'horizon – ou en dessous[1]. Seul un astrologue peut vous le dire, mais si le Soleil natal se trouve dans le premier décan (ou le second), et l'Ascendant dans le second (ou le dernier), autrement dit *après* le Soleil, vous pouvez être sûr que votre Soleil se trouve au-dessus de l'horizon, c'est-à-dire dans la Maison XII[2]. Dans ce cas, les caractéristiques propres au signe solaire sont assez masquées au départ et ne se révéleront qu'à travers un véritable chemin de vie initiatique. Dans le cas contraire, le Soleil se trouve dans la Maison I, ce qui rajoute au signe natal une forte valeur solaire (comparable à un côté Lion pour simplifier).

Dans les deux cas, l'Ascendant ne change pas : en Gémeaux, il vous dote d'une personnalité sociable, curieuse et mobile. Plus encore qu'un natif du Gémeaux, vous avez le don d'aller vers les autres et de vous lier facilement. De la même façon, vous savez vous tirer de toutes les situations avec une légèreté et une aisance qui en laissent certains pantois. L'Ascendant ayant un rapport avec le corps physique, vous avez de grandes chances (sauf contradiction dans le thème natal) d'avoir un corps svelte, nerveux, toujours en mouvement ; très expressif, votre visage change au gré de vos humeurs – c'est-à-dire en permanence. Vous êtes sensible au moindre souffle de vent, à la moindre variation d'atmosphère, au bruit et à l'agitation et les troubles d'origine nerveuse, ou troubles du système nerveux font partie de vos fragilités. Côté cœur, vous êtes à la recherche d'une personne qui puisse vous ouvrir des horizons soit géographiques, soit philosophiques ou intellectuels.

Votre *alter ego* est le Sagittaire. Le signe occupé par Mercure dans votre thème enrichira et affinera ce portrait.

---

1. Cf. définition p. 27.
2. Voir p. 432. Pour les détails, voir p. 28-33.

Gémeaux Ascendant Cancer

Votre comportement timide et plutôt farouche ne laisse guère deviner à quel point, au fond, vous êtes sociable et désireux de faire des rencontres, d'aller au-devant des gens. D'une sensibilité extrême, vous redoutez l'agressivité et ne vous sentez en sécurité que dans votre cocon, entouré de vos proches. La vie vous demande tout un travail pour apprendre à vous protéger sans pour cela fabriquer une carapace isolante. L'art est une nourriture qui vous réconcilie avec le monde et vous permet de communiquer avec les hommes. Le langage et la communication, dont vous avez besoin pour briller, ne sont pas aisément utilisés par votre Ascendant Cancer : vous avez besoin d'être en confiance pour vous exprimer, ce qui vous fait rater des occasions de rencontre – ce dont vous souffrez. Vous attendez d'un couple qu'il soit sécurisant, conforme à vos traditions familiales et basé sur un respect, une estime réciproques. Votre *alter ego* est le Capricorne. Le signe occupé par la Lune dans votre thème enrichira et affinera ce portrait.

Gémeaux Ascendant Lion

Vous n'avez aucune difficulté à vous intégrer dans la société et à y jouer un rôle brillant. Vous disposez de précieux atouts pour cela : le sens des contacts, l'assurance, le charisme, et le fait que vous vous sentez très concerné par votre rôle au milieu de la société humaine. Dans l'idéal, une position dirigeante, centrale, vous irait à merveille – et c'est ce que vous recherchez. Votre éloquence et votre vision positive des choses vous amènent facilement le suffrage d'autrui : vous êtes un séducteur ambitieux, et disposez d'un certain capital de chance. Côté cœur, votre grosse difficulté est de vous engager ; vous avez besoin de votre liberté, de votre autonomie, comme de l'air que vous respirez, et si vous vous liez pour le meilleur et pour le pire, vous tiendrez parole au prix de gros efforts – ou d'entailles obligées au contrat… Votre *alter ego* est le Verseau. L'Ascendant en Lion donne davantage de poids au signe solaire. Le signe occupé par Mercure dans votre thème enrichira et affinera ce portrait.

Gémeaux Ascendant Vierge

Malgré un côté sociable et un réel plaisir à être en compagnie, vous êtes très pudique et silencieux sur vous-même. Vous êtes facilement pris par le souci du qu'en-dira-t-on (sauf dans vos accès de Vierge folle !) et par mille contraintes qui brident votre désir de légèreté et d'insouciance. Le Travail s'écrit en majuscules dans votre dictionnaire personnel et vous y consacrez une énergie considérable. L'enseignement vous attire, ainsi que les métiers manuels demandant de la précision technique – et permettant le contact humain. Le système nerveux est particulièrement à surveiller ; du reste, vous êtes très à cheval sur la diététique et une bonne hygiène de vie. En couple, vous recherchez chez l'autre cet élément de poésie que vous vous permettez rarement de vivre, bien que vous le portiez en vous. Votre *alter ego* est le Poissons. Le signe occupé par Mercure dans votre thème enrichira et affinera ce portrait.

Gémeaux Ascendant Balance

Vous êtes un véritable rayon de soleil pour ceux qui vous côtoient ! Sociable, drôle, attentif aux autres, vous dégagez une légèreté pétillante qui séduit tout le monde. Les plus possessifs peuvent d'ailleurs vous reprocher cette constante disponibilité, qui les prive de votre présence exclusive. Mais votre nature vous porte vers les autres, car vous éprouvez un réel intérêt pour autrui, une curiosité toujours en éveil ; et vous avez besoin de rapports humains autant que de votre oxygène quotidien. Les métiers relationnels vous sont bien sûr tout attribués ; *a contrario*, vous vous étioleriez seul devant un ordinateur dans un bureau désert... Vous attendez d'un partenaire qu'il soit actif, combatif, entreprenant, et qu'il n'ait pas froid aux yeux ! Votre *alter ego* est le Bélier. Les signes occupés par Mercure et Vénus dans votre thème enrichiront et affineront ce portrait.

Gémeaux Ascendant Scorpion

Vous avez un sens psychologique aigu et une intuition très développée. Vous sentez immédiatement à qui vous avez affaire et démasquez sans difficulté les motivations secrètes ou inconscientes de votre interlocuteur. Cela vous aide à manœuvrer dans la vie avec une relative facilité pour obtenir ce que vous voulez et surtout préserver votre indépendance d'esprit : vous préférez manœuvrer qu'être manœuvré... Bien que vous ne le montriez pas toujours, vous êtes facilement submergé par vos émotions et vos pulsions, mais vous apprenez avec le temps à vous contrôler (surtout face aux autres). Sur le plan physique, vous êtes doté d'une nature robuste et surtout d'une remarquable capacité de régénérescence. Vous (ne) respectez (que) la force et cherchez un partenaire solide, aussi constant et fiable que vous êtes émotif et passionnel. Votre *alter ego* est le Taureau. Les signes occupés par Mercure et Mars dans votre thème enrichiront et affineront ce portrait.

Gémeaux Ascendant Sagittaire

Le monde vous passionne et votre curiosité est sans cesse en éveil. Vous emmagasinez les connaissances à toute vitesse sur tous les domaines, et vous êtes particulièrement pointu sur ceux qui vous intéressent vraiment. La culture, la connaissance de l'humain sous toutes les latitudes représentent une source inépuisable d'intérêt et de jubilation. La vie pour vous ne peut se concevoir que dans le mouvement, la vitesse, et en relation avec les autres. À cet égard, l'amour est longtemps pour vous un champ de rencontres et d'expériences multiples, et l'idée de faire durer la même relation toute une vie vous semble assez sclérosante. Du reste, vous recherchez un partenaire qui vous ressemble, pour qui l'indépendance soit une priorité absolue, et le dialogue fraternel plus important que la passion, trop étouffante. Votre *alter ego* est le Gémeaux. Les signes occupés par Mercure et Jupiter dans votre thème enrichiront et affineront ce portrait.

Gémeaux Ascendant Capricorne

Vous êtes loin d'avoir la légèreté du Gémeaux type – et surtout son comportement. Vous êtes quelqu'un de sérieux, plutôt réservé et prudent ; même si vous êtes capable de « faire votre show » (c'est la soupape du Capricorne), vous êtes très pudique sur vous-même et ne vous laissez pas approcher facilement. Vous avez un physique sec et rétracté, et un tempérament nerveux. Vous gérez et économisez vos ressources vitales de façon raisonnable et rationnelle, qu'il s'agisse de votre budget ou de votre capital santé. Vous êtes un penseur, un théoricien qui élabore des systèmes de pensée structurés, laissant peu de place à la fantaisie de l'émotion ; votre esprit rigoureux et logique peut se montrer très intolérant parce que vous ne pouvez imaginer que, pour quelqu'un d'autre, la vérité soit différente. Cette froideur dans le raisonnement ne facilite guère votre approche et n'attire que ceux qui épousent votre vision du monde. Vous attendez du couple qu'il soit solide, durable et fidèle et que chacun protège l'autre. Votre *alter ego* est le Cancer. Les signes occupés par Mercure et Saturne dans votre thème enrichiront et affineront ce portrait.

Gémeaux Ascendant Verseau

Vous êtes quelqu'un d'hyper-sociable. Vous avez autant besoin des autres que besoin de liberté, de disponibilité au monde toujours en mouvement. Seul, vous ressentez toujours ce lien, cette appartenance à la société humaine : vous vous sentez relié aux autres, et très concerné par les événements sociaux et politiques. Vous correspondez au type même du militant, du journaliste engagé ou du politicien réformateur. Vous avez des idées, et vous savez les défendre. Vous êtes un cérébral : vos idées semblent en effet jaillir (en permanence) de votre cerveau sans passer par vos émotions. Vous recherchez d'un partenaire qu'il vous subjugue, qu'il soit votre Soleil... Votre *alter ego* est le Lion. Les signes occupés par Mercure et Saturne dans votre thème enrichiront et affineront ce portrait.

Gémeaux Ascendant Poissons

Vous êtes un hyper-sensible. Vous avez des antennes très fines qui vous connectent avec le monde et les autres et percevez tout par intuition, par une grande perméabilité aux stimuli extérieurs, aux humeurs des autres, aux variations d'ambiances... Ce qui vous sauve d'une trop grande vulnérabilité, c'est que vos émotions, vives et facilement sollicitées, ne durent pas ; elles changent d'un instant à l'autre. Vous donnez ainsi l'impression d'un kaléidoscope qui ne conserve pas l'empreinte du temps, mais vit dans l'instant. Vous vous sentez cependant assez fragile et impressionnable, et redoutez les situations de conflit comme les choix ou les engagements. Vous attendez d'un partenaire qu'il compense votre émotivité excessive par un caractère plus terre à terre, raisonnable et rationnel. Votre *alter ego* est la Vierge. Les signes occupés par Mercure et Jupiter dans votre thème enrichiront et affineront ce portrait.

Planètes, Ascendant et Milieu-du-Ciel en Gémeaux

Lune ☾ en Gémeaux ♊

Nerveux, vif, vous ne tenez pas en place. Vous avez un intense besoin de mouvement et d'échange : votre environnement doit vous nourrir d'échanges humains, de dialogue, de conversation. Sans cela, vous vous asséchez intérieurement ! Intelligent et sensible, vous avez une antenne en permanence branchée sur le monde extérieur ; cela vous donne ce côté sans repos, cette fébrilité parfois, et cette fragilité nerveuse et psychique. De tempérament ouvert, plein de fantaisie et d'humour, vous êtes quelqu'un de populaire et savez détendre et alléger l'atmosphère par votre simple présence. Vous avez un sens ludique inné, et vous devez laisser une place au jeu dans votre vie : c'est votre oxygène. Vous savez vous faire apprécier spontanément des enfants : vous êtes resté proche de l'enfance, de sa curiosité et de son sens ludique. Physiquement, vous êtes plutôt fragile à cause de votre extrême nervosité qui vous rend sans cesse réactif aux stimuli, au stress du dehors. Votre plus grande difficulté est de trouver l'apaisement, ce qui ne semble possible que dans le mouvement.

Ajoutons que la Lune Gémeaux est très attirée par les natifs du signe.

Mercure ☿ en Gémeaux ♊

Votre intelligence est vive, rapide, et votre mental ne connaît pas le repos. Sans relâche, il traite les informations et les idées : associe, établit des liens, des relations, des comparaisons, des recoupements, se sert de tout ce qu'il apprend – il apprend vite – et navigue en toute liberté dans le champ de la pensée et de l'imaginaire. Dispersé, curieux, volatil, vous vous intéressez à tout et avez une connaissance (assez superficielle) sur quasiment tous les sujets ; mais la vie est trop courte pour tout approfondir, et trop passionnante pour n'en choisir que quelques-uns. Les esprits plus consciencieux vous traitent d'amateur – mais jalousent votre brio, votre bagout et votre intelligence à la fois raisonneuse et intuitive ; de plus, vous avez l'art d'entrer en contact avec n'importe qui, dans n'importe quelle situation : ce sens de la communication universelle, vous êtes le seul à le détenir !

Vénus ♀ en Gémeaux ♊

Vous ne prenez pas les sentiments très au sérieux. Au tragique, éventuellement, un court instant – mais l'instant d'après vous avez oublié votre grande scène du IV et vous êtes déjà passé à autre chose. Tout ce qui est du registre de l'émotion, du sentiment, de la manière d'aimer, ne pèse pas plus lourd qu'une plume, et virevolte au gré de vos humeurs. Le jeu est étroitement lié à l'amour : celui-ci, pour être intéressant, doit avoir quelque dimension théâtrale ou ludique. Tout ce qui pèse, dure, engage dans le temps, devient sujet aux habitudes, ne correspond guère à votre vision du jeu amoureux. Et même si d'autres aspects de votre thème vous poussent à vous marier, il faudra que ce soit avec une personne vivante, drôle, intelligente, fantaisiste, jeune d'esprit – sinon, vous irez vite vous rafraîchir les idées ailleurs !

Mars ♂ en Gémeaux ♊

Pour vous armer dans la vie, vous n'avez rien trouvé de mieux que les mots. Vous pourfendez l'adversaire d'une attaque bien tournée, d'une rhétorique imparable – la joute verbale est votre sport favori. Votre image du masculin est assez intellectuelle : la virilité, c'est d'abord le pouvoir de conviction, une certaine fibre poétique, et une intelligence fine, vive, toujours en éveil. Mais en fait de virilité, votre image est assez peu sexuée et penche vers l'androgyne. De fait, si vous êtes un homme, votre énergie se situe d'abord dans la tête et assez peu dans les muscles (c'est vrai aussi si vous êtes une femme !) : le sport vous ennuie, sauf s'il s'agit de courses motorisées ou de voltige aérienne, à la limite… Mais rien ne vaut un scrabble !

Telle est l'image qu'une femme projette sur l'homme, et celle à laquelle l'homme va s'identifier, si Mars, dans le thème de l'un ou de l'autre, se trouve en Gémeaux.

Jupiter ♃ en Gémeaux ♊

Votre outil de réussite, c'est la communication. Votre domaine, celui du commerce, de l'écriture, de la transmission d'informations. La publicité, les médias, le journalisme ou la vente directe impliquant le contact avec la clientèle sont autant de domaines dans vos cordes. Les ressources que vous avez spontanément à disposition pour vous imposer dans le monde appartiennent au domaine de l'intellect, de l'échange et des mots. Vous excellez dans les activités demandant de l'adaptation, de l'à-propos, de la débrouillardise pour se sortir de situations inédites. Vous trouvez spontanément votre place dès lors que vous pratiquez une activité qui implique déplacements, contacts, et qui se situe dans le domaine de l'information et de l'actualité. Le métier d'agent vous va comme un gant, aussi bien que tous ceux relatifs à l'humour, au jeu et aux enfants. Vous savez tirer parti de ce qui s'offre à vous, et ne ratez jamais une affaire si l'occasion se présente. Partout à la fois, vous poursuivez volontiers au moins deux activités de front, ce qui vous permet de passer de l'une à l'autre : vous avez besoin de cette diversité, de ce mouvement.

Si vous ne pouvez exploiter ces dons de communication, combler ces besoins de déplacements et de changement dans votre métier, vous trouverez à le vivre en dehors de votre travail, à travers le théâtre, l'écriture…

Saturne ♄ en Gémeaux ♊

L'image paternelle est celle d'un père juvénile, communicatif, bavard, toujours en mouvement. Le père sera perçu par l'enfant comme un facteur structurant sur la façon de s'exprimer et de bouger, de se mouvoir : il faut choisir ses mots, ne pas parler à tort et à travers, ne pas gigoter… ; il va apprendre à l'enfant une manière convenable de communiquer avec le monde. Ce qui va se traduire, à l'âge adulte, par un refus du bavardage superficiel, du dilettantisme, de l'agitation – et, à l'extrême, par le refus de communiquer.

Même si des problèmes objectifs apparaissent – difficultés relationnelles, manque d'adaptabilité, difficultés à improviser… –, ils font partie de l'économie personnelle du sujet, jusqu'à ce que l'ego soit suffisamment construit pour qu'il puisse lâcher ce refus et s'ouvre à tout ce qu'il refusait auparavant.

Notons un cas qui, bien que particulier, n'en est pas moins fréquent : celui du statut saturnien[1]. Dans ce cas, la personne identifiée à son Saturne en Gémeaux se montrera plutôt sous un jour comique, se cachant derrière un personnage de clown (gai ou triste), s'emmêlant dans ses multiples visages, passant d'une activité à l'autre sans parvenir à se fixer… Elle se montrera en somme sous les traits d'une sorte de « faux Gémeaux », se voulant drôle et sociable, mais manquant de légèreté et de naturel ; le statut saturnien étant un masque, une défense, il ne peut s'investir des qualités solaires de rayonnement, de sûreté de soi et de joie de vivre. Cette personne aura un chemin à faire pour lâcher ses craintes, s'ouvrir au monde et, par là même, retrouver son Désir.

Ascendant en Gémeaux ♊

Vous vous présentez et vous comportez dans le monde comme quelqu'un de léger, disponible, sociable. On a immédiatement envie de lier connaissance avec vous : vous savez vous adapter à votre interlocuteur et converser en dix minutes comme si vous le connaissiez depuis dix ans. Cette étonnante faculté de contact vous ouvre bien des portes : vous êtes ouvert sur le monde, curieux, intéressé par vos semblables et amical avec les inconnus. Après quoi, suivant votre signe solaire et le reste de votre thème, vous pouvez montrer une disposition d'esprit très différente – mais c'est ainsi que vous êtes perçu au premier abord et cela correspond à votre nature : quelqu'un de sympathique et d'adaptable, qui semble se promener dans la vie avec la légèreté et l'adresse d'un funambule, comme dans un théâtre.

Physiquement, vous avez une apparence juvénile, une démarche vive, légère, des gestes nerveux et rapides. Habile,

1. Cf. p. 39.

vous maniez les objets avec dextérité et savez faire mille choses de vos dix doigts – la main est l'organe-clé des Gémeaux.

À noter que la position de Mercure (gouverneur des Gémeaux, donc de votre Ascendant) en signe, dans votre thème, donnera des indications supplémentaires sur votre comportement social et la façon dont les autres vous perçoivent.

Milieu-du-Ciel en Gémeaux ♊

Votre destinée professionnelle est liée à la communication : vous êtes attiré par le monde de l'écriture, du journalisme, par les activités en rapport avec l'actualité (le Gémeaux est le signe de l'ici et maintenant), avec les échanges humains, les rencontres, ou encore les transactions, le commerce et les voyages.

Votre activité peut être de mettre des personnes en relation : de jouer le rôle de médiateur, entre deux parties qui ont besoin l'une de l'autre pour être plus performantes.

Typiquement, ce qui a été dit au paragraphe « le Gémeaux et le travail » s'applique aussi ici, et particulièrement le type des métiers pour lesquels vous êtes fait ; mais pour être plus près de la vérité, il est indispensable de considérer le signe de Mercure (gouverneur de votre MC) dans votre thème.

PORTRAIT ASTROLOGIQUE DU SIGNE DU CANCER

♋

Image symbolique

Un animal vulnérable, dont on devine la chair tendre et laiteuse ; il est si sensible qu'au premier souffle d'air, il disparaît en un clin d'œil dans l'obscurité de sa coquille. Il est inquiet, voudrait rester enfoui, se retourner vers le passé, s'oublier dans ses souvenirs. Il écoute sa mémoire avec nostalgie, rêve de son enfance, note ses rêves, plonge en lui-même pour échapper à l'hostilité du dehors. Qui s'en douterait ? On ne voit que son épaisse carapace et ses pinces brandies. Sa paix, il la trouve chez lui, entouré des siens.

Le bébé Cancer

Le nourrisson, satellite dépendant de sa mère, est plutôt défini par le signe de la Lune natale que par son signe solaire. À partir de l'âge d'un an environ, le bébé acquiert de plus en plus d'autonomie et commence à affirmer ses quatre volontés : c'est le stade de « l'enfant-roi ». Ce n'est qu'à ce moment-là, où il réalise que sa mère et lui forment deux entités séparées et où il cherche à se différencier d'elle, que le bébé « devient un Soleil » à part entière et qu'il adopte les caractéristiques de son signe solaire.

Vers un an, donc, le signe solaire commence à se déceler plus précisément. Calme et contemplatif, le petit Cancer est, plus que tout autre enfant, sensible et réceptif à son environnement, à l'ambiance du foyer et à l'humeur de ses occupants. Il sent tout, enregistre tout ; nombre de ses émotions, de ses sensations s'inscrivent de façon indélébile : la mémoire du Cancer est phénoménale. C'est un grand tendre : son besoin d'être materné, cajolé, consolé et protégé laisse peu de temps libre à ses parents et surtout à sa maman, à qui il voue un véritable culte… qui dure quelquefois toute la vie ! Ses démonstrations de tendresse, alliées à son côté fragile et émotif (dont il saura user savamment !), font de lui un enfant des plus attachants. Ce qui ne l'empêche pas d'entrer dans de furieuses colères lorsqu'il n'obtient pas ce qu'il veut : le petit Cancer est particulièrement capricieux…

Soleil en Cancer	Environ du 21 juin au 22 juillet
Sa fonction	Fonder un foyer (famille) ou, au mode évolutif, être le foyer (centre) d'une conscience nouvelle[1]
Sa saison	Le Soleil est au zénith. L'individu, symboliquement né avec le Bélier, est achevé et peut créer à son tour une cellule sociale
Sa planète maîtresse	La Lune
Sa planète d'exil	Saturne
Sa planète d'exaltation	Jupiter
Sa planète de chute	Mars
Son élément	L'Eau

1. C'est neuf mois après le Cancer, au prochain Bélier, que se forme le nouveau cycle solaire. Le temps d'une gestation.

Sa polarité	Féminine (et spécifiquement, maternelle)
Correspondance physiologique	L'estomac, la poitrine
Sa couleur	Le blanc
Ses fleurs	Le nénuphar, le lis, la coloquinte
Son métal	L'argent
Ses pierres	La perle, la pierre de Lune, l'opale
Ses chiffres	2, 5, 20, 40
Son parfum	L'iris
Son type caractérologique	Surémotif, non actif, introverti. Deux types différents : l'un primaire, l'autre secondaire[1]
Son tempérament	Lymphatique[2]

La petite fille et l'adolescente Cancer

C'est « un amour d'enfant » tel que la décrivait la comtesse de Ségur. Douce, tendre et sensible, elle sera très attachée à sa famille et notamment à sa mère, et recherchera volontiers la sécurité du cocon familial. Du reste, de tempérament plutôt farouche et timide, elle restera plus volontiers à la maison ; vous devrez la pousser en douceur à jouer avec les enfants de son âge plutôt qu'à préférer la compagnie des adultes. Maternelle avant l'heure, elle aura naturellement tendance à s'occuper de son petit frère et de sa petite sœur et à les protéger. Le Cancer est le signe de la maison et de la famille, qui exalte la fonction de mère et le sens du « cocooning » : la

1. Suivant la dominante révélée par le thème natal.
2. Cf. le classique *Traité pratique d'astrologie* d'André Barbault pour aller plus loin.

petite fille du signe sera très tôt concernée par les choses de la maison et apprendra avec intérêt la cuisine ou la couture. Elle deviendra une adolescente plutôt romantique, rêvant du Prince charmant tout en restant très secrète et réservée. Les peluches et les jouets d'enfance feront longtemps partie de son univers intime...

Le petit garçon et l'ado Cancer

Sensible, rêveur, le petit Cancer est souvent dans la lune. Lui imposer des horaires, une discipline, un cadre est une tentative laborieuse : avec la meilleure volonté du monde, un regard clair et naïf et une douceur désarmante, il avoue volontiers qu'il a oublié. Il oublie tout, à commencer par l'heure, se perd dans la contemplation d'une flaque d'eau et ne prête pas la moindre attention aux tentatives d'autorité... Il a sa propre notion du temps, élastique, indifférent aux horloges (sauf à son horloge interne, à ses cycles biologiques). Accommodant et gentil de nature, le petit garçon Cancer est capable toutefois de colères terribles pour peu qu'il soit contrarié ! D'une vive sensibilité, il est aussi très susceptible et soupe au lait ; mais c'est davantage par la tendresse et la douceur que vous le ramènerez à de meilleurs sentiments, plutôt que par une sévérité qui le braquerait.

Graine d'artiste, il sera très tôt sensible à la musique et attiré par la peinture, la photographie ou la danse. Les sports plus violents, *a priori*, l'attireront moins, à l'exception peut-être des sports de défense qui assureront sa confiance en soi et éveilleront son esprit d'équipe.

L'adolescent Cancer est souvent renfermé, silencieux, voire buté s'il ne se sent pas écouté et pris en compte. Il se construira son univers inviolable, préservera jalousement ses secrets, ses souvenirs, ses objets fétiches. Respectez son intimité et montrez-vous seulement disponible et à l'écoute en lui laissant le temps de sortir de sa carapace...

Le Cancer devenu adulte, quel est son comportement de surface ?

Le type du Pierrot lunaire

Chez certains Cancer, la carapace est si fine qu'on y devine, en transparence, une sensibilité à fleur de peau, une tendresse maternelle, un mouvement incessant de marées d'émotions et d'instincts. Ce sont les poètes, qui voient le réel à travers leur imagination, mêlant le présent aux souvenirs, les projets aux rêves et les personnes à des figures de romans et de contes. Je caricature à peine : j'ai connu de ces poètes-là, voyageurs égarés, incapables de jamais entrer dans le monde des adultes et de la société, artistes inspirés et nostalgiques, encore tout proches d'une enfance pleine d'images et d'histoires fantastiques, Pierrots lunaires à la plume délicate et bouleversante. On les reconnaît à leur regard translucide, évoquant le désarroi de l'étranger qui ne reconnaît rien et cherche autour de lui une présence familière. Ces personnages lunaires (mais on ne répétera jamais assez qu'une personne ne se résume pas à son signe solaire) sont souvent les satellites d'un Autre solaire qui leur apportera chaleur et sécurité, et sera pour eux l'ancre qui les retiendra au réel. Attachés au statut d'enfant comme à un privilège ou à un refuge, ils se font prendre en charge, materner, nourrir et blanchir, posant ainsi les conditions indispensables de stabilité et de sécurité pour s'intéresser librement et totalement à leurs marées intérieures, leurs émotions, leur art. Dans un roman de Nina Berberova, il est question d'un musicien qui voyage en train à destination d'une grande ville où il doit se produire en concert. En cours de route, le train s'arrête dans une gare, et l'attention du musicien est attirée par quelque chose ou quelqu'un. Il descend du train, oublie valise et concert et suit l'objet de son intérêt. Il était certainement Cancer…

Un artiste-né

Tout entier dans le ressenti et l'émotion du moment, ce type de Cancer est un artiste dans l'âme : cette évidence s'impose très tôt, dans toute sa nécessité. C'est sa fonction que d'être le foyer d'expression de ses émotions et, au-delà, des émotions qui traversent les hommes. Le Cancer endosse cette fonction (cette responsabilité) d'exprimer, d'expurger, de mettre en images la part d'enfance et de rêve qui se trouve dans tout être humain. Chaque signe a sa fonction ; c'est à celui des douze signes qui se trouve le plus proche de sa nature instinctive, de son enfance et de ses émotions, que revient le rôle de les exprimer, au nom de tous, et d'en être ainsi le témoin.

Gardien du passé

Témoin aussi sera le second type du signe, cette fois non plus de l'intérieur mais du passé. Ramener à la lumière les bâtisses millénaires, comme l'archéologue, se pencher sur les origines de la vie, comme le biologiste, ou sur l'écheveau de l'Histoire, remonter à la recherche du temps perdu, comme le Cancer Proust, ou restaurer les vieilles pierres (le Cancer est, avec le Taureau, un amoureux des maisons), transmettre les traditions de son pays, de sa région, de sa famille, voilà sa jubilation ! La fonction de ce Cancer-là est une fonction de nidation. Plus loin plongent les racines du passé, mieux ancré sera son nid.

Le Cancer est le signe qui entretient le rapport le plus intime avec son passé. D'où son tempérament nostalgique, mélancolique, une tendance dépressive. Le Capricorne le suit de près, avec toutefois la capacité de distanciation que lui procure son élément Terre. Le Cancer n'a pas cette distanciation : l'Eau à laquelle il appartient le plonge dans un univers subjectif et ne lui permet pas de recul vis-à-vis de son imagination. Celle-ci, d'une fertilité extraordinaire, prend sa source dans le passé du Cancer. Les impressions de l'enfance ont laissé, chez lui plus que chez tout autre, une trace définitive ; la terre de ses ancêtres l'émeut profondément, les histoires de famille (surtout la sienne), la généalogie, les secrets de famille le passionnent au point que, parfois, il s'y perde. Et la plupart du temps, il conserve avec sa mère un lien indéfectible (surtout l'homme Cancer).

Toute la question pour le Cancer est en effet de trouver l'équilibre entre son passé et son identité. Toute sa dualité provient du fait qu'il ne se sent exister qu'en tant qu'il poursuit une lignée, une tradition, des règles ancestrales, ne se définit qu'en se référant à ses origines, sa famille, son lieu de naissance… (surtout le deuxième type) et en même temps, a toutes les peines du monde à se définir en tant qu'individu original, unique, particulier. C'est tout le défi du Cancer. S'inscrire dans un contexte collectif, et en même temps trouver sa voie ; dans le chœur social et familial dont il est issu, et avec lequel il conserve un lien d'appartenance, trouver sa voix.

Le noyau familial

Premier signe d'Eau – l'élément de la mémoire –, il est aussi le premier à regarder en arrière : les trois premiers signes étaient tous tendus vers l'expansion de la personnalité ; après les Gémeaux vient le temps du reflux de la conscience, de sa réflexion sur elle-même. Signe d'Eau, signe féminin, le Cancer est un introverti dont l'énergie vise à arrêter l'expansion, à détourner le mouvement ascendant en mouvement circulaire, à contenir le flux de la vie pour trouver une profondeur et un ancrage.

Si le Bélier était la source, le Taureau le torrent et les Gémeaux les affluents, avec le Cancer apparaît la dynamique du tourbillon et la recherche du centre : la personnalité cherche ici sa profondeur, son épaisseur, dans l'intériorité de ses sensations et les replis de la mémoire. Si l'on part du principe, comme D. Rudhyar[1], que le zodiaque peut – aussi – se lire symboliquement comme les étapes de l'expérience humaine, à l'échelle d'un individu comme de l'humanité, le Cancer marque l'étape décisive qu'est la notion d'appartenance à une lignée, et la création d'une famille, cellule sociale. Ce type de Cancer, à l'inverse (mais pas très éloigné) du précédent, a tendance à materner (paterner), prendre en charge (infantiliser) l'Autre. Responsable, carré dans ses choix et solide dans ses opinions, c'est le type du *pater familias* (ou de la mamma italienne), à l'autorité incontestée. Celui-ci est très ancré dans la réalité : sa dimension aquatique, romanesque et sensible est enfouie au cœur de ses émotions (souvent inhibées) et toute sa volonté est canalisée vers le respect des traditions et la création d'un nid dans un lieu chargé d'histoire (la sienne de préférence), nid d'où émergeront ses enfants, ou sa lignée spirituelle, le concept de foyer étant à prendre au sens le plus large chez le Cancer.

C'est là, peut-être, que se trouve l'opposition radicale entre nos deux types cancériens : le premier, l'artiste, est

1. *Le Rythme du Zodiaque*, D. Rudhyar, Éd. du Rocher.

bohème, sans attaches, plus attaché aux mythes, contes et légendes qu'aux us, coutumes et autres conventions sociales. Ses attaches ne sont ni géographiques ni historiques – les maisons de famille ne l'émeuvent pas plus que cela – mais humaines et souvent fantasmées.

Insatisfaction chronique

Ces deux types, cependant, ne sont pas séparés de façon exclusive : le Cancer s'identifie à l'un, et fantasme sur l'autre. Le poète-enfant rêve (mais rêve seulement) de s'installer dans une propriété de famille et d'y élever une douzaine d'héritiers, tandis que le pilier familial rêve d'envoyer promener maison et enfants et de jouer les artistes bohèmes, lesté d'un simple baluchon (ou mieux encore : de travailler dans un cirque !). Et pour certains, il n'est pas impossible que la transformation s'opère un jour !...

Le monde est une grande famille

Le Cancer ne se vit pas seul mais comme appartenant à un tout. Si le premier type, le poète lunaire, se sent incomplet sans un Soleil dont il sera le satellite, le second ne se conçoit qu'en fonction de son appartenance à un groupe plus vaste : famille, entreprise, association, parti politique, confédération... Pour le Cancer, le monde est une grande famille où chacun a sa place, et la solitude n'est que le fait d'apatrides ou d'inconscients.

La face cachée de la Lune

Le Cancer se promène donc dans la vie sous une carapace qui va du voile à l'armure, selon son type, ses humeurs et les circonstances. Plutôt timide et prudent, il se sait (ou veut se croire) vulnérable et durcit ses défenses lorsqu'il se sent attaqué – ce qui peut se produire souvent, tant sa sensibilité est vive. Fini, le personnage tendre et protecteur : il se ferme comme une huître. Mutisme et immobilité sont ses armes, alliés à une patience minérale. Il peut ainsi bouder pendant des heures et des jours, sourd à toute tentative de dialogue (de quoi rendre fou un Gémeaux) jusqu'à ce qu'il décide que l'autre est assez puni.

Dans cette attitude défensive, transparaît son moteur inconscient qui est diamétralement l'opposé de sa dynamique consciente : quel que soit le besoin de l'Autre qu'il affiche (que ce soit dans un statut d'enfant ou de parent), le Cancer, au fond, est un solitaire centré sur lui-même et parfaitement autonome. Son caractère sociable, relationnel, dépendant et fusionnel est le système de défense qu'il a développé en surface – chacun a le sien – pour se protéger. C'est dans les situations extrêmes que surgiront cette nature inconsciente, ces ressources radicales. Avec le temps et l'âge, le Cancer a moins (l'impression d'avoir) besoin des autres et devient plus autonome et plus solitaire. Et non seulement le « fragile et tendre » Cancer est suffisamment solide et autonome pour se débrouiller seul et maintenir son gouvernail coûte que coûte contre les intempéries, mais il est aussi capable pour se défendre d'une agressivité violente, épidermique, instinctive – mais heureusement, de courte durée ! Ce n'est pas un hasard si Diane chasseresse, symbolisant la Nature sauvage et indomptée, était autrefois l'une des représentations de la Lune (planète du Cancer).

Santé du Cancer

Le Cancer s'inquiète facilement de sa santé : c'est un hypocondriaque. De fait, sa constitution n'est pas des plus robustes : sa grande sensibilité l'expose aux somatisations (troubles d'estomac notamment). Il a souvent besoin de se faire plaindre et materner – à moins que ce ne soit lui qui assume le rôle de parent maternant. La première condition de sa bonne santé est le sentiment de sécurité. D'où un attachement à ses petites habitudes, à sa maison et à son lit. Il n'aime guère changer d'environnement.

Quant au Cancer nomade, qui se sent partout chez lui, son sens de l'adaptation le rend moins sujet aux troubles de santé, mais celle-ci reste tout de même très dépendante de son équilibre psycho-affectif.

Le Cancer et l'amour

Il est romantique, tendre et sentimental. Malgré une nature profonde (mais inconsciente) autonome et solitaire, le Cancer affiche un statut de dépendance. De fait, il est sincèrement persuadé d'avoir besoin des autres et a de la difficulté à se sentir exister par lui-même. L'Autre fait en quelque sorte office de révélateur ; seul, le Cancer ne sait pas vraiment qui il est ni ce qu'il désire. Il arrive que le désir (le projet) de l'Autre devienne le sien et celui du couple.

Le premier type, le Cancer poète, a du mal à se fixer affectivement. Le sentiment amoureux se double d'une dépendance qui peut en fausser la nature : est-ce l'amour ou la nécessité qui crée et maintient le lien ? Les deux se confondent : il ne peut y avoir, pour lui, amour sans dépendance. Cependant, l'affect est instable et peut se porter subitement sur un autre, qui deviendra à son tour l'écran sur lequel le Cancer projettera ses merveilleuses images. La raison de son instabilité, c'est la puissance de son rêve. Il cherche partout sa Muse, son Prince charmant, son Soleil. Si l'être aimé ne correspond plus, un jour, avec son rêve, il se sentira disponible pour aller rêver ailleurs.

Cependant les deux types de Cancer cohabitent toujours dans une dualité, même si la proportion est très inégale ; et le second type est beaucoup plus stable. Ses sentiments sont sincères, profonds, s'accompagnent d'un sens remarquable des responsabilités à l'égard de la personne aimée, et de respect à l'égard du couple (et de son image, aux yeux de la société) qu'ils forment ensemble. Même s'il n'y a pas d'enfant, un couple est un noyau familial et social, et la famille, c'est sacré – pour ne pas dire éternel. Ce Cancer-là est fidèle, aussi bien par choix, par tradition que par souci de tranquillité. L'amour en lui se confond délicieusement avec le sentiment de sécurité et celui d'appartenance. De ce fait, il est très pénible – pour ne pas dire rédhibitoire – pour un Cancer que sa famille et son (sa) promis(e) ne s'entendent pas, ou qu'il ne soit pas lui-même accueilli les bras ouverts par la famille de l'élu(e)... Il aura une tendresse particulière pour les personnages liés, d'une façon ou d'une autre, à son enfance, son passé, son terroir. Et peut-être qu'à ses yeux – à son cœur –, seules les amours d'enfance sont vraies, pures et éternelles.

La femme Cancer

Romantique et pudique, c'est une grande rêveuse, bien qu'elle ne le montre pas toujours. Son leitmotiv : la famille, les enfants – qui passent souvent avant l'homme de sa vie. Elle est mère avant tout ! N'oublions pas que la Lune, planète de la fécondité et de la maternité, est sa planète... Tendre et attentive, c'est à la maison qu'elle exprime le mieux sa créativité : c'est un excellent cordon-bleu, une maîtresse de maison irréprochable. Inutile de chercher à la déraciner : la femme Cancer est un véritable bernard-l'ermite ! Son imagination en fait souvent une artiste, y compris dans le domaine de l'écriture ou de la poésie.

À condition d'incarner son Soleil, elle exprimera les qualités propres à son signe ; tandis que si elle projette ce Soleil en Cancer sur son mari, par exemple[1], elle aura plutôt tendance à s'identifier à sa Lune, ou à son Saturne natal. On ne retrouvera dans ce cas quasiment aucune des caractéristiques du Cancer dans sa personnalité.

Le Cancer et le travail

Le Cancer se doit d'éprouver un sentiment affectif avec son travail : soit qu'il s'y exprime, par une œuvre artistique, soit qu'il travaille dans un environnement qui lui plaît – en famille, à la maison, en rapport avec l'immobilier, le bâtiment… Très sujet aux humeurs et aux états d'âme, il supporte mal les contraintes et choisit généralement un métier qui lui laissera une relative latitude pour s'organiser selon son envie ou son besoin du moment.

Dans la première catégorie de Cancer, le travail est irrégulier, particulièrement sujet aux variations d'humeur et aux accès d'inspiration. L'art y tient la première place – et spécialement tout art utilisant l'image comme support. L'image peut être intérieure, imaginaire, comme dans le cas du romancier ou du conteur. Le Cancer se référant naturellement au passé, aux traditions, aux écoles, sa principale difficulté sera de créer du nouveau. Vivre dans un cirque correspond aussi au caractère du Cancer.

Le second type de Cancer choisira de préférence un métier autour de l'idée de foyer, de famille, de centre. Il s'agit des métiers en relation avec la naissance et les bébés, les enfants, l'éducation, mais aussi la famille, les maisons, les retraités et plus largement tous les centres d'accueil, l'hôtellerie, la restauration, l'immobilier, l'architecture d'intérieur…

---

1. Cf. p. 39.

Autre domaine important chez le Cancer : celui de l'histoire et de la tradition : historien, archéologue, conservateur de musée, restaurateur, antiquaire…

Le Cancer et l'argent

Si le type du Cancer poète n'a guère conscience de la valeur des choses et a tendance à se laisser entretenir pour ne pas avoir à gérer une réalité matérielle abrupte et hostile, le Cancer n° 2 sera au contraire un excellent gestionnaire, ajustant son train de vie à chaque budget. Sa priorité étant avant tout le confort du foyer et de ses enfants, le poste « maison et famille » sera en première ligne de ses dépenses. Pour le reste, son ambition est limitée et son talent va davantage à gérer qu'à accumuler des biens matériels.

Soleil en Cancer, combiné à douze Ascendants

Cancer Ascendant Bélier

Vous êtes pétri de contradictions et donnez souvent une première impression qui est erronée. En effet, vous vous montrez volontiers comme quelqu'un qui prend la vie à bras-le-corps, fait mille choses en même temps et méprise les faibles et les indécis. Il se peut même que vous ayez une apparence brutale ou bourrue, ce qui contraste totalement avec votre être profond. On dirait même que, pour résoudre l'inconfort de vos contradictions, vous en « rajoutiez » dans le côté Bélier téméraire et combatif, alors que vous n'aspirez qu'à une chose : avoir la paix, préserver vos acquis (surtout ceux qui tournent autour de votre famille) et vos habitudes. Votre comportement extraverti est une sorte de deuxième carapace au-dessus de la première (qui est une apparente insensibilité). À l'intérieur de ces différentes couches, vous protégez une sensibilité inquiète, à fleur de peau, un caractère rêveur et artiste, et un respect tenace des traditions et des souvenirs de famille. Vous cherchez un partenaire facile à vivre, tolérant et sociable, qui vous ouvrira sur le monde extérieur. Votre *alter ego* est la Balance. Les signes occupés par la Lune et Mars dans votre thème enrichiront et affineront ce portrait.

Cancer Ascendant Taureau

Vous avez une composante yin prononcée, autrement dit une grande réceptivité et aptitude à assimiler les sensations et les événements : votre rythme est lent et méditatif, et c'est dans votre intériorité que vous puisez vos ressources. Votre comportement social est cohérent par rapport à ce que vous êtes profondément : vous apparaissez comme quelqu'un de plutôt réservé, paisible et bien planté dans le présent. Votre regard doux et tendre, votre côté protecteur et maternel procurent l'apaisement et une bienheureuse impression de sécurité en votre présence. Très proche de la nature, de vos émotions et de votre ressenti, vous n'êtes pas un intellectuel mais plutôt une âme d'artiste. Préserver ce qui existe, planter des arbres pour les générations futures, préserver l'environnement et transmettre le patrimoine et les traditions familiales, voilà ce qui vous intéresse. Dans le couple, vous recherchez la constance, la fidélité, l'intensité émotionnelle. Votre *alter ego* est le Scorpion. Les signes occupés par la Lune et Vénus dans votre thème enrichiront et affineront ce portrait.

Cancer Ascendant Gémeaux

Vous avez une personnalité juvénile, légère, pleine d'humour et de fantaisie. Vous vous montrez plus sociable que vous ne l'êtes vraiment et vous avez souvent besoin de vous recentrer dans la solitude et le silence. Les rencontres et les échanges vous intéressent mais jusqu'à un certain point : au fond, vous êtes un intimiste pudique, qui se réserve pour le petit cercle de ses proches. Le monde des responsabilités, du pouvoir et de l'argent n'est pas le vôtre et vous cherchez à retarder le plus possible le passage dans la cour des grands, à échapper par tous les moyens au monde des adultes : le rêve, l'imagination, un contact privilégié avec l'enfance ou avec le passé, la famille, la tradition, l'histoire… Écrire est l'une de vos thérapies et modes d'expression préférés, qui comble à la fois votre amour des mots et de la poésie, votre goût pour l'introspection et l'évocation du passé – et en dernier lieu, votre besoin de fuir la réalité et ses contraintes. Bien que vous aspiriez à une vie de famille, vous êtes exigeant par rapport à votre couple, dont vous attendez un échange de qualité et un enrichissement spirituel. Votre *alter ego* est le Sagittaire. Les signes occupés par la Lune et Mercure dans votre thème enrichiront et affineront ce portrait.

Cancer Ascendant Cancer

Lorsque le signe et l'Ascendant se trouvent dans le même signe (ou sont voisins), il se présente deux cas de figure : le Soleil se trouve au-dessus de l'horizon – ou en dessous[1]. Seul un astrologue peut vous le dire, mais si le Soleil natal se trouve dans le premier décan (ou le second), et l'Ascendant

1. Cf. définition p. 27.

dans le second (ou le dernier), autrement dit *après* le Soleil, vous pouvez être sûr que votre Soleil se trouve au-dessus de l'horizon, c'est-à-dire dans la Maison XII[1]. Dans ce cas, les caractéristiques propres au signe solaire sont assez masquées au départ et ne se révéleront qu'à travers un véritable chemin de vie initiatique. Dans le cas contraire, le Soleil se trouve dans la Maison I, ce qui rajoute au signe natal une forte valeur solaire (comparable à un côté Lion pour simplifier).

Dans les deux cas, l'Ascendant ne change pas : avec un Soleil et un Ascendant en Cancer, vous êtes fortement influencé par ce signe. Vous pouvez, selon le reste de votre thème personnel, vous identifier à deux types complètement différents. Le premier est le Cancer profondément enraciné dans ses origines, son histoire familiale, son passé, attaché aux traditions, aux conventions sociales, aux objets et maisons de famille, et à la préservation de son acquis, de son environnement, de ses possessions… Le second est le Cancer poète, plus ou moins inadapté aux contraintes sociales (« ses ailes de géant l'empêchent de marcher[2] ») et donc dépendant d'une personne qui le prend en charge de façon qu'il puisse s'adonner sans obstacles à son art. Ajoutons que si votre Soleil se trouve en Maison I, il est probable que vous soyez identifié au premier type, alors que s'il est en Maison XII, vous aurez tendance à choisir le second type. Toutefois, en chaque Cancer coexistent ces deux tendances opposées, et celle qui n'est pas vécue est idéalisée, fantasmée. Le point commun entre ces deux facettes est une sensibilité à fleur de peau et un tempérament inquiet, à la recherche de sécurité, notamment sur le plan matériel. Vous attendez de

1. Voir p. 432. Pour les détails, voir p. 28-33.
2. Extrait de « L'Albatros » de Baudelaire.

votre couple qu'il comble ce besoin de sécurité et recherchez donc un partenaire fidèle et responsable, sur lequel vous vous appuierez. Votre *alter ego* est le Capricorne. Le signe occupé par la Lune dans votre thème enrichira et affinera ce portrait.

Cancer Ascendant Lion

Le paragraphe précédent sous « Cancer Ascendant Cancer » vous concerne : dans votre thème natal, le Soleil peut se trouver soit en Maison XII, soit en Maison XI ; dans le premier cas, la nature rayonnante du Lion se trouve tempérée, et les caractéristiques propres au Cancer ne sont pas très marquées avant un certain stade de votre évolution personnelle ; tant que le processus évolutif n'est pas enclenché (en général grâce à une psychothérapie, voire une psychanalyse), les potentialités peuvent rester endormies, à l'état virtuel : vous avez une seconde naissance à vivre. Dans le second cas, vous dégagez chaleur, optimisme et autorité ; mais intérieurement, vous ne vous sentez pas toujours en adéquation avec la personnalité rayonnante et conquérante que vous mettez en avant. Le Cancer, tourné vers l'intériorité et la sécurité, n'a en effet rien de commun avec le Lion qui a besoin de se réaliser dans le monde extérieur, d'imposer son désir et sa créativité. Suivant votre humeur, vous pouvez soit vous prendre au jeu et jouer les grands seigneurs avec une théâtralité exagérée, soit trouver votre équilibre dans une position centrale, paternaliste, à l'intérieur d'un groupe (famille, entreprise...). Vous recherchez une relation libre, privilégiant la complicité amicale, la fantaisie et l'entente intellectuelle. Votre *alter ego* est le Verseau. L'Ascendant en Lion donne un poids supplémentaire au signe solaire. Le signe occupé par la Lune dans votre thème enrichira et affinera ce portrait.

Cancer Ascendant Vierge

Votre hypersensibilité vous a poussé à développer toutes sortes de stratagèmes pour vous protéger. D'apparence, vous pouvez donc vous montrer assez froid, ou timide, et particulièrement prudent : vous avancez dans la vie à pas comptés, jamais à l'aveuglette, toujours en contrôlant parfaitement la situation. L'implication sociale est déterminante pour vous : vous avez besoin de vous sentir reconnu, de trouver votre place au sein de la société. Vous avez développé un savoir-faire, une technique sur laquelle vous pouvez compter pour vous assurer une fonction précise dans la société, que vous assumez avec rigueur et exactitude. Dans le couple, vous cherchez quelqu'un de tendre, compréhensif et sensible avec qui vous pouvez enfin lâcher vos défenses. Votre *alter ego* est le Poissons. Les signes occupés par la Lune et Mercure dans votre thème enrichiront et affineront ce portrait.

Cancer Ascendant Balance

Votre priorité dans la vie est de vous sentir intégré, partie d'un tout : de la société, d'un groupe de personnes, de votre famille… Le sort d'électron libre ne vous convient pas du tout ! Vous avez un abord agréable, ouvert, sympathique : vous cherchez d'abord à plaire, ensuite à respecter les bonnes manières, clés de relations sociales harmonieuses. Fin et sensible, vous maintenez une distance civilisée avec ceux qui ne sont pas vos intimes, par souci de discrétion. Cette attitude traduit mal votre côté tendre et protecteur, qui s'exprime pleinement dans vos relations amoureuses ; votre nature romantique et fusionnelle peut alors se libérer. Cependant vous choisissez souvent des partenaires toniques et indépendants, qui frustrent vos attentes affectives profondes, mais satisfont votre goût pour la liberté et le changement (vous êtes bourré de contradictions). Votre *alter ego* est le Bélier. Les signes occupés par la Lune et Vénus dans votre thème enrichiront et affineront ce portrait.

Cancer Ascendant Scorpion

Vous portez une paire d'antennes très sensibles qui captent beaucoup plus de choses que la moyenne des gens : votre intuition est fine, et vous vous fiez totalement à votre instinct pour juger quelqu'un et plus généralement pour vous guider dans la vie. Plutôt silencieux et secret, vous êtes un contemplatif et préférez la solitude de votre musique intérieure à une vie sociale superficielle et sans qualité. Certains vous reprochent votre côté ermite... L'art, l'ésotérisme, la psychologie font partie des sujets qui vous passionnent. Exigeant, vous ne faites guère de concessions et possédez des armes affûtées pour vous protéger ou obtenir ce que vous voulez : un caractère opiniâtre et déterminé, une combativité qui ne lâche pas sa prise, un talent inné pour trouver la faille de vos adversaires. Vous recherchez un couple solide, basé sur des sentiments profonds et une sexualité puissante. Les signes de Terre surtout vous apaisent et vous attirent : votre *alter ego* est le Taureau. Les signes occupés par la Lune et Mars dans votre thème enrichiront et affineront ce portrait.

Cancer Ascendant Sagittaire

Il existe une large distance entre votre personnalité sociale et votre être profond, tout de sensibilité et de profondeur. Vous vous présentez comme quelqu'un d'ouvert, chaleureux et conquérant, ce qui ne dit rien de votre nature, qui est au contraire introvertie, vulnérable et prudente. Vos profondes contradictions peuvent créer des hiatus relationnels et causer une difficulté à vivre en harmonie avec vous-même. Pourtant, votre convivialité et votre générosité font partie des atouts dont vous êtes doté pour sortir de vous-même et aller vers les autres. Vos humeurs sont changeantes ; vous pouvez passer de l'enthousiasme juvénile à une attitude mélancolique ou fermée à cause d'un détail qui vous aura heurté. Vous êtes également partagé entre l'appel qu'exercent sur vous les voyages, l'étranger, les cultures et modes de pensée différents, et la priorité essentielle que représentent votre monde intérieur, votre foyer et votre famille ; mais cette dualité peut être d'un grand enrichissement. En amour, vous recherchez la complicité fraternelle, la légèreté d'une relation sans entraves ; vous êtes attiré par l'intelligence, l'indépendance, la jeunesse. Votre *alter ego* est le Gémeaux. Les signes occupés par la Lune et Jupiter dans votre thème enrichiront et affineront ce portrait.

Cancer Ascendant Capricorne

L'une de vos priorités essentielles dans la vie est la préservation des valeurs associées au passé : histoire, traditions, mœurs et coutumes familiales, ethniques, sociales… vous tiennent particulièrement à cœur. Non que vous soyez hostile à la modernité, mais rien de neuf selon vous ne peut être envisagé si l'on ne pose pas les bases de connaissances ou de rituels qui ont fait leurs preuves. Vous vous présentez comme quelqu'un de sérieux, responsable et lucide, plutôt solitaire et triant ses relations sur le volet. L'opiniâtreté et la fidélité sont vos plus grandes qualités : une fois votre route tracée, vous n'en déviez pas, surtout si votre famille ou votre métier sont en jeu. La fantaisie n'est apparemment pas votre fort, bien qu'au fond vous ayez conservé une âme d'enfant, une fraîcheur naïve et fragile. Mais vous avez rapidement appris à échafauder des défenses que vous pouvez rendre infranchissables : froideur, distance, insensibilité à la flatterie comme à la critique, perfectionnisme et exigence... Vous pouvez montrer une carapace aussi dure que votre cœur est tendre. En amour, vous cherchez l'intimité, la confiance, et la création d'un foyer, d'une famille. Votre *alter ego* est le Cancer. Les signes occupés par la Lune et Saturne dans votre thème enrichiront et affineront ce portrait.

Cancer Ascendant Verseau

Vous avez une personnalité complexe. Vous vous comportez comme quelqu'un de sociable, amical, attiré par les idées nouvelles, plutôt réformateur, motivé par le progrès scientifique ou l'évolution spirituelle. Mais ce comportement social très moderne est en contradiction avec vos désirs profonds, qui sont orientés vers le passé, l'histoire, la famille, l'élaboration d'un foyer stable. Rêvant d'un monde nouveau plus fraternel, vous mettez en même temps toute votre énergie à conserver votre acquis, à entretenir les traditions familiales. Cependant, votre rôle est peut-être, justement, de concilier ces tendances contraires et de créer, à votre échelle, les conditions d'émergence (un centre, un foyer) d'une nouvelle conscience. Sur le plan du couple, votre complémentaire est une personnalité rayonnante, possédant charisme et autorité. Votre *alter ego* est le Lion. Les signes occupés par la Lune et Saturne dans votre thème enrichiront et affineront ce portrait.

Cancer Ascendant Poissons

Vous êtes une véritable éponge ! Vous ressentez dans chacune de vos fibres chaque vibration, chaque variation d'ambiance ou d'humeur. Cette hypersensibilité vous donne un instinct très sûr, mais aussi une grande vulnérabilité au monde extérieur. Vous avez donc tendance à vous protéger derrière un comportement passif, rêveur, toujours un peu en retrait ou décalé du présent. Dans la réalité, vous ressentez tout avec acuité et votre principal effort consiste à gérer vos sensations et vos émotions, qui vous submergent. Famille et enfants (ou maison et créations) représentent des pôles d'incarnation et d'expression essentiels, grâce auxquels vous reprenez pied avec le réel. Inversement, l'art peut être une nourriture qui comble votre besoin d'échapper aux limites du monde sensible. Votre capacité d'empathie et de compassion est immense, mais vous pouvez aussi vous perdre dans l'autre et surtout dans les problèmes et les souffrances d'autrui. Vous recherchez dans le couple une attache avec la réalité, une sorte de rappel à l'Ordre (face à votre chaos intérieur). Votre *alter ego* est la Vierge. Les signes occupés par la Lune et Jupiter dans votre thème enrichiront et affineront ce portrait.

Planètes, Ascendant et Milieu-du-Ciel en Cancer

Lune ☾ en Cancer ♋

Vous êtes en contact permanent avec vos émotions, qui sont vives, votre sensibilité est extrême et vous n'avez besoin de rien tant que de sécurité et de tendresse. Cette Lune Cancer est extrêmement maternelle (même si vous êtes un homme) : vous avez l'instinct de protéger, de rassurer, de nourrir, d'être une mère pour tous ceux qui vous côtoient. Vous êtes également en contact étroit avec votre vie intérieure, avec les émotions qui vous traversent et nourrissent un imaginaire extrêmement fécond. Cela vous donne un côté enfantin, une grande proximité avec les enfants, une facilité naturelle à voir la vie avec leurs yeux, à leur inventer des histoires merveilleuses… Pour vous, la réalité c'est pour les autres, les Adultes. Vous préférez rester en contact avec votre enfance, et avec l'enfant qui est en vous. Si vous êtes une femme, cela vous donne indubitablement le charme fragile et tendre de la femme-enfant. Si vous êtes un homme, un côté poète, ange déchu, fragile et sensible, qui attire à lui les femmes aimantes et maternelles…

Votre besoin de sécurité peut vous donner un comportement très tenace lorsque celle-ci est en danger – ou, plus encore, lorsque celle de vos enfants est menacée : vous pouvez devenir un adversaire redoutable, à la fois à cause de votre obstination et des violentes colères dont vous êtes capable. Votre côté enfant, instinctif, sensible, va de pair en effet avec des réactions incontrôlées, une pugnacité extraordinaire – heureusement de courte durée !

Ajoutons que la Lune Cancer est très attirée par les natifs du signe.

Mercure ☿ en Cancer ♋

Vous n'êtes pas un bavard. Idéalement, la communication devrait selon vous ne passer que par le ressenti, les émotions, le regard. Vous ne comprenez pas ceux qui ont besoin de tout expliquer et la logorrhée vous fatigue. Le mot est pour vous tellement chargé de sens, de souvenirs, d'empreintes diverses, d'émotions, qu'il doit être utilisé avec parcimonie et à bon escient. Vous êtes un poète, dans l'âme ou dans l'écriture. L'humour est un autre de vos dons ; humour de l'absurde, la plupart du temps… Vous ne faites guère d'efforts pour communiquer : le véritable échange, pour vous, ne peut se faire qu'avec quelques intimes, auxquels vous ouvrez votre cœur. Aux autres, vous pouvez montrer, si vous êtes mal luné, une carapace de mutisme épais qui décourage les moins sincères ou les plus timides. Timide, vous l'êtes pourtant, et pudique également. Aussi vous attendez un contexte apaisant, sécurisant et bienveillant, avant de vous exprimer.

Vénus ♀ en Cancer ♋

Votre Vénus dévoile d'immenses réservoirs de tendresse. Cela ne saute pas aux yeux : d'une sensibilité extrême, vous avez avant tout peur de souffrir et la première blessure amoureuse a laissé une griffure définitive. Vous êtes donc – à moins d'une chance rare ! – blessé et vous vous protégez derrière une carapace ou une attitude détachée. Lorsque enfin vous êtes en confiance, assuré de la sincérité de l'Autre, de sa fidélité et de son engagement, vous pouvez enfin faire tomber votre cuirasse et laisser palpiter vos émotions et parler votre cœur. Vos sentiments sont d'une extrême délicatesse, d'une pureté et d'une fragilité de verre. Protecteur et tendre en amour, vous avez aussi le sens de la tradition et celui de la famille : si l'élu(e) ne plaît pas à maman, il (elle) perdra beaucoup d'attraits à vos yeux !

Mars ♂ en Cancer ♋

Votre agressivité est plutôt défensive qu'offensive. Elle se déclenche avec violence lorsque vous vous sentez attaqué (à tort ou à raison, car vous êtes extrêmement susceptible), ou lorsque votre sécurité (ou, *a fortiori*, celle de vos proches) est menacée. Pourtant, vous n'aimez rien moins que vous battre ; vous n'êtes guère à l'aise avec cette agressivité que vous contrôlez mal et que vous jugez, au fond, régressive. Vous rêvez d'un monde harmonieux, d'un Éden sans bruit ni fureur ; en même temps, votre père, à la fois autoritaire et fragile, vous a intimement persuadé que, dans la vie, ceux qui ne dégainent pas les premiers seront éliminés de la course. Votre réactivité excessive vous fait vous débattre dans ce cercle vicieux, alors que si vous appreniez à contrôler davantage vos émotions et à ne pas vous juger comme quelqu'un de vulnérable, vous seriez plus en paix avec vous-même – et le reste du monde. Ceci est surtout vrai si vous êtes un homme. Une femme aura tendance à projeter cette image sur l'homme.

Jupiter ♃ en Cancer ♋

Vos qualités s'épanouissent dès lors que vous trouvez une place de patriarche, au sein d'une famille (au sens large). d'une communauté ou d'une entreprise. Si vous pouvez jouer un rôle protecteur et maternel vis-à-vis d'un groupe de personnes qui dépendent de vous d'une manière ou d'une autre, et vous considèrent peu ou prou comme leur maman (ou leur papa), vous avez trouvé votre voie ! Cette notion de « grande famille » est votre motivation intime pour réussir ; et si vous ne pouvez vivre cette dimension de vous-même dans votre travail, vous l'épanouirez à la maison, auprès de vos enfants et du reste du clan.

Saturne ♄ en Cancer ♋

L'image paternelle est celle d'un père silencieux, fermé, mou mais tyrannique, qui exerce sur son enfant une autorité castratrice et culpabilisante, lui faisant sentir qu'il n'est jamais assez conforme à ce que sa famille attend de lui, qu'il n'en est pas un digne représentant ; le père met – inconsciemment et involontairement – l'enfant dans la position de vilain petit canard. L'enfant perçoit le père comme l'empêcheur de tourner en rond n° 1, et en même temps comme manquant de caractère. Par la suite, cette personne aura tendance à se choisir des partenaires sur le même modèle, des juges qui lui reprocheront de n'être pas conforme, ou qui l'empêcheront d'affirmer son autorité, et en somme d'exister. Et elle aura besoin de vivre cette relation conflictuelle avec ce type de partenaire pour se sentir exister, jusqu'à ce qu'elle réalise qu'elle répète des mécanismes de projection de caractéristiques qui lui sont propres.

L'ego va se construire sur le refus des racines : des souvenirs, des biens, des maisons comme des rituels familiaux (Noël, les baptêmes, les fêtes de famille...). *Tant que je m'oppose au clan, j'existe.* Mais ce n'est pas une révolte brutale : la personne va préserver une image, une apparence de conformité, et simplement esquiver discrètement les obligations familiales et tout ce qui y a trait. Elle entretient des relations conflictuelles avec sa mère, et n'envisage de fonder sa propre famille qu'avec réticence (ou alors, elle s'arrangera pour préserver sa liberté).

Même si des problèmes objectifs apparaissent – sentiment d'exclusion, de non-appartenance à une lignée –, ils font partie de l'économie personnelle du sujet, jusqu'à ce que l'ego soit suffisamment construit pour qu'il puisse lâcher ce refus et s'ouvre à tout ce qu'il refusait auparavant.

Notons un cas qui, bien que particulier, n'en est pas moins fréquent : celui du statut saturnien[1]. Dans ce cas, la personne identifiée à son Saturne en Cancer se montrera au contraire « très famille », mettant un point d'honneur à faire les choses dans les règles de son éducation, à se montrer le digne rejeton de sa lignée et à fonder elle-même une famille respectueuse des traditions. Elle se montrera en somme sous les traits d'une sorte de « faux Cancer », se voulant maternelle (ou paternelle), mais manquant de sentiment et de chaleur ; le statut saturnien étant un masque, une défense, il

1. Cf. p. 39.

ne peut s'investir des qualités solaires de rayonnement, de sûreté de soi et de joie de vivre. Cette personne aura un chemin à faire pour lâcher ses craintes, s'ouvrir au monde et, par là même, retrouver son Désir.

Ascendant en Cancer ♋

Si votre signe solaire vous décrit comme versatile (Gémeaux), cérébral (Verseau) ou impétueux (Bélier), il est probable que vous ne vous reconnaissiez que très épisodiquement. C'est que votre Ascendant Cancer vous donne un comportement social, une attitude vis-à-vis des autres, une *personnalité*[1] Cancer.

On vous perçoit comme quelqu'un de pudique et réservé sur ses émotions et ses sentiments, et remarquable par son humour décalé, son sens de l'absurde et cette fraîcheur particulière, un peu enfantine, qu'il dégage. Vous avancez dans la vie avec un mélange de timidité et de ténacité. Vous n'aimez pas la confrontation ni la lutte, qui vous semblent relever de ce qu'il y a de plus archaïque chez l'homme, mais vous êtes vous-même sujet à des accès irraisonnés de violence, particulièrement lorsque vous vous sentez agressé ou offensé. Dans ce cas, vous vous défendez de façon très mordante, surprenant votre entourage habitué à une humeur calme et méditative. Vos humeurs sont très changeantes (d'une heure à l'autre) et vous êtes particulièrement sensible aux rythmes de… la Lune (la Pleine Lune en particulier), qui vous rend plus agité ou agressif. Vous êtes capable d'apathie, tant vous êtes occupé à éprouver vos émotions et vos sensations ; extérieurement, cela peut vous donner un air passif, rêveur (mais le reste du thème peut compenser cela) et vous vous reposez volontiers sur une épaule solide.

1. De *persona*, masque.

Cependant, lorsque votre responsabilité est engagée (tout particulièrement à l'égard de vos enfants, de votre foyer, ou de votre famille), vous pouvez montrer une énergie et une combativité étonnantes. De tempérament artiste, vous êtes fasciné par tout ce qui tourne autour de l'image (peinture, dessin, photographie) et de l'imaginaire (romans, poésie, scénarios…) et doué dans ces domaines ; l'art est le moyen d'expression privilégié de votre imagination en ébullition permanente ! À noter que la position de la Lune (gouverneur de votre Ascendant) en signe, dans votre thème, donnera des indications supplémentaires sur votre comportement social et la façon dont les autres vous perçoivent.

Milieu-du-Ciel en Cancer ♋

Vous n'êtes pas à proprement parler ambitieux (sauf forte contradiction avec le thème natal) et préférez une vie tranquille, privilégiant l'équilibre et la douceur du foyer. Il est possible d'ailleurs que vous pratiquiez votre métier chez vous, ou que celui-ci vous lie à votre famille. Vous semblez fait à première vue pour préserver ce qui existe, pour offrir un foyer permettant l'émergence de quelque chose de nouveau. Une grande diversité de métiers s'offre à vous. On notera ceux qui tournent autour de la famille (entreprises familiales), autour de l'enfance, de la naissance, comme de la vieillesse ; les métiers liés à la notion de foyer, de maison, d'accueil ; les métiers liés à l'histoire, au passé, à la conservation du patrimoine historique ; ou encore les métiers d'art, et en particulier de l'art visuel (l'image). Typiquement, ce qui a été dit au paragraphe « le Cancer et le travail » s'applique aussi ici ; mais pour être plus près de la vérité, il est indispensable de considérer le signe de la Lune (gouverneur de votre MC).

PORTRAIT ASTROLOGIQUE
DU SIGNE DU LION

♌

Image symbolique

Un lion royal, solitaire, rugit avec autorité ; autour de lui, les animaux tournent la tête dans sa direction. C'est le Roi des animaux. Sans lui, la troupe perd son chef. Sans sa troupe, il perd sa raison d'être. Voilà le Lion, sublime d'être admiré, aimé – dépossédé sans le regard de l'autre. Croyez en lui, et il vous offre la lune, déploie son charisme rayonnant, son intelligence, sa chaleur, sa force. Généreux jusqu'à l'emphase, il est parfois jalousé, alors que lui-même ne voit que le meilleur dans chacun.

Le bébé Lion

Le nourrisson, satellite dépendant de sa mère, est plutôt défini par le signe de la Lune natale que par son signe solaire. À partir de l'âge d'un an environ, le bébé acquiert de plus en plus d'autonomie et commence à affirmer ses quatre volontés : c'est le stade de « l'enfant-roi ». Ce n'est qu'à ce moment-là, où il réalise que sa mère et lui forment deux entités séparées et où il cherche à se différencier d'elle, que le bébé « devient un Soleil » à part entière et qu'il adopte les caractéristiques de son signe solaire.

Soleil en Lion	Environ du 22 juillet au 23 août
Sa fonction	Créer ou procréer ; orchestrer un nouveau modèle d'organisation sociale
Sa saison	Plein été, Soleil dominant. Le Lion dit : « Je veux. »
Sa planète maîtresse	Le Soleil
Sa planète d'exil	Saturne
Sa planète d'exaltation	Mars
Sa planète de chute	Jupiter
Son élément	Le Feu
Sa polarité	Masculine
Correspondance physiologique	Le cœur, la circulation artérielle, le dos
Ses couleurs	Le jaune d'or, l'orange
Ses fleurs	Le palmier, le géranium, le tournesol
Son métal	L'or
Ses pierres	Le rubis, l'ambre jaune
Ses chiffres	1, 9, 10
Son parfum	L'héliotrope
Son type caractérologique	Passionné (émotif, actif ; un type primaire, un type secondaire)
Son tempérament	Bilieux[1]

1. Cf. le classique *Traité pratique d'astrologie* d'André Barbault pour aller plus loin.

Pour un enfant Lion, l'expression d'enfant-roi n'est pas un vain mot : dès qu'il a conscience d'être une personne à part entière, il le fait savoir avec autorité. Ses désirs sont des ordres : pour le petit lionceau, obéir est une véritable humiliation – sauf s'il s'agit d'obéir à un adulte qu'il respecte profondément. Respecter sa maman, cela prend du temps – des années : au stade du bébé, l'important est surtout d'essayer de l'enrouler autour de son petit doigt. D'en faire une esclave bien dressée ! Et de fait, si pour une raison ou une autre (manque de disponibilité, caractère fort), la mère ne se prête pas (un minimum) au jeu, le petit Lion en sera profondément mortifié : s'il ne peut tester son autorité, si celle-ci n'est pas opérante, s'il ne peut pas jouer au petit roi pendant quelque temps (cela peut durer jusqu'à sept ans !), il en perdra sa confiance en soi. Car le propre du Lion, c'est bien d'imposer son autorité, non par tyrannie, mais parce qu'il a ce don de savoir comment organiser les choses pour que tout le monde y trouve son compte. Alors soyez patient... Plus que tout autre enfant, le Lion doit construire son ego, doit faire rayonner son petit Soleil. Ce qui n'exclut pas de lui faire comprendre qu'il n'est pas seul sur la planète et que les autres, aussi, ont droit à leur part de dessert...

La petite fille et l'adolescente Lion

La petite Lionne a le sens de la scène et du spectacle. Elle n'aime rien tant que d'être le point de mire. Sa joie, c'est d'être admirée. Indépendante et bagarreuse, elle préfère jouer avec les garçons – ce qui lui permet de tester sa séduction, ce dont elle a un instinct précoce. Elle supporte les filles à condition d'être la cheftaine et de mener sa petite troupe où bon lui semble. Le Lion est un peu mégalomane et adore les contes de fées. Au fond, elle est persuadée d'être une princesse dont on tait les royales origines, mais qui, un jour, pourra enfin faire éclater sa supériorité et son pouvoir…

Coquette sans être excessivement féminine (le Lion est un signe masculin), obnubilée par le regard des autres, elle est le type même de la *fashion victim*, très attentive à la mode, aux marques et au look des jeunes stars dont elle se fera rapidement un modèle. Elle aura beaucoup de mal à se détacher de cette tyrannie de l'image de soi, ce qui peut la rendre superficielle si elle n'est pas mise en garde : la coquille, c'est bien, mais une coquille vide ne fait pas longtemps son effet… et perd vite sa joie de vivre. Et pourtant, elle en détient un capital remarquable !

Le petit garçon et l'ado Lion

Moi d'abord, c'est la stratégie du Lion. Le plus fort et le meilleur, c'est bibi (ou papa) ! Pour le petit Lion, c'est une nécessité que d'être le numéro 1. Mais au moindre doute, c'est l'angoisse : si l'on se moque de lui, si ses petits copains ne l'élisent pas chef de bande ou délégué de classe, il cherchera un moyen de se distinguer, de faire preuve d'initiative, de monter, devenu ado, un groupe de rock ou une troupe de théâtre… Mais il aura besoin, pour cela, de supporters ! Un Lion sans supporters, c'est comme le roi de personne : pas grand-chose… Et comme il a l'âme d'un chef, il est fort conscient, très tôt, des responsabilités qui pèsent sur ses petites épaules : être le meilleur – ou rien ! Très fort et très fragile, voici votre petit Lion qui a tant besoin qu'on le regarde et qu'on l'admire… Loyal, généreux, éclatant de gaieté, c'est un vrai rayon de soleil – à condition de ne pas lui faire de l'ombre !…

Le Lion devenu adulte, quel est son comportement de surface ?

Au premier abord, tout dans son attitude exprime la conscience de sa propre valeur. Physiquement, il émane de lui force, équilibre et énergie, et un rayonnement chaleureux, solaire, bienveillant. Le Lion s'exprime, haut et fort, parfois avec force effets dans l'attitude, le maintien : il s'agit qu'on l'entende, et si possible qu'on n'entende que lui ! D'ailleurs, il n'a guère d'efforts à faire pour se faire remarquer : la qualité de sa présence suffit à l'imposer, à le poser comme centre de l'attention. Cependant, il faut qu'il en rajoute ! Il consacre une bonne partie de son énergie à s'affirmer, souvent avec théâtralité et humour ; il met en avant son talent, sa technique, ses connaissances ou simplement le caractère brillant et unique de sa personne.

Un créateur

Le Lion correspond, dans le cycle du zodiaque, au stade le plus abouti de l'individualité, ce qui se traduit par deux caractéristiques.

Tout d'abord, une conscience de soi permanente et aiguisée, ce qui entraîne un sens inné de l'apparence, de l'image, du spectacle. Le Lion est naturellement sur une scène de théâtre, mettant en scène son drame personnel, se contemplant lui-même dans le regard de l'autre, tel Narcisse dans l'eau du lac. Le complexe narcissique est caractéristique du Lion. D'où son sens du drame comme de la comédie.

Ensuite, un irrépressible besoin d'affirmation et une créativité débordante. Créer, pour le Lion, c'est *se voir au-dehors*. La création est son autre miroir narcissique. Elle peut être artistique, politique ou s'exprimer à travers les enfants ou la création d'entreprise. Elle doit être exhibée en pleine lumière : le Lion n'est pas le signe des artistes obscurs ni des actions modestes... Quant aux enfants, inutile de préciser qu'ils se doivent d'être (presque) aussi brillants que leur parent !

Un être doué pour le bonheur

Dans le registre de la création, le Lion est d'une fierté naïve et spontanée devant son œuvre. Il ne se tourmentera guère avec des jugements, comparaisons et autres inquiétudes à propos de sa valeur. Créer suffit souvent à sa jubilation, peu importe la création. Cette absence de doute est le corollaire d'une attitude fondamentalement positive et optimiste dans la vie. Devant une situation, une personne ou un événement, le regard du Lion embellit, magnifie, idéalise parfois, met toujours l'accent sur les aspects positifs, la beauté, le bien-fondé et les perspectives encourageantes qui en émanent. Il irradie de lui une force de vie et une heureuse disposition d'esprit qui attirent la chance et la confiance d'autrui. Il crée sa vie de son seul regard (comme nous tous !) : plein d'espoir dans l'avenir, de certitude envers lui-même et de confiance envers autrui, il se fabrique un monde à son image. Dans ce sens, la vie du Lion est souvent riche et lumineuse.

La politique du succès

Nous avons dit que le Lion se réalise à travers l'aboutissement d'un projet ambitieux et que son plaisir réside dans l'acte de créer. Si le Bélier Cardinal (premier signe de Feu) était dans l'action pure, éclatée dans toutes les directions, le Lion est dans l'action linéaire, la réalisation, l'aboutissement. Sa caractéristique fixe lui donne cette capacité et cette volonté d'aller jusqu'au bout de son idée, de choisir une direction et de s'y tenir, et autant que possible de s'affirmer comme le meilleur dans son domaine. Il ne supporte ni l'amateurisme, ni l'approximation ; son besoin de reconnaissance, son honnêteté et son idéalisme le poussent à un haut degré de professionnalisme, et souvent à une spécialisation. Il se veut reconnu pour avoir réussi là où d'autres ont échoué, ou pour avoir monté et géré seul son entreprise de A à Z. La volonté est l'un des pivots de sa personnalité : être d'émotions, de cœur et d'idéal, il se donne les moyens d'imposer son Désir au monde, comme de se l'imposer à lui-même. Alliée à sa foi en la vie et à sa confiance en lui, cette qualité est souvent des plus efficaces… Courageux, jusqu'au-boutiste et ambitieux, sa jubilation est dans le défi et dans le succès.

Des goûts de luxe

Réussir, chez le Lion, s'exprime presque immanquablement à travers le luxe. Le Lion est souvent à la recherche du prestige, de la renommée, et savoure la beauté des choses ; si, de surcroît, elles sont à la fois belles et chères, elles n'en acquièrent que plus d'intérêt à ses yeux ! Ce goût de l'opulence, du chic et de l'ostentation procède tout à la fois de son caractère narcissique, de son sens esthétique et de sa générosité naturelle. Il ne fait pas dans la demi-mesure, et les fêtes organisées de main de Lion restent souvent dans les annales… Il n'a pas son pareil pour répandre la joie, le plaisir ludique et esthétique… et faire couler le champagne à flots.

Deux types Lion

On distingue, en fonction des autres éléments du thème natal, deux grands types de Lion : chez le premier, l'Apollinien, prévalent les valeurs idéalistes et artistiques ; c'est un esthète aux ambitions plus spirituelles que sociales, à la recherche d'un équilibre, d'un ordre maîtrisé, d'une perfection. On pense aux héros des Croisades, guerriers que poussaient une aspiration élevée, un sens absolu de l'honneur.

Le second est l'Herculéen. Il met son sens de l'organisation, sa capacité de diriger et sa puissance de création au service de la réalisation concrète ; son ambition se tourne vers la richesse et le pouvoir. Physiquement fort et bien campé sur la terre ferme, de personnalité puissante et autoritaire, c'est un réaliste ambitieux qui se projette avec force dans une expansion sociale et une réussite matérielle.

Le dessous des cartes

On pourrait croire que l'égocentrisme narcissique du Lion s'arrête là : à tout ramener à lui, à se prendre pour le centre du monde à l'image du Soleil qui le gouverne. Comme toujours, l'inconscient parle un tout autre langage et nous montre que ce n'est pas là sa nature profonde.

Le Lion trompe son monde. Au fond, c'est un altruiste, tout entier dévoué à la cause commune. Aussi bien par idéal que par nécessité : s'il est roi, c'est de par son peuple, s'il est artiste, c'est de par son public ; et que resterait-il du général si ses soldats tournaient les talons ? Il le sait, et cela se sent. Cette dépendance à l'égard des autres, de leur regard et de leur jugement le rend sympathique, dévoile une fragilité inattendue derrière son royal rugissement. Être rejeté le remet fondamentalement en cause : son existence n'a plus de sens. Jeune, le Lion manquant encore d'assurance ressent tout particulièrement cette angoisse à l'idée de ne pas être accepté, admiré, puis courtisé, poussé en avant, promu chef de bande ou délégué de classe…

S'il est, la plupart du temps, accepté dans son rôle de chef, c'est précisément parce que l'on sent qu'il œuvre pour le bien commun. S'il commande, c'est grâce à un consensus qui lui *accorde* le pouvoir. Le Lion inconscient de cette nécessité d'être délégué par les autres est un vaniteux sans pouvoir : il cherchera à briller de toute façon, mais dans un cercle minuscule (au bistro !) et sans être pris au sérieux.

Le Lion et l'amour

En analogie avec la cinquième Maison des amours, des plaisirs et des arts, le Lion est le signe de l'amour courtois, du plaisir et de la séduction.

Dans l'échelle de ses priorités, les questions amoureuses viennent juste après les ambitions sociales. Non que le Lion soit à proprement parler un sentimental ni un fervent adepte du mariage, mais c'est un passionné au sang chaud qui ne résiste pas aux délices de l'exaltation amoureuse. Il n'aime rien tant que de jouer à deux, sur un théâtre imaginaire, une tragédie amoureuse ou une scène de séduction à la Cyrano. Il ne lésinera ni sur le décor, ni sur la qualité du vin, ni – surtout si c'est une Lionne – sur l'élégance de sa toilette. Il s'arrangera pour faire de la rencontre un moment inoubliable, romanesque, haut en couleur.

Passionné, certes, mais également signe fixe, le Lion s'engage sur la durée. Il aime les relations claires, aboutissant quelque part. Le mariage, en tant que choix, comme en tant que statut social, entre dans sa façon de fonctionner : c'est un être de contrat. De plus, faire des enfants lui semble une façon incontournable d'assurer sa continuité, autrement dit de laisser une trace (des plus) vivante.

Malgré son goût prononcé pour le donjuanisme, il cherchera l'âme sœur, solide et énergique de préférence, sur laquelle il pourra compter : le Lion est un homme (une femme) de parole, qui ne fraie ni avec les indécis, ni avec les fourbes. Sa première condition, dans une relation, est la franchise ; sa seconde, la loyauté.

Être aimé est de toute première nécessité pour lui. C'est particulièrement vrai pour la femme Lion, surtout si elle n'a pas de fonction sociale. Souvent, ce besoin se mue en désir de reconnaissance, que le Lion satisfait dans son travail ou sa destinée. Mais malgré l'indépendance et l'autonomie qu'il revendique, il a besoin, on l'a vu, des autres, de l'Autre ; de préférence, d'un satellite qui, à l'instar de la Lune autour du Soleil, gravite autour de sa rayonnante et chaleureuse présence.

Le Lion n'est pas fait pour vivre seul.

La femme Lion

La Lionne est une femme de caractère et vous le fait savoir sans ambages : elle s'attend à être respectée, à recevoir les honneurs dus à son rang ! Fière, altière, elle vous fait comprendre d'emblée que vous n'avez pas élevé les cochons ensemble : foin de familiarités ! Quiconque osera se payer sa tête (elle est très susceptible) s'expose à de lourds ennuis.

Une fois cela posé, vous pourrez à loisir l'admirer, apprécier son infatigable énergie vitale, sa royale générosité, sa fidélité sans conditions. Ambitieuse, énergique et courageuse, elle se sent capable de combattre une armée pour peu que l'on croie en elle. Elle n'a que mépris pour les faibles et les indécis et n'apprécie que ceux qu'elle admire. Toujours élégante, rayonnante de charisme, elle ne suscite guère l'indifférence – l'agacement, à la rigueur, devant son ego épanoui, mais ce sentiment est vite balayé par les ondes positives qu'elle diffuse naturellement.

À condition d'incarner son Soleil, elle exprimera les qualités propres à son signe ; tandis que si elle projette ce Soleil en Lion sur son mari, par exemple[1], elle aura plutôt tendance à s'identifier à sa Lune, ou à son Saturne natal. On ne retrouvera dans ce cas quasiment aucune des caractéristiques du Lion dans sa personnalité.

Santé du Lion

On l'aura compris, c'est une force de la nature. De plus, l'hypocondrie n'est pas son rayon : il a tendance à ne pas s'écouter et à poursuivre, coûte que coûte, le but qu'il s'est fixé. S'il passe une journée au lit, c'est qu'il est à l'article de la mort ! Il est souvent doté d'une belle force physique et d'un tempérament tonique. L'inaction lui pèse, et les changements de rythme ou d'habitude lui demandent un temps d'adaptation. Son moral d'acier et la force de sa volonté sont ses meilleurs garants de bonne santé. Le cœur est son point faible, ainsi que la circulation artérielle et le dos (colonne vertébrale).

Le Lion et le travail

Il est ambitieux, créatif, autoritaire : les bases sont posées. Il se sent intimement concerné par le monde extérieur, la politique, la mode ou les affaires, et de préférence par les domaines d'activités lui permettant de se tailler… la part du lion. On verra donc fréquemment un Lion brasser de grosses affaires, créer de grosses entreprises, avoir une position importante dans la fonction publique.

Cette recherche du succès ne vient pas (seulement) de sa haute idée de lui-même ni de son goût du luxe, mais aussi (souvent) de la poursuite d'un idéal. Le Lion sait comme personne réorganiser les choses de façon que chacun soit à sa place et y donne le meilleur de lui-même, conduisant ainsi

1. Cf. p. 39.

son entreprise à la croissance – par exemple. Il connaît les meilleures stratégies de développement, sait s'entourer des meilleurs coéquipiers, sait aussi déléguer tout en conservant le pouvoir de décision. Il est lui-même à sa place dans cette position de pouvoir, de commandement et de responsabilités.

Autre motivation puissante : le Lion n'a pas le choix, il doit réussir. Il est tant et si bien identifié à sa fonction, qu'elle en devient une mission qui validera, ou non, toute son existence. C'est là que l'on reconnaît le vide galactique dans lequel certains Lion se trouvent à l'âge de la retraite – à moins qu'ils ne sachent rebondir en retrouvant un rôle central dans la politique municipale ou la gestion d'associations.

Le Lion et l'argent

On ne peut parler du Lion sans parler de son rapport avec l'argent, qui est puissant. On a parlé de ses goût de luxe, de son goût de l'apparat et de l'apparence. Gagner de l'argent est d'abord une nécessité sur le plan du prestige social. Le Lion, qui évolue dans l'envergure, qui fait les choses en grand et ne lésine pas sur les moyens, ne saurait être gêné aux entournures par de basses nécessités matérielles. Pour son image et pour son efficacité, il doit avoir des moyens financiers et ne pas se préoccuper d'économie ni de limites quelconques.

Cette absence de limite dans l'ostentation comme dans les besoins d'expansion est une caractéristique du signe : dans la Tradition, Jupiter est *en chute*[1] en Lion. Jupiter, qui représente l'abondance, l'éclat, l'autorité, mais aussi l'expan-

1. *Domicile, exil, exaltation et chute :* il s'agit là des *dignités* des planètes, autrement dit de leurs correspondances avec les signes. Dans le thème natal, une planète dans son signe d'exil n'a pas la même signification que dans son domicile.

sion de la personnalité, l'instinct de conquête, l'affirmation de l'ego par le pouvoir et la richesse… ce Jupiter est débridé ! Autrement dit, notre Lion est donc très préoccupé d'argent, en parle beaucoup, surtout pour se plaindre de payer trop d'impôts ou pour donner le prix de son dernier cabriolet. Manière d'asseoir son importance, sa propre valeur, l'envergure de son pouvoir. Selon lui, un Lion pauvre manque de crinière… De la même manière, la richesse l'impressionne, ainsi que le prestige et le luxe qui l'accompagnent. Une richesse à la Harpagon lui semble misérable : l'argent est fait pour être dépensé, et montré ! Malgré ses efforts, il ne pourra s'empêcher de respecter le riche et de sous-estimer l'anonyme sans moyens, sans égard pour les qualités morales et spirituelles… C'est sa faiblesse !

Ostentatoire, magnifique, le Lion est aussi généreux jusqu'à l'emphase. Si l'on peut compter sur lui pour gagner et gérer des fortunes, il ne faut pas lui laisser les cordons de la bourse ! Son goût du jeu et du risque peuvent en faire aussi bien un aventurier de l'investissement qu'un assidu des casinos.

Soleil en Lion, combiné à douze Ascendants

Lion Ascendant Bélier

Que de feu ! Vous êtes un foudre de guerre ! Un fonceur, un lutteur, un gagnant. Énergique, enthousiaste, direct et sans ambages, vous menez votre vie tambour battant, souvent avec peu d'égards pour ceux qui ne suivent pas votre rythme d'enfer. Bouillonnant d'idées, de projets et d'ambition, votre côté rouleau compresseur ne plaît pas à tout le monde (on vous reproche notamment votre égocentrisme et votre faible intérêt pour autrui) mais on ne peut que saluer votre efficacité et votre courage. Aucun obstacle, aucune confrontation ne vous rebute – on dirait même que vous avez besoin de vous frotter aux difficultés pour mieux vous sentir vivre ! Vous avez besoin de dépenser votre ardente énergie dans un sport (si possible à risques), dans l'action et la création. Créer, innover, ouvrir la voie et conduire, diriger de main de maître, voilà votre plaisir et votre rôle. Vous êtes attiré par les partenaires raffinés, pondérés et séduisants et recherchez d'abord le dialogue et le partage dans le couple. Votre *alter ego* est la Balance. Le signe occupé par Mars dans votre thème enrichira et affinera ce portrait.

Lion Ascendant Taureau

Deux signes fixes. Autrement dit, vous êtes quelqu'un de solide, bien carré dans la réalité, déterminé dans ses choix et peu adaptable aux changements. À l'image d'une locomotive puissante, vous êtes lent à vous mettre en route, mais ensuite on ne vous arrête plus ! Votre capacité de travail et de réalisation est remarquable ; vous avez des dispositions pour gérer les choses et diriger les hommes. Vous vous présentez comme quelqu'un de solide, fort, près des réalités terrestres : vous faites les choses avec bon sens, dans les règles, au bon moment (votre instinct ne vous trompe pas), respectez la nature et ses rythmes, et doutez rarement de vos décisions ou de vous-même. Pour réaliser vos ambitions et votre idéal, vous exploitez vos atouts, qui sont notamment le sens de la gestion, la patience, la logique, le sens inné de la valeur des choses. Vous êtes attiré par les personnes entières et passionnées, avec lesquelles vous voulez vivre une relation fidèle et stable. Votre *alter ego* est le Scorpion. Le signe occupé par Vénus dans votre thème enrichira et affinera ce portrait.

Lion Ascendant Gémeaux

Vous avez un sens extraordinaire de la communication et du spectacle ! Ce monde doit vous attirer... Vous êtes quelqu'un que l'on remarque, par sa qualité de présence, chaleureuse et rayonnante, et par son comportement ouvert, sociable, éminemment sympathique. Vous prenez la vie comme un jeu dont vous avez bien l'intention de sortir gagnant. Vous avez besoin des autres (surtout en tant que public) mais vous n'êtes guère intéressé par leurs problèmes : pour vous, il n'y a, dans la vie, que des solutions, et cet optimisme inébranlable peut vous couper parfois des gens, qui n'osent pas aller au-delà de relations superficielles avec vous. Cependant, votre carnet d'adresses est plein et vous avez une vie sociale très animée : vous exercez un fort pouvoir d'attraction sur autrui. En couple, vous privilégiez d'abord la liberté, ensuite la relation intellectuelle : vous voulez être sûr de ne pas vous ennuyer avant de vous engager ! Votre *alter ego* est le Sagittaire. Le signe occupé par Mercure dans votre thème enrichira et affinera ce portrait.

Lion Ascendant Cancer

Votre personnalité est complexe et votre comportement social plutôt trompeur. Vous apparaissez comme quelqu'un de réservé, plutôt timide et sensible ; vous écoutez beaucoup, parlez peu et faites confiance à votre ressenti, à votre intuition. Cette apparence « aquatique », un peu rêveuse, ne laisse guère imaginer votre force, votre autorité et votre pouvoir de réalisation, qui sont réels. Cependant, il est probable que vous ne les maîtrisiez qu'après un travail de prise de conscience de votre propre valeur, dont vous avez d'abord tendance à douter. En réalité, votre ego est puissant et peut-être n'osez-vous pas l'imposer, par peur du rejet ou de la confrontation. Dans votre couple, vous êtes attiré par des personnes qui vous mettent en face de règles, de lois, de limites ; le couple est un lieu de conflit tant que vous ne reconnaissez pas le bien-fondé de ces lois. Spontanément, vous avez en effet tendance à penser que la seule loi à respecter, c'est la vôtre. Dans ce sens, le couple est pour vous un lieu d'évolution et de conscience. Votre *alter ego* est le Capricorne. Le signe occupé par la Lune dans votre thème enrichira et affinera ce portrait.

Lion Ascendant Lion

Lorsque le Soleil et l'Ascendant se trouvent dans le même signe (ou sont voisins), il se présente deux cas de figure : le Soleil se trouve au-dessus de l'horizon – ou en dessous[1]. Seul un astrologue peut vous le dire, mais si le Soleil natal se trouve dans le premier décan (ou le second), et l'Ascendant dans le second (ou le dernier), autrement dit *après* le Soleil, vous pouvez être sûr que votre Soleil se trouve au-dessus de l'horizon, c'est-à-dire dans la Maison XII[2]. Le Soleil étant le gouverneur du Lion, cette Maison prend alors une importance capitale : en analogie avec le secret, la retraite et la spiritualité, elle oriente votre vie vers l'ésotérisme, la quête spirituelle, ou encore les lieux clos et retirés du monde (hôpitaux, prisons, monastères, etc.) pour y apporter votre lumière solaire. Ici, nous sortons complètement du schéma habituel du Lion ambitieux et social.

Si, au contraire, le Soleil se trouve dans la Maison I, cela ajoute au signe natal une forte valeur solaire (comparable à un côté Lion pour simplifier). Dans ce cas, vous êtes un super-Lion ! Votre comportement social est à l'image de

1. Cf. définition p. 27.
2. Voir p. 432. Pour les détails, voir p. 28-33.

votre désir et de votre idéal dans la vie : celui d'un battant, d'un chef, d'un organisateur se posant comme centre, comme modèle de changement. Le couple est le domaine fragile dans votre vie : autoritaire et n'acceptant de loi de personne, vous n'entendez pas que l'on vous mette des bâtons dans les roues. Dans le couple, survient toujours un moment où l'Autre devient porteur de limites, se rebelle contre votre égocentrisme plus ou moins tyrannique. Il est possible qu'après un certain nombre d'échecs, vous finissiez par accepter le fait que le monde a ses lois, et que ce ne sont pas forcément les vôtres ! Votre évolution passe par le respect d'autrui. Votre *alter ego* est le Verseau.

Lion Ascendant Vierge

Le paragraphe précédent, sous « Lion Ascendant Lion » vous concerne : dans votre thème natal, le Soleil peut se trouver soit en Maison XII, soit en Maison XI ; dans le premier cas, les caractéristiques propres au Lion ne sont pas très marquées (et parfois totalement masquées) avant un certain stade de votre évolution personnelle ; tant que le processus évolutif n'est pas enclenché (grâce à un travail de développement personnel, de type psychothérapie), les potentialités peuvent rester endormies, à l'état virtuel : vous avez une seconde naissance à vivre.

Dans le second cas, où le Soleil se trouve en Maison XI, vous pouvez *a priori* développer votre potentiel avec aisance et vous affirmer socialement, notamment en relation avec un groupe de personnes présentant des caractéristiques communes : même projet, même passion, même milieu…

Votre Ascendant Vierge tempère le côté théâtral et égocentrique du Lion : vous avez un abord plutôt discret, très soucieux du qu'en dira-t-on et des bonnes manières (qui permettent de maintenir une distance civilisée). Vous ne vous mélangez pas facilement, et pourtant vous éprouvez un réel intérêt pour les gens et vous êtes le premier à rendre service avec une générosité discrète. Vous avez un côté inquiet et prudent, mais également une grande confiance en vous et en vos ressources. Vous comptez tout particulièrement sur votre savoir-faire technique, que vous avez développé avec rigueur et méthode, et qui est votre principal atout dans la vie. Dans le couple, vous êtes attiré par des personnes sensibles, mystiques ou artistes, avec lesquelles vous rêvez d'une relation fusionnelle, poétique, un peu hors du temps et de la réalité. Votre *alter ego* est le Poissons. Le signe de Mercure dans votre thème vous en dira plus sur votre Ascendant.

Lion Ascendant Balance

Aucun doute : vous êtes un séducteur ! Vous semblez né pour plaire, pour briller, pour faire tourner le monde autour de votre petit doigt. Difficile de ne pas tomber sous votre charme : vous masquez votre forte volonté derrière un comportement souple et tolérant, et votre âme de chef derrière un authentique respect d'autrui. De plus, vous êtes toujours souriant, jamais découragé ni intimidé, et semblez attirer spontanément la chance et le soutien. Profondément, vous êtes un gentleman (ou une Dame, une Lady), à la fois digne, stylé et idéaliste. Vous croyez en l'homme et refusez les scenarii catastrophes et les constats d'échec. Vous ne parlez jamais de vos problèmes, qui ne regardent que vous, mais vous vous intéressez sincèrement aux difficultés des autres. Vivre en couple est pour vous une priorité et vous êtes attiré par les personnes énergiques, positives et entreprenantes. Votre *alter ego* est le Bélier. Le signe occupé par Vénus dans votre thème enrichira et affinera ce portrait.

Lion Ascendant Scorpion

Vous êtes une forte personnalité. Vous savez exactement ce que vous voulez, mieux encore ce que vous ne voulez pas, et personne ne vous fera changer d'avis ! D'allure peu engageante, farouche et sans ambages, vous êtes parfois redouté pour votre esprit critique, votre ironie cinglante et votre autorité sans appel. Idéaliste et passionné, vous suivez votre désir avec résolution et courage, ne vous attardant ni devant les obstacles, ni devant les échecs. Vous savez communiquer votre formidable énergie autour de vous et faire jaillir les ressources profondes, les qualités secrètes d'autrui. Tout cela ne vous empêche pas d'être quelqu'un de tourmenté et souvent insatisfait. Le rapport de force vous prend beaucoup d'énergie mais vous avez du mal à fonctionner autrement. C'est pourquoi le couple est un terrain miné ! Vous cherchez une personne saine et solide qui vous aimera avec vos contradictions et supportera votre bouillonnante énergie sans en être déstabilisée. Tout en vous octroyant de légitimes (?) entorses, vous ne tolérez aucune infidélité. Qu'on se le dise ! Votre *alter ego* est le Taureau. Le signe occupé par Mars dans votre thème enrichira et affinera ce portrait.

Lion Ascendant Sagittaire

Vous êtes fortement impliqué dans la vie sociale : la vie d'ermite sur une île déserte, ce n'est pas pour vous ! Superbe et généreux, vous dégagez une noblesse naturelle qui force le respect, voire l'admiration. Idéaliste et passionné, vous ne pouvez envisager une vie mesquine ou routinière : il vous faut un but ambitieux, un destin de chevalier poursuivant sa quête du Graal… Généreux et chaleureux, vous avez également une haute opinion de vous-même et un ego assez envahissant. Cependant vous êtes vite pardonné par votre intérêt sincère pour autrui, et tout particulièrement pour les étrangers et tout ce qui est différent de vous. Votre optimisme à tout crin fait aussi partie de vos nombreuses qualités. Côté couple, vous recherchez un partenaire juvénile, intelligent et plein de fantaisie et d'humour, avec lequel vous partagerez votre curiosité, votre goût des voyages et votre soif de liberté. Votre *alter ego* est le Gémeaux. Le signe occupé par Jupiter dans votre thème enrichira et affinera ce portrait.

Lion Ascendant Capricorne

Vous êtes quelqu'un d'ambitieux, d'intègre et d'exigeant. Vous mettez la barre très haut dans tous les domaines : l'ambition, le couple, les valeurs morales. D'une honnêteté scrupuleuse, vous vous autorisez rarement le moindre relâchement et vous ne perdez jamais votre contrôle de soi. Cela fait de vous quelqu'un d'autoritaire et de fort, un travailleur acharné mais souvent insatisfait. Vous avez une personnalité complexe, à deux visages. D'apparence, vous êtes plutôt distant, réservé, peu sociable. Vous avez besoin de temps pour donner votre confiance, et de preuves tangibles pour donner votre estime. Mais au fond, vous êtes un cœur généreux et ne cherchez que le bien de ceux qui vous entourent. Le soutien et la confiance réciproques sont pour vous les bases d'une relation de couple. Vous êtes attiré par les personnes sensibles, attachées aux traditions et aux valeurs familiales, que vous aurez à cœur de protéger. Votre *alter ego* est le Cancer. Le signe occupé par Saturne dans votre thème enrichira et affinera ce portrait.

Lion Ascendant Verseau

Vous êtes très sociable et très entouré : les autres tiennent une grande place dans votre vie et, malgré votre forte personnalité et votre indépendance foncière, vous avez un grand besoin d'eux. Trouver un rôle social revêt donc très tôt une importance majeure : il est probable qu'à l'école, vous étiez déjà délégué de classe, puis porte-parole du bureau des élèves. La politique semble vous ouvrir tout grands les bras : d'un côté, vous avez besoin de vous battre pour un monde plus juste, respectant les libertés et les droits de l'individu ; de l'autre, vous avez besoin d'être au centre, de diriger, d'organiser, d'imposer votre projet. En somme, vous avez la capacité de faire bouger les foules, et celle de trouver des solutions, des modèles d'organisation. Dans le couple, vous recherchez la loyauté et la créativité ; faire des enfants est primordial. Vous êtes attiré par les personnes rayonnantes et passionnées, dégageant force vitale et chaleur. Votre *alter ego* est le Lion. Le signe occupé par Saturne dans votre thème enrichira et affinera ce portrait.

Lion Ascendant Poissons

Vous êtes quelqu'un d'instinctif qui se fie davantage à son ressenti et à ses émotions – qui sont vives – qu'à sa tête. Ce cocktail d'émotions mouvantes, tantôt passionnées, tantôt mélancoliques, peut trouver un exutoire dans l'art, ou une technique artistique. Vous avez un comportement ouvert, avenant et simple ; vous ne mettez pas de frontière entre vous et les autres et vous vous sentez proche de chacun. Vous savez instaurer d'emblée un rapport familier et chaleureux, ce qui vous rend très populaire. Mais cela ne vous empêche pas d'avoir des qualités de chef et de grand organisateur. Cependant, ces qualités doivent s'exprimer dans un cadre défini et étroit, et non pas dans un contexte de liberté totale ainsi que vous en rêveriez. Votre travail, par exemple, est très circonscrit : vous avez plus le tempérament d'un spécialiste que d'un généraliste. Vous avez ce désir de mener votre savoir-faire au plus haut degré d'efficacité et de finesse. Si vous pouvez mettre vos capacités au service d'un idéal collectif, c'est le rêve… Vous êtes attiré par les personnes discrètes, terre à terre et attentionnées. Votre *alter ego* est la Vierge. Le signe occupé par Jupiter dans votre thème enrichira et affinera ce portrait.

Planètes, Ascendant et Milieu-du-Ciel en Lion

Lune ☾ en Lion ♌

Votre besoin intime est d'ordre social. Vous avez besoin d'être remarqué, d'être le centre de l'attention. Vous aimez organiser des fêtes, briller, vous mettre en valeur, être admiré. Votre qualité de présence est telle que cela se passe naturellement, sans que vous fassiez quelque effort. Même en restant passif, dans votre coin, vous dégagez quelque chose qui attire l'œil, vous irradiez en quelque sorte. Vous avez conscience de votre corps et le portez avec élégance et noblesse naturelle ; vous donnez une impression de santé et de force physique. Votre émotivité est vive : vous êtes passionné, chaleureux et votre enthousiasme est contagieux. Inversement, lorsque vous êtes mécontent, ce n'est un secret pour personne ; vous avez besoin que l'on fasse vos quatre volontés et trouvez cela normal, juste contrepartie de votre générosité. Cela vous donne des airs autoritaires, voire capricieux – un côté diva si vous êtes une femme.

Votre sensibilité artistique et esthétique est prononcée et vous avez besoin de l'exprimer ; soit en vous entourant de beaux objets, en choisissant des vêtements de belle qualité, de beaux accessoires, soit en créant vous-même des objets d'art.

Vous êtes quelqu'un d'actif, de gai et de positif ; très organisé, vous ne supportez ni le désordre ni le laisser-aller. Vous avez besoin de respecter un ordre (éventuellement imposé de l'extérieur, par vos parents ou votre conjoint si vous êtes une femme), de reconnaître une autorité ; votre vie doit tourner autour d'un pouvoir central (solaire).

De la même façon, bien qu'émotif, vous savez contrôler vos émotions, par orgueil, dignité ou simple plaisir d'exercer votre volonté.

Votre vie quotidienne est réglée, votre maison en ordre et vous imposez une discipline personnelle à votre corps, dont vous entendez préserver la santé et la beauté le plus longtemps possible. Votre apparence physique est primordiale car elle est pour vous l'un des moyens de vous sentir reconnu, remarqué et admiré. Et si ce n'est par votre corps, ce sera par vos possessions matérielles, votre intérieur ou votre position sociale.

Votre mère peut aussi avoir ces caractéristiques : altière, active, rayonnante. Si vous êtes un homme, vous rechercherez une femme typée par le signe du Lion. Une femme forte et courageuse, sur laquelle vous pourrez compter, tout en satisfaisant votre ego par l'admiration qu'elle suscitera. Il est possible que toutes les qualités de votre Lune en Lion soient d'ailleurs projetées sur la femme, et que vous n'en viviez aucune, sauf lorsque vous tombez malade et que vous exigez que l'on s'occupe de vous à cent pour cent !

Ajoutons que la Lune Lion est très attirée par les natifs du signe.

Mercure ☿ en Lion ♌

Vous êtes doté d'une intelligence synthétique et objective. Vous êtes capable d'embrasser toutes les données d'un problème, d'en déduire les conclusions logiques et d'y trouver les meilleures solutions. Vous raisonnez toujours dans le sens de la vie, de la croissance, de la réalisation, du succès. On apprécie votre optimisme, votre audace intellectuelle et votre capacité à ne jamais vous laisser décourager. Vos idées sont celles d'un battant qui sait comment le monde s'organise, et comment exploiter au mieux ses lois. Votre sens de la stratégie est remarquable.

Orateur brillant, vous savez réveiller la passion et l'enthousiasme chez vos semblables. Dans les discussions ou les milieux politiques, vous savez vous imposer et faire respecter vos avis, toujours audacieux et justes. Vous saurez reconnaître le bien-fondé des idées des autres à condition qu'elles se calquent sur les vôtres. En somme, vous avez toujours raison !

La communication à double sens n'est en effet pas votre fort : vous avez rarement la patience d'écouter les autres jusqu'au bout et pouvez faire preuve d'une rigidité qui rend toute discussion impossible. Vos idées sont bien arrêtées – et souvent justes, hélas – et la rhétorique ne vous intéresse guère. De l'efficacité, de la décision avant tout !

Vénus ♀ en Lion ♌

Vous donnez l'image de quelqu'un qui se respecte. Esthète, vous présentez une apparence physique agréable et séduisante, à l'élégance recherchée ; vous aimez les bijoux, les matières nobles et riches, les objets d'art, et d'une manière générale tout ce qui embellit la vie. Votre goût très sûr vous permet de déceler en un clin d'œil la valeur artistique d'une œuvre : une qualité qui vous serait fort utile dans le commerce d'art, par exemple...

Sur le plan amoureux, vous êtes un passionné. Exigeant et idéaliste, il faut, pour vous séduire, déployer des qualités hors du commun. Vous ne pouvez tomber amoureux de n'importe qui ! L'Autre doit, d'une façon ou d'une autre, que ce soit par sa beauté, son élégance, son pouvoir ou sa personnalité, vous subjuguer et, dans l'idéal, être admiré de tous.

Une fois conquis, vous êtes un(e) amant(e) merveilleux(se) : d'une générosité illimitée, vous vous donnez avec passion. Vous êtes aussi fidèle et loyal que jaloux et ne tolérerez aucun coup de canif dans le contrat ! Avis aux Vénus en Gémeaux et autres Balances… Bien que magnanime et peu rancunier, vous êtes susceptible et orgueilleux : quelqu'un qui ne respecterait pas sa parole – ou vous manquerait de respect – perdrait tout attrait à vos yeux.

Si vous êtes un homme, vous avez tendance à tomber amoureux de femmes brillantes, élégantes et généreuses, dégageant optimisme et confiance en soi. Elles éveillent en vous des sentiments puissants et un irrésistible besoin de donner, non sans panache. Lorsque vous courtisez une femme, vous la traitez avec respect et générosité, déclarez (ou plutôt déclamez) votre flamme avec fougue et mettez toutes vos richesses à ses pieds. Qui s'en plaindrait ?

Mars ♂ en Lion ♌

Vous êtes autoritaire. Vous avez de remarquables aptitudes au commandement – des aptitudes militaires, pourrait-on dire. On n'oserait pas discuter vos ordres ! Vous imposez naturellement votre volonté : on sent qu'il s'agit de ne pas se mettre en travers, au risque de déchaîner vos foudres ! Colérique et conquérant, vous êtes capable de relever les défis les plus ambitieux, d'exercer un impact considérable sur les choses et les hommes, de décrocher la Lune, en somme, pour peu que vous en ayez pris la décision. La volonté est l'une de vos qualités les plus puissantes, et attire le respect.

Si vous êtes un homme, votre caractère est fortement imprégné des caractéristiques du Lion : vous êtes un battant et un idéaliste, un organisateur-né qui entend que le monde tourne autour de lui ! De fait, vous avez cette capacité de diriger, de commander, d'instaurer l'ordre dans un but de croissance et de succès. Vous avez un côté « suivez mon panache blanc » très efficace ! Votre sexualité est puissante et exigeante, et vous supportez mal les échecs dans ce domaine. La moindre défaillance, le moindre revers vous remettent plus personnellement en cause que n'importe quel homme. Vous êtes très identifié à votre puissance sexuelle, à vos désirs, à vos passions. L'art peut aussi être un exutoire à votre formidable vitalité.

Si vous êtes une femme, vous avez une image autoritaire de l'homme. Vous méprisez les faibles, les indécis, les hommes qui n'osent pas s'imposer. Un homme, pour vous, doit être puissant, volontaire, et doit se comporter comme un maître, un seigneur. Il doit être animé d'un idéalisme qui le pousse toujours plus loin, toujours plus haut, socialement ou spirituellement. Vous êtes attirée par les hommes solaires, imposants et protecteurs. Le problème, c'est que les hommes que vous rencontrez ne sont jamais assez brillants, assez forts : votre idéal est inaccessible.

En effet, si le Lion est un signe où Mars a la possibilité d'exprimer tout son pouvoir de réalisation, d'action et de lutte, c'est aussi le signe où Mars est *exalté*. Autrement dit, votre immense exigence peut aussi bien être un moteur qu'un frein : aucune conquête ne peut apaiser votre ambition et votre soif de grandeur. Ainsi, il se peut que vous vous estimiez incapable de parvenir au degré de réalisation, d'action et d'autorité que vous espérez et que, par dépit, vous vous interdisiez d'agir, de combattre ou de réaliser quoi que ce soit. Ce qui trouvera une compensation dans les colères, l'insatisfaction et la tyrannie domestique... Seule issue de cette idéalisation excessive : revenir sur terre, admettre que malgré ses rêves et son idéalisme, l'homme restera toujours « humain, trop humain »... et qu'il s'agit pour vous d'accepter d'être imparfait dans un monde imparfait !

Jupiter ♃ en Lion ♌

C'est dans les postes de commandement et d'organisation que vous donnez le meilleur de vous-même. Si votre travail vous permet d'exprimer votre âme de chef, vous vous y épanouissez avec bonheur. La réussite sociale et matérielle doit être, selon vous, brillante ou rien ! Vous ne négligez pas les signes extérieurs de richesse, au contraire : l'important pour vous est de préserver l'image de marque, le standing (et si possible ses quartiers de noblesse) contre vents et marée. Vous avez une élégance innée, non exempte d'une certaine majesté, ni d'un orgueil certain. Vous avez quelque peu le sentiment que tout vous est dû en priorité, et qu'il est normal que l'on vous octroie la part du lion, précisément. Vous avez l'ambition de parvenir aux sommets de la hiérarchie et l'étoffe d'un grand patron. Dans les poste subalternes, vous dépérissez… et faites la loi à la maison !

Saturne ♄ en Lion ♌

L'image paternelle est celle d'un père autoritaire, pour ne pas dire tyrannique ! L'enfant le perçoit comme un censeur, qui fait obstacle à ses désirs, lui impose les siens et ne lui donne que le droit de faire ses devoirs et de bien se tenir.

Par la suite, l'ego se construit sur le refus de toute connotation Lion, c'est-à-dire sur le refus de l'autorité, qu'elle soit subie ou imposée : refus de diriger, de commander, de se présenter comme modèle (du type : faites comme moi, j'ai raison !) ; et sur le rejet de toute personne brillante, extravertie, organisatrice, autoritaire ; rejet, en somme, de tout « héros » sur lequel se modéliser…

Ce qui n'empêche pas cette personne d'être elle-même capable d'autorité, de dureté, d'intransigeance, d'intolérance.

Le jeu de projection se substituant du père au partenaire, cette personne aura tendance à rencontrer des partenaires énergiques, égocentriques et autoritaires – et surtout, à se montrer particulièrement sensible à la moindre parcelle d'autorité, même si elle n'est pas caractéristique.

Même si des problèmes objectifs apparaissent – problèmes relationnels, dans le couple comme dans le domaine professionnel –, ils font partie de l'économie personnelle du sujet : il se sent exister en étant en conflit contre quelqu'un qui, précisément, l'empêche d'exister.

Et ce, jusqu'à ce que l'ego soit suffisamment construit pour qu'il puisse lâcher ce refus et cesser ce jeu de projection sur l'Autre.

Notons un cas qui, bien que particulier, n'en est pas moins fréquent : celui du statut saturnien[1]. Dans ce cas, la personne identifiée à son Saturne en Lion se présentera comme volontaire et individualiste mais aura du mal, en pratique, à s'imposer, comme à se passer de l'autre. Elle se montrera en somme sous les traits d'une sorte de « faux Lion », se voulant autoritaire, mais manquant de crinière, de charisme et d'énergie spontanée pour commander ; le statut saturnien étant un masque, une défense, il ne peut s'investir des qualités solaires de rayonnement, de sûreté de soi et de joie de vivre. Cette personne aura un chemin à faire pour lâcher ses craintes, s'ouvrir au monde et, par là même, retrouver son Désir.

Ascendant en Lion ♌

Si votre signe solaire vous décrit comme versatile (Gémeaux), cérébral (Verseau) ou calculateur (Vierge), il est

1. Cf. p. 39.

probable que vous ne vous reconnaissiez que très épisodiquement. C'est que votre Ascendant Lion vous donne un comportement social, une attitude vis-à-vis des autres, une *personnalité*[1] Lion. On vous perçoit comme quelqu'un qui se place d'emblée au-dessus du commun des mortels. Certains y voient de la prétention, d'autres une noblesse naturelle. En tout cas, vous n'y pouvez rien ! C'est votre façon d'être spontanée. Votre qualité de présence ne passe pas inaperçue. Votre port est altier, vos gestes élégants ; vous dégagez une impression générale de fierté, de chaleur et de rayonnement ; vous inspirez confiance et sympathie malgré votre petit (?) air de supériorité. Très conscient de votre personne et du regard des autres, vous avez un sens aigu du ridicule et ne supportez ni l'indifférence, ni les railleries. Vexé, vos colères peuvent être terribles ! Vous aimez prendre de la place (la première si possible), à la manière de votre signe solaire (qui se trouve ici valorisé du fait que votre Ascendant se trouve en Lion et gouverné par le Soleil), vous imposer par votre capacité de réalisation, vous sentir reconnu pour vos créations ou vos qualités particulières. Du reste, vous avez de réels talents pour diriger, organiser et créer. Mais vous pouvez facilement chuter dans l'orgueil, le fanatisme ou la mythomanie, afflictions qui guettent les Lion déçus par la vie – ou par eux-mêmes.

Milieu-du-Ciel en Lion ♌

Quel que soit votre métier, vous l'abordez avec une âme de chef ! Vous avez le profil type du chef d'entreprise. Vous êtes ambitieux et votre priorité, dans votre travail, est d'être votre propre patron, quitte à tout faire vous-même, de la

1. De *persona*, masque.

comptabilité à la pub. Vous ne pouvez supporter le statut d'employé qu'à la condition d'être chargé de responsabilités, et idéalement de diriger un groupe de personnes. Vous avez un talent remarquable pour bien vous entourer, trouver les bons associés, les exécutants qui conviennent à votre projet. Mais vous gardez les rênes de l'entreprise, restez dans la position du décideur. Diriger, organiser, trouver de nouvelles idées d'expansion, conquérir de nouveaux marchés, évoluer dans le monde des affaires ou de la politique, voici qui vous convient.

L'art est également un domaine possible de réalisation, que ce soit en tant qu'artiste ou dans le commerce d'art. Sans oublier le monde du spectacle, qui est fait pour vous permettre d'y briller !

Typiquement, ce qui a été dit au paragraphe « le Lion et le travail » s'applique aussi ici, et particulièrement le type des métiers pour lesquels vous êtes fait ; mais pour être plus près de la vérité, il est indispensable de considérer votre signe solaire (le Soleil gouverne votre MC).

PORTRAIT ASTROLOGIQUE
DU SIGNE DE LA VIERGE

♍

Image symbolique

Une jeune femme, silencieuse et attentive, s'affaire ; discrète, infatigable, elle voit tout. Elle sait toujours quoi faire pour soigner, réparer, organiser le monde autour d'elle. Tout doit fonctionner à la perfection. C'est son rôle, elle est indispensable ; dans quel chaos va-t-elle sombrer si elle faillit à sa tâche ? Inquiète, elle ne connaît pas le repos. Son intelligence acérée analyse, compare, juge. Elle ne parle que de ce qu'elle voit et connaît ; sourit aux poètes, aux magiciens, aux artistes qui ne la distraient qu'un instant ; puis elle courbe sa nuque gracile sur son ouvrage.

Le bébé Vierge

Le nourrisson, satellite dépendant de sa mère, est plutôt défini par le signe de la Lune natale que par son signe solaire. À partir de l'âge d'un an environ, le bébé acquiert de plus en plus d'autonomie et commence à affirmer ses quatre volontés : c'est le stade de « l'enfant-roi ». Ce n'est qu'à ce moment-là, où il réalise que sa mère et lui forment deux entités séparées et où il cherche à se différencier d'elle, que le bébé « devient un Soleil » à part entière et qu'il adopte les caractéristiques de son signe solaire.

Soleil en Vierge	Environ du 23 août au 23 septembre
Sa fonction	Maîtriser les émotions pour gagner en ordre, en précision, en pureté et en perfection
Sa saison	L'été décline, la nature se dessèche, le grain se détache de l'épi : c'est le temps de la moisson, le temps de l'exigence, du retour aux réalités
Sa planète maîtresse	Mercure
Sa planète d'exil	Jupiter
Sa planète d'exaltation	Mercure
Sa planète de chute	Vénus
Son élément	La Terre
Sa polarité	Féminine
Correspondance physiologique	Les intestins, le côlon, le système nerveux
Sa couleur	Le gris
Ses fleurs	Le muguet, l'acacia, le narcisse
Son métal	Le platine
Ses pierres	Le jaspe, la tourmaline
Ses chiffres	6, 10, 14, 20, 27
Ses parfums	La jacinthe, la lavande
Son type caractérologique	Non émotif, actif, secondaire
Son tempérament	Nerveux[1]

1. Cf. le classique *Traité pratique d'astrologie* d'André Barbault pour aller plus loin.

Votre petit enfant Vierge est d'une grande sensibilité. Il a besoin de changement, de variation, de jeu, mais à l'intérieur d'un cadre sécurisant. Les habitudes, les horaires fixes, les règles sont autant d'éléments qui forgent un univers dans lequel il se sentira en sécurité ; il n'a pas forcément envie de câlins interminables, mais de soins vigilants, de présence et de disponibilité. Il mesure la place qu'il tient dans le cœur de ses parents par le degré d'attention, concrète et pratique, qu'ils lui témoignent au quotidien. Plus qu'un autre enfant, il se sent d'abord démuni, vulnérable ; mais son apparente fragilité cache en fait un fond de solidité qui se raffermira avec le temps. Vous devrez développer progressivement sa capacité d'autonomie et d'adaptation en le laissant parfois se débrouiller, trouver seul des solutions à ses problèmes. Il y gagnera en confiance en lui.

Le petit garçon et l'ado Vierge

Vous le verrez déborder d'inventivité et d'ingéniosité, et gagner en assurance. Passionné par tout ce qui peut exploiter ses qualités de logique et son habileté manuelle, par tout ce qui se monte et se démonte (les ordinateurs, les moteurs), ce qui se construit (le modélisme), ce qui demande réflexion et patience (jeux, échecs...), il aimera mieux faire marcher sa tête que s'adonner à un sport, surtout s'il est dangereux – il n'aime guère le risque, sauf s'il est calculé. Il sera serviable, attentif à se rendre utile. Collectionneur, il accumulera jalousement ses richesses, se passionnant pour les différentes versions d'un même objet. Devenu plus grand, il aura tendance à se montrer farouche, timide, voire solitaire ; se posant des questions sur tout, il aura plutôt un profil d'intellectuel ou de scientifique que de manuel ou de sportif.

Studieux, concentré, il n'aura aucun mal à être bon élève, et risque plutôt les moqueries, de la part de ses camarades, qui pourront lui reprocher son côté « premier de la classe » d'autant plus qu'il ne sera guère adepte des jeux bruyants ni des luttes.

La petite fille et l'adolescente Vierge

Sensible et délicate, elle montre aussi très tôt qu'elle a la tête sur les épaules. Attentive, observatrice, rien ne lui échappe ; son esprit fonctionne sans relâche, d'observations en déductions, de questions en analyses. Elle aime les objets miniatures, tout ce qui demande minutie et doigté ; elle engrange avec un soin jaloux les petites choses qui, déjà, ont un sens pour elle, rappellent une expérience ou évoquent une histoire. Inquiète et émotionnellement fragile, elle a un constant besoin d'être rassurée. Se rendre utile, participer aux tâches de la vie quotidienne, l'apaisent, la responsabilisent, et lui procurent une grande satisfaction. Le sens du service fait partie du tempérament Vierge ; il est particulièrement développé chez la fille du signe, qui peut dévouer sa vie à une activité humanitaire, médicale ou axée sur l'enseignement. Tout ce qui peut lui permettre d'utiliser son sens de la minutie, du détail et du perfectionnisme l'attirera – couture, bijoux, bricolage – ainsi que les livres, qui la fascineront très tôt. Active, intelligente et sérieuse, elle aura vite un esprit responsable et un sens pratique remarquable. Elle appréciera l'école, davantage par goût d'apprendre que par sociabilité.

La Vierge devenue adulte, quel est son comportement de surface ?

Dualité Vierge sage, Vierge folle

Comme tous les signes mutables[1] (les quatre signes transitoires entre deux saisons), le signe de la Vierge est difficile à saisir : pour en parler, il faut exposer ses oppositions, aborder son ambivalence, dire une chose et son contraire… tout en restant sur un même axe, dans un même registre.

Les mutables ont la caractéristique de se partager en deux facettes distinctes. C'est ce que l'on entend par *signes doubles*. Il ne s'agit pas de duplicité mais de dualité interne. Le mutable ne supporte pas d'être défini, délimité, classifié. De la même manière, il tient à sa liberté comme si sa vie en dépendait. Pourquoi ? Parce que sa fonction fondamentale est celle de l'échange – échange qui va prendre les caractéristiques du signe – et que cet échange, ce va-et-vient, demande une disponibilité et une mobilité constantes. Le propre du mutable est le *mouvement*, qui est sa seule condition pour s'adapter à l'instant. Tout entier dans l'*ici et maintenant*, toutes antennes sorties, il danse avec le mouvement de la vie.

À chacune de ces facettes correspond un type de situation et d'environnement. L'une a tendance à se vivre socialement, tandis que l'autre est le jardin secret – ou demeure purement fictive, fantasmée.

On la dit sérieuse, la voilà fantasque. Rationnelle, mais avec quel goût de l'absurde – et parfois, quelle superstition inavouée ! Serviable et humaine, certes, mais que de causticité

1. Cf. p. 20.

dans ses critiques ! Le type Vierge a deux visages et, comme la Lune, n'en montre qu'un. Pour débusquer l'autre, il faudra le surprendre, l'épier… ou le faire boire…

Sobre et dévouée…

La première facette est celle de « l'infirmière ». Serviable, dévouée, affectueuse, c'est l'oreille attentive, la *Vierge sage*, le bon copain que l'on appelle pour déboucher l'évier ou se débarrasser d'un virus informatique. Ou la voisine à qui l'on peut tout demander, y compris de venir vous faire un grog quand vous êtes malade. Bricoleur, technicien, soignant, il est très demandé… Mais le cordonnier est mal chaussé : chez lui, c'est le binz et ses chaussettes sont toutes trouées – ce qu'il ne remarque même pas. Il est si concerné par les autres, si heureux de se sentir utile qu'il sait mal poser les limites de sa disponibilité. Comme son endurance est grande, il faut vraiment abuser de sa gentillesse avant qu'il ne réagisse. À ce stade de saturation, il se ferme et ne s'occupe plus que de ses intérêts propres. Derrière le personnage sociable et dévoué, transparaissent alors une autonomie et une faculté de détachement remarquables – le plus souvent inconscientes ; c'est là qu'il puise la force nécessaire pour équilibrer ses relations.

solitaire indépendante…

La deuxième facette est celle – toujours en caricaturant – du « misanthrope ». Introverti (désintéressé ou désenchanté par la nature humaine), il ne se mêle pas aux autres, se tient résolument à part, vit en solitaire. Il passe le plus clair de son temps âprement concentré sur un travail de précision (si possible chez lui), une technique utilisant des outils pointus auxquels personne ne doit toucher ! C'est le type du méticuleux, rangé jusqu'à la maniaquerie, hyper-spécialisé dans le domaine qui le passionne. Mais quand ce misanthrope traverse une phase de perturbations et ne peut plus s'isoler (s'il traverse une crise d'identité ou s'il perd son travail...), il se met à sortir de sa tanière, à s'intégrer dans des groupes, à fréquenter des associations, à s'investir dans des communautés... bref, à se mélanger au monde, rejoignant par là sa première facette.

ou rebelle et débridée ?

Poussée à bout – ponctuellement par les événements, ou de façon récurrente par un thème natal dissonant –, la Vierge « misanthrope » prend le visage de la *Vierge folle*. À la limite de la provocation, irrespectueuse et choquante (Léo Ferré), sexuellement débridée – mais souvent célibataire –, elle se veut résolument marginale, critique. Toujours en réaction, révoltée, intentionnellement coupée d'un monde qu'elle rejette avec violence – la société, les institutions, les politiciens véreux, les avocats marrons, les hommes et leurs faiblesses, les femmes et leur rouerie... –, elle est redoutée pour ses railleries impitoyables. Tout y passe, jusqu'au protocole, aux élémentaires règles de bienséance : tout ce que, précisément, la Vierge sage respecte scrupuleusement. Dans cette attitude résolument subversive, elle n'est pas très éloignée d'un certain type de Scorpion[1]...

Un modèle de perfection : faites comme moi...

Voilà pour les attitudes comportementales, variées suivant les circonstances et les individus (c'est-à-dire leur thème personnel). On voit que la dialectique de la Vierge tourne

1. André Barbault fait le rapprochement de ces deux signes dans son très didactique *Traité pratique d'astrologie*.

autour d'un impératif, parfois transgressé : celui du contrôle. Parlons maintenant de ce qui la motive plus profondément.

Dans le cycle du zodiaque, la phase de la Vierge représente l'étape la plus aboutie de la croissance ; elle précède donc le déclin énergétique qui s'amorce avec la Balance. La diminution progressive de l'énergie vitale (activité extérieure) permet la croissance de la conscience (activité intérieure). C'est cette dualité énergie/conscience qui est inscrite dans la roue de la vie[1]. La graine, semée au Capricorne, neuf mois plus tôt, germée au Bélier en mars, a connu sa plénitude sous le feu estival du Lion, pour se détacher de l'épi en septembre : c'est le temps de la moisson, le temps de la Vierge à la faucille.

L'énergie vitale lentement se retire, et avec elle les émotions, les passions et les sentiments ; il faut maintenant laisser la place à l'intelligence de l'esprit, au contrôle de la raison, à la compréhension de la nature et de ses lois. De fait, la Vierge ne s'intéresse guère à ses performances physiques, mais grandes sont l'acuité et la rigueur de son intelligence. Elle est animée par l'exigence de perfection. Cent fois sur le métier remettez votre ouvrage… Voilà la Vierge : industrieuse, scrupuleuse, infatigable fourmi qui veut toujours bien faire, mieux faire, et perfectionner encore, appréhender le réel au plus près. Peut-être suit-elle, sans le savoir, cette injonction mystérieuse : après elle, il ne sera plus temps de parfaire ; avec la Balance qui la suit s'ouvre le monde de l'intériorité. Chaque signe faisant une brusque virevolte par rapport au précédent, la Vierge stoppe net les élans égocentriques d'auto-affirmation du Lion : humble, lucide, précise, elle est l'esclave de son autocritique, de son implacable exigence. Après le Lion qui a cherché à repousser

1. Zodiaque vient du grec *zôon* (être vivant).

les limites de l'ego, la Vierge cherche à reconnaître les limites de la condition humaine.

Mais comme toute qualité a son revers, elle couve derrière son humilité une certitude parfois crispante : c'est qu'il n'y a qu'une seule façon de bien faire, la sienne !... Elle se pose ainsi comme modèle de perfection... De fait, son discernement, son bon sens et son esprit pratique sont tels qu'elle a souvent raison – et qu'effectivement, sa façon de faire est la bonne. Avant d'adopter une idée, elle l'aura testée, vérifiée et contrôlée ; une technique aura été apprise dans les règles et éprouvée par le menu, de façon systématique. La Vierge est naturellement douée pour comprendre les mécanismes, qu'ils soient vivants ou pas : elle met son intuition au service de sa logique. Le médecin Vierge a le sens du geste juste au bon moment, et l'intuition du diagnostic. Le chercheur aura de fulgurantes inspirations, dues à son intelligence intime des lois de la vie et du monde. Il passera ensuite des nuits blanches à mettre ses hypothèses à l'épreuve, pour finalement les démontrer. Il n'est pas théoricien mais homme de terrain : une idée n'est intéressante que preuves à l'appui, fournies par l'expérience et par le sacro-saint travail.

Discrètement indispensable

La Vierge n'a guère le goût du pouvoir, et n'a naturellement d'autre ambition que d'être le plus efficace possible. Il arrive ainsi qu'elle exerce dans l'ombre son influence, travaillant sans relâche à l'organisation et à la réglementation, sans pour autant accéder à un poste dirigeant, qu'elle ne brigue pas. Fondamentalement, elle sait que sa fonction est de préserver la vie (le médecin est l'archétype Vierge) et de faire en sorte que les outils et les systèmes fonctionnent (l'administrateur, le technicien). Se sentir utile lui est indispensable, se sentir irremplaçable est sa jubilation. Si la Vierge devait nourrir quelque orgueil, ce serait celui-là : d'être parvenue au niveau suffisant de savoir-faire et de maîtrise pour tenir un rôle unique. Même chez le solitaire, le « misanthrope », il ne peut exister plus grande satisfaction que celle d'être partie d'un tout, maillon indispensable de la chaîne humaine. Mais cette conscience (du désir) d'être relié ne survient pas spontanément ; chez la Vierge, dominent d'abord le sentiment, et l'angoisse, d'être à part, exclue.

L'univers de l'infiniment petit

La Vierge est le signe du détail. Après le regard synthétique du Lion, elle pose celui de l'analyse. Son goût du détail l'entraîne souvent à s'y perdre et l'empêche de prendre du recul pour analyser une situation dans sa totalité. Elle se passionne pour les miniatures, les automates, les techniques de précision, l'électronique, la physique de l'atome et la vie des fourmis. À l'opposé du Poissons nageant dans un océan illimité, et parfois dans une certaine confusion, la Vierge cadre, limite, délimite, classe, ordonne et réglemente. Avec cet impératif constant que la raison doit gouverner les sentiments, ce qui est à la base de sa personnalité.

La Vierge et l'amour

Concentrant tous ses efforts dans le contrôle de ses instincts et la maîtrise de ses émotions, on conçoit que la question des relations affectives et intimes soit un sujet qui rend notre Vierge perplexe. Là encore, elle est ambivalente et insaisissable. De tempérament, le type Vierge est nerveux, inquiet et timide. Il craint tout autant d'être repoussé que d'être accueilli : le voici pris dans un étau de craintes et de désirs contradictoires. Raffiné, exigeant et sensible, il ne tombe pas facilement amoureux – c'est, avec le Capricorne, le signe chez qui l'on trouve le plus de célibataires – et tient à préserver une certaine solitude. Peu expansif, pudique et introverti, il craint de ne pas trouver facilement l'être qui saura le débusquer sans le brusquer, le comprendre sans l'étouffer, respecter sa distance sans cesser de l'aimer. Il craint aussi de ne pas être à la hauteur, de ne pouvoir correspondre à une image de séduction… Il n'est pas sûr de lui. Faire le premier pas lui demande souvent un effort considérable. Mais se faire courtiser le fait tout autant paniquer…

Une fois les différentes barrières franchies, notre Vierge se révèle un compagnon irremplaçable. Attentif, compréhensif, il se sent responsable de ceux qu'il aime et se met en quatre pour leur rendre la vie agréable – surtout Madame Vierge. Sa confiance gagnée avec le temps, il apprend progressivement (mais pas toujours !) à exprimer ses sentiments. Pour lui, l'amour passe moins par de grandes déclarations que par des preuves d'amour, des actes quotidiens (surtout Monsieur Vierge), la fidélité et le don de soi.

Vénus, planète de l'amour, est *en chute*[1] en Vierge. D'où sa difficulté à s'abandonner à ses émotions et à ses désirs ; d'où aussi les fantasmes qu'il nourrit : c'est une partie de lui-même qu'il ne contrôle pas autant qu'il le voudrait. Le type Vierge, débarrassé de ses inhibitions, peut être un amant débridé !

La femme Vierge

Vous pouvez lui confier les yeux fermés la clé de votre maison, la gestion de votre comptabilité ou l'éducation de

1. *Domicile, exil, exaltation et chute :* il s'agit là des *dignités* des planètes, autrement dit de leurs correspondances avec les signes. Dans le thème natal, une planète dans son signe d'exil n'a pas la même signification que dans son domicile.

vos enfants : consciencieuse, irréprochable, elle a grand besoin de se sentir utile et d'être appréciée pour son travail. Elle pense à tout, prévoit tout, observe tout dans les moindres détails. Très soucieuse de son image de respectabilité, elle cache ses émotions et sa sensibilité sous des airs convenables, une équanimité de bon ton. Pourtant, l'on perçoit particulièrement chez la femme Vierge la dualité propre au signe. Derrière ses bonnes manières et son air raisonnable et froidement rationnel, transparaît la « Vierge folle », capable de jeter son bonnet par-dessus les moulins, et de lâcher cet hyper-contrôle auquel, d'ordinaire, elle tient tant. Certaines sont même franchement identifiées à ce personnage subversif et se promènent volontiers dans les tenues les plus extravagantes, affichant un anticonformisme grinçant, et ne dévoilant qu'aux stricts intimes leur jardin de douceur, de raison et de sagesse.

À condition d'incarner son Soleil, elle exprimera les qualités propres à son signe ; tandis que si elle projette ce Soleil en Vierge sur son mari, par exemple[1], elle aura plutôt tendance à s'identifier à sa Lune, ou à son Saturne natal. On ne retrouvera dans ce cas quasiment aucune des caractéristiques de la Vierge dans sa personnalité.

Santé de la Vierge

Chez toute Vierge qui se respecte, l'armoire à pharmacie est une affaire sérieuse : prête à combattre toute affection, toute attaque microbienne, toute carence et tout malaise, elle est classée et tenue à jour. La Vierge n'est jamais à court des médicaments qu'elle utilise régulièrement, et qui lui procurent un indispensable sentiment de sécurité. De fait, la

---

1. Cf. p. 39.

Vierge prend les microbes et les maladies très au sérieux et ne lésine pas sur les posologies. Cette attitude inquiète et assez hypocondriaque trahit un sentiment de fragilité : réfugiée dans le mental et souvent coupée de son corps, elle ne fait pas confiance à son organisme pour se défendre par lui-même. Il y a tout un apprentissage à faire dans ce sens, pour récupérer sa propre capacité de guérison.

La Vierge et le travail

Vierge et Travail sont indissociables : elle est en constante activité. Précise, efficace, silencieuse, organisée, elle égrène les tâches sans relâche. De la même façon qu'elle peut se perdre dans le détail, la Vierge a souvent du mal à prendre suffisamment de recul pour concevoir un projet de vie propre : souvent, elle vit dans l'injonction de l'instant, dans le court terme, faisant « ce qu'il y a à faire », avec un dévouement qui peut friser l'abnégation. Elle se sent rarement assez libre pour poursuivre ses propres ambitions (elle trouve cela égoïste) – surtout s'il s'agit d'une femme, attachée aux obligations familiales. Nous ne sommes plus au temps du Lion et de l'épanouissement sans limites de l'ego : nous sommes au temps du service : la Vierge ne s'appartient pas, elle est consciente de lois, de règles qui dépassent l'individu, et auxquelles elle doit se soumettre pour l'équilibre général. Son plaisir est dans la perfection de son travail, sa jubilation dans la reconnaissance, aux deux sens du terme.

La Vierge est douée pour exécuter et adapter plutôt que concevoir et diriger. Elle a peu d'attirance pour les hautes sphères du pouvoir et préfère le statut d'employé (le travail dans la fonction publique lui est très adapté). Déterminer, contrôler et appliquer des règles permettant une meilleure fonctionnalité, tel est le rôle de la Vierge. Cela peut s'appliquer à la recherche scientifique comme à la médecine ou à l'administration. L'objectif de la Vierge est le contrôle de la matière par l'intelligence organisée, en vue d'une socialisation rationnelle. En somme, l'important n'est pas qu'elle grimpe les échelons de la réussite, mais que le monde tourne rond et qu'elle participe à cette priorité.

Ses capacités et ses goûts l'orientent vers :

– le domaine de la santé, du paramédical, de l'hygiène, de la diététique, de l'assainissement, de l'écologie… ;

– les métiers de service, le social ;

– l'enseignement, l'alphabétisation, la littérature ;

– l'organisation, la gestion, le travail administratif, la comptabilité, les travaux de contrôle et d'inspection ;

– le domaine scientifique et notamment la recherche ;

– et tous les métiers liés à une technique, à un savoir-faire concret : de l'artisanat à l'ingénierie, en passant par la mécanique, l'électronique, l'informatique, les métiers de précision ou les métiers artistiques utilisant une technique pointue (miniature, modélisme).

La Vierge et l'argent

Jupiter, planète de la réussite et de l'argent, se trouve *en exil* dans le signe de la Vierge, ce qui explique qu'ils soient dépréciés et rejetés. La Vierge juge la réussite coupable et l'argent vulgaire. De plus, elle ne se sent pas le droit d'y accéder : c'est pour les autres. Si, par hasard (par héritage, éventuellement), elle se trouve riche, elle ne changera pas ses habitudes et n'en fera pas étalage. La recherche d'une certaine forme de pureté est essentielle : avec le même acharnement qu'elle chasse les microbes et refuse les tentations, elle évite les chemins qui pourraient la corrompre, par la facilité, l'orgueil ou le luxe. La Vierge est vertueuse…

Soleil en Vierge, combiné à douze Ascendants

Vierge Ascendant Bélier

Vous n'avez rien de la Vierge typique : franc, direct, frondeur, vous avez un comportement chaleureux et autoritaire. Plein d'énergie, vous avez le goût du risque et du défi, et l'on vous prendrait presque pour un aventurier (ou un don Juan) si, en même temps, ne perçaient vos véritables intentions, qui sont beaucoup plus en rapport avec la Vierge qu'avec le Bélier. Autrement dit, votre Ascendant vous donne les armes dont manque votre Soleil pour vous affirmer dans la vie. Vous n'avez aucune difficulté pour vous mettre en avant : vous êtes décidé et savez remuer ciel et terre pour parvenir à vos fins... qui sont probablement plus modestes qu'on ne pourrait le croire. Votre capacité de travail est impressionnante, et vous avez fondamentalement un esprit de service : vous avez avant tout besoin de vous savoir utile, d'avoir votre fonction au sein d'un organisme. La fonction publique et les métiers de la santé vous tendent les bras. Côté couple, vous êtes attiré par les personnes civilisées, sociables et raffinées. Votre *alter ego* est la Balance. Les signes occupés par Mercure et Mars dans votre thème enrichiront et affineront ce portrait.

Vierge Ascendant Taureau

Vous êtes un bourreau de travail ! À tel point qu'une fois lancé, vous pouvez en perdre la notion de plaisir... passagèrement, car très vite votre nature sensuelle reprend le dessus. Votre amour de la nature, en particulier, vous pousse à dételer régulièrement pour aller marcher en forêt, ce qui est votre grand plaisir. Vous êtes doublement terrien : autrement dit, un réaliste, réservé et doué d'un solide bon sens. En amour comme en affaires, vous n'avez pas besoin d'hésiter longtemps pour prendre une décision : vous mettez en balance les considérations matérielles, pratiques et sociales, laissant aux âmes plus romanesques les grands principes, les interrogations métaphysiques et autres élans du cœur (pas assez fiables). Peu impressionné par les exaltés et les ambitieux, vous respectez les travailleurs, les modestes aux horizons plus limités mais à la moralité aussi solide que la santé. Bien que plutôt indépendant et assez peu disponible pour autrui, vous êtes cependant attiré par les personnes entières, profondes et volontaires avec lesquelles vous cherchez une relation intense et durable. Votre *alter ego* est le Scorpion. Les signes occupés par Mercure et Vénus dans votre thème enrichiront et affineront ce portrait.

Vierge Ascendant Gémeaux

Vous êtes un cérébral cent pour cent ! La vie, pour vous, ne se touche pas, elle se pense, elle se parle, elle se partage. Votre petit vélo mental ne connaît pas de repos et vous-même êtes plutôt quelqu'un d'agité. L'humour est votre plus grande qualité, avec votre intelligence et votre fantaisie : votre Ascendant fait nettement pencher la Vierge du côté débridé fantasque, ce qui ne vous empêche pas d'être aussi Vierge sage à vos heures. D'ailleurs, vos humeurs sont très changeantes : si l'on vous connaît sous votre jour sociable et comique, on ne se doute pas que vous pouvez aussi être un ermite inapprochable le lendemain. Impossible de vous suivre – d'ailleurs, vous avez du mal aussi. Vous recherchez un partenaire qui vous apprendra quelque chose, une relation qui vous enrichira intellectuellement, vous ouvrira des horizons. Votre *alter ego* est le Sagittaire. Le signe occupé par Mercure dans votre thème enrichira et affinera ce portrait.

Vierge Ascendant Cancer

Vous êtes une personne douce, sensible et humaine. Votre mental actif se doublant d'une imagination fertile, votre riche vie intérieure constitue votre refuge contre les rigueurs du dehors. Vous donnez l'image de quelqu'un de timide, introverti, observateur. Du reste, vous éprouvez un constant besoin de sécurité. Vous ne vous confiez qu'à un petit nombre d'intimes (et encore). Votre personnalité complexe et ambiguë se divise entre une nature artiste, imaginative, romantique et une vision de la vie plutôt rationnelle et pragmatique. Vous êtes également partagé entre un tempérament tendre, protecteur et attachant et un caractère indépendant, solitaire, plaçant les vertus de l'intelligence au-dessus des sentiments. De ce fait, vous pouvez passer d'un comportement humain et sensible à des réactions froides et rigides. Les conventions sociales, les habitudes familiales représentent pour vous des repères solides auxquels vous n'aimez pas déroger. Vous êtes attiré par les personnes intègres, responsables et solides, et recherchez une relation fidèle et profonde. Votre *alter ego* est le Capricorne. Les signes occupés par Mercure et la Lune dans votre thème enrichiront et affineront ce portrait.

Vierge Ascendant Lion

Vous êtes ce que l'on appelle une forte personnalité : vous disposez de nombreux atouts pour vous affirmer et réaliser ce qui vous tient à cœur dans la vie. Le premier est votre charisme et votre (apparente) confiance en vous. Vous vous imposez comme quelqu'un de volontaire, décidé et directif. Vous vous efforcez de masquer votre intime sentiment d'insécurité par une attitude critique ou autoritaire, voire une certaine dureté. Votre second atout est un redoutable sens de l'organisation et de la stratégie. Vous savez utiliser votre intelligence, votre sens pratique et votre logique au service de votre ambition. L'esprit de service naturel chez la Vierge est chez vous assez masqué, et ne se dévoile peut-être que dans l'intimité : vous êtes dévoué et généreux pour celui que vous aimez. Cette personne sera de préférence intelligente, originale et idéaliste. Vous ne concevez une relation que dans le respect de la liberté et de l'indépendance. Votre *alter ego* est le Verseau. L'Ascendant en Lion donne un poids supplémentaire à votre signe zodiacal : vous êtes très Vierge. Le signe occupé par Mercure dans votre thème enrichira et affinera ce portrait.

Vierge Ascendant Vierge

Lorsque l'Ascendant se trouve dans le même signe, ou dans le signe suivant le signe solaire, il se présente deux cas de figure : le Soleil se trouve au-dessus[1] de l'horizon – ou en dessous. Seul un astrologue peut vous le dire, mais si le Soleil natal se trouve dans le premier décan (ou le second), et l'Ascendant dans le second (ou le dernier), autrement dit après le Soleil, vous pouvez être sûr que votre Soleil se trouve au-dessus de l'horizon, c'est-à-dire dans la Maison XII. Dans ce cas, les caractéristiques propres au signe solaire sont assez masquées au départ et ne se révéleront qu'à travers un véritable chemin de vie initiatique. Dans le cas contraire, le Soleil se trouve dans la Maison I, ce qui rajoute au signe natal une forte valeur solaire (comparable à un côté Lion pour simplifier).

1. Cf. définition p. 27.

Dans les deux cas, l'Ascendant ne change pas : en Vierge, il vous confère un comportement social complètement cohérent avec votre vision du monde et votre désir profond. Vous apparaissez tel que vous êtes : modeste, attentif, travailleur. Votre vie tourne autour du travail et vous ne vous laissez pas un instant de repos. D'une efficacité hors pair, vous gérez, classez, réparez et prévoyez sans relâche : une vraie fourmi ! Avec ses petites manies… Vous êtes animé par une sincère volonté de bien faire, d'être fiable au point d'être irréprochable, ce qui vous rend rapidement indispensable à ceux qui vous entourent. Malgré votre modestie naturelle et votre côté vertueux, tout votre orgueil se place dans ce statut de pilier, de collaborateur modèle ou de conjoint irremplaçable. Il ne s'agit pas de vous reléguer à la seconde place… Au travail comme ailleurs, vous donnez le meilleur de vous-même et ne lésinez pas sur les heures sup', l'important étant la qualité du travail achevé et non le temps passé. Vous n'avez qu'une devise : faire ce qui doit être fait. Les autres considérations passent après. Dans le couple, vous cherchez cette dimension de poésie et d'insouciance que vous ne vous autorisez pas à vivre, bien que vous soyez vous-même capable de « crises » de loufoquerie de Vierge folle, à la grande surprise de votre entourage. Votre *alter ego* est le Poissons. Le signe occupé par Mercure dans votre thème enrichira et affinera ce portrait.

Vierge Ascendant Balance

Le paragraphe précédent, sous « Vierge Ascendant Vierge » vous concerne : dans votre thème natal, le Soleil peut se trouver en Maison XII[1] : dans ce cas, les caractéristiques

1. Voir p. 432. Pour les détails, voir p. 28-33.

propres à la Vierge ne sont pas très marquées (et parfois totalement masquées) avant un certain stade de votre évolution personnelle ; tant que le processus évolutif n'est pas enclenché (grâce à un travail de développement personnel, de type psychothérapie), les potentialités peuvent rester endormies, à l'état virtuel : vous avez une seconde naissance à vivre.

Vous êtes quelqu'un de discret et de raffiné. Cela peut aller de la sensibilité artistique au maniérisme mondain, en passant par un esprit porté à la philosophie, épris de culture et d'esthétisme. Votre goût du Beau et de l'harmonie peut parfois vous pousser à privilégier l'apparence, l'enveloppe superficielle aux dépens de son contenu, et l'élégance d'une attitude plutôt que la sincérité d'une attention. Mais votre sens du discernement vous rappelle toujours à l'ordre et votre intelligence se met au service de votre sensibilité. Vous êtes partagé entre un tempérament sociable, ouvert, communicatif, et un côté plus solitaire, porté au travail, soucieux d'efficacité. Dans le couple, vous êtes attiré par des personnes dynamiques, énergiques et indépendantes. Votre *alter ego* est le Bélier. Les signes occupés par Mercure et Vénus dans votre thème enrichiront et affineront ce portrait.

Vierge Ascendant Scorpion

Vous êtes travailleur, ambitieux et solitaire. Votre sociabilité est limitée à un petit cercle d'intimes fidèles avec lesquels vous ne partagez que le minimum. Vous vous présentez comme quelqu'un de farouche et secret, exigeant, difficile à satisfaire. Professionnellement, vous êtes redouté à cause de votre puissance de travail, de votre ambition et surtout de l'opacité de votre caractère, de votre manière de ne pas vous mêler aux autres. Vous êtes intelligent, perspicace et intuitif, et vous disposez de remarquables capacités pour approfondir, analyser, trouver les ressorts intimes des choses et des êtres ; vous avez un esprit scientifique. Pour calmer vos inquiétudes, vous respectez des habitudes, de petits rituels quotidiens qui vous sécurisent, mais rendent la cohabitation délicate ; vous n'aimez pas partager votre intimité, mais ferez peut-être une exception pour quelqu'un de bienveillant, sain et solide qui vous sécurisera. Votre *alter ego* est le Taureau. Les signes occupés par Mercure et Mars dans votre thème enrichiront et affineront ce portrait.

Vierge Ascendant Sagittaire

Votre personnalité complexe est riche de contradictions. Vous apparaissez comme quelqu'un de chaleureux, enthousiaste et sûr de soi, malgré une certaine gaucherie. Vous vous lancez volontiers des défis qui sont autant d'aventures, au même titre que les voyages, qui vous passionnent. Cela vous met parfois dans des situations difficiles, car vous avez aussi besoin de sécurité et de tranquillité. En fait, vous êtes partagé entre deux énergies opposées que vous tentez d'harmoniser. Professionnellement, vous êtes aussi ambitieux que dévoué, mais il est probable que vous choisissiez un métier sans risque, dans la fonction publique, par exemple (l'enseignement vous va comme un gant), plutôt qu'une situation indépendante. Ainsi vous mettrez votre dynamisme au service d'une mission qui dépasse votre intérêt personnel, ce qui vous correspond. Malgré un côté plutôt vertueux en apparence, respectueux des formes et des usages, vous savez envoyer les convenances par-dessus les moulins et laisser libre cours à votre sens de la fête ou à votre nature amoureuse passionnée. Vous êtes attiré par les personnes juvéniles, drôles et subtiles. Votre *alter ego* est le Gémeaux. Les signes occupés par Mercure et Jupiter dans votre thème enrichiront et affineront ce portrait.

Vierge Ascendant Capricorne

Vous êtes tellement sérieux que vous devez certainement donner le change par un humour absurde ou caustique dont vous êtes la première cible. Vous pouvez être un vrai pitre, et c'est tant mieux : cela vous sert de soupape, pour ne pas vous sentir écrasé par le poids des responsabilités, de votre implacable lucidité et de votre pessimisme tenace. Cette disposition d'esprit austère vous a donné très tôt le sens des réalités et des priorités, et ôté la plupart de vos illusions. Mais elle vous a aussi éloigné de vos semblables, pour lesquels vous avez développé un sens critique sévère. Vous n'aimeriez certainement pas être jugé par votre double ! Vous devrez apprendre la bienveillance à l'égard d'autrui et l'indulgence envers vous-même : votre excès d'exigence est la garantie d'un professionnalisme hors pair, mais aussi d'une solitude qui vous sert d'inconfortable refuge. Le couple peut vous apporter un certain apaisement, à condition que vous acceptiez l'autre tel qu'il est. Vous êtes attiré par les personnes sensibles et protectrices et recherchez une relation durable et fidèle. Votre *alter ego* est le Cancer. Les signes occupés par Mercure et Saturne dans votre thème enrichiront et affineront ce portrait.

Vierge Ascendant Verseau

Vous êtes quelqu'un de spécial, inclassable, difficile à cerner. D'apparence, vous êtes sociable, plein d'esprit, et ne manquez ni de fantaisie ni d'humour ; amical, entouré, vous préservez cependant toujours votre indépendance, votre jardin secret auquel personne (sauf exception) n'a accès. Vous êtes sans cesse partagé entre ce besoin des autres et ce goût pour la solitude, entre votre côté « public » et votre côté privé, entre un idéalisme fraternel et un égoïsme foncier.

Vous êtes attiré par les sciences humaines, les activités humanitaires ou visant à améliorer la condition humaine (le médical, le paramédical, le social...), mais aussi par la technique, la technologie, la programmation informatique... En couple, vous êtes attiré par les personnages dégageant chaleur, force et rayonnement ; le couple, pour vous, doit allier le respect à la loyauté et élever votre statut social. Votre *alter ego* est le Lion. Les signes occupés par Mercure et Saturne dans votre thème enrichiront et affineront ce portrait.

Vierge Ascendant Poissons

Vous êtes quelqu'un d'effacé, de sensible et de profondément serviable. Votre difficulté tient aux limites que vous devez apprendre à poser (et à doser) dans vos rapports avec les autres pour ne pas vous perdre dans cette attitude « penchée » de sollicitude et de disponibilité. Toutefois, c'est aussi votre manière de vous relier aux autres. En dehors de cette attitude généreuse de compassion et d'accueil, votre tempérament passif et réservé peut facilement vous conduire à la solitude et à l'amertume. Les autres pourraient vous donner davantage spontanément si vous exprimiez plus clairement vos souhaits et vos manques ; une réserve excessive peut en effet vous enfermer dans le silence. Professionnellement, vous pouvez connaître les mêmes frustrations, dues à une trop grande passivité et à une confiance en soi trop fragile. Vous avez pourtant des talents intéressants combinant l'intuition avec la rigueur, l'inspiration artistique avec la logique ; les disciplines utilisant les deux cerveaux (comme l'astrologie !) vous tendent les bras. Côté cœur, vous êtes attiré par les personnes qui vous ressemblent, sensibles et discrètes. Votre *alter ego* est la Vierge. Les signes occupés par Mercure et Jupiter dans votre thème enrichiront et affineront ce portrait.

Planètes, Ascendant et Milieu-du-Ciel en Vierge

Lune ☾ en Vierge ♍

Le signe de la Vierge n'est pas une demeure confortable pour la Lune : difficile pour le bébé, pour l'enfant que l'on a été et qui vit encore en soi. Cet enfant, toujours inquiet, éprouve le besoin permanent d'être rassuré par une vie réglée. Chaque événement doit être prévu, organisé, se répéter à heures fixes. Rien ne doit être laissé au hasard. Plus tard, persiste ce besoin compulsif d'ordre, de régularité, de routine rassurante, de cadre. La mère d'une personne Lune Vierge a souvent des caractéristiques Vierge ; les soins qu'elle a prodigués à son enfant compensaient le manque de chaleur par l'efficacité.

Le tempérament est nerveux, les émotions inhibées. Toute la problématique pour l'adulte sera d'apprendre à laisser aller ses émotions, à préserver le contact avec le corps, ses rythmes et ses besoins. Les émotions, du reste, sont réduites, immédiatement filtrées par le mental, jugées, disciplinées. Tout ce qui est du domaine de la nourriture et de la santé est scrupuleusement étudié, et respecté : la préoccupation pour le corps est intellectuelle, comme s'il s'agissait de cadrer l'anarchie des émotions et des pathologies dans une suite de règles et de besoins répertoriés. Cette inhibition du ressenti se traduit souvent par des troubles intestinaux et une constitution plutôt fragile.

Le statut de dépendance est perçu comme inconfortable : s'abandonner, relâcher toutes ses défenses physiques et émotionnelles, c'est prendre un risque que la Lune Vierge n'est pas prête à accepter spontanément : il lui faudra apprivoiser cet état. De même, pour une femme, la grossesse, puis le pouponnage, ne sont pas d'emblée faciles à vivre. La maternité peut donner lieu à des troubles de santé ; la fécondité est plutôt faible *a priori*. Les enfants sont plus faciles à élever dès lors qu'ils savent se *contrôler*.

L'homme dont la Lune se trouve en Vierge a besoin d'une femme qui le rassure et corresponde à son image de vertu, de discrétion et de dévouement. Vamp s'abstenir !

Une fois réconciliée avec elle-même, cette Lune Vierge présente de remarquables dons pour soigner, notamment grâce aux connaissances emmagasinées (sa mémoire est excellente). La diététique, les plantes et les médecines naturelles peuvent la passionner. Se rendre utile est son plaisir et son talent : elle sait immédiatement quoi faire, quand et comment. Son sens pratique, sa capacité d'organisation et sa prévoyance lui permettent de gérer efficacement les affaires de la maison.

Ajoutons que la Lune Vierge est très attirée par les natifs du signe.

Mercure ☿ en Vierge ♍

En Vierge, Mercure est « chez lui » : autant dire qu'il s'agit là d'une position brillante pour l'intelligence analytique, la faculté de discernement et de déduction. L'esprit est résolument scientifique, le raisonnement systématique : à la recherche de la vérité objective dans toute sa pureté, il ne se fie qu'à ce qui est démontré, observé, vérifié et contrôlé, préférant à l'intuition des Poissons (son signe opposé) les vertus du Travail et de la Rigueur intellectuelle. D'où son plus grand défaut : un solide scepticisme, qui peut limiter les horizons de sa curiosité.

L'intelligence est donc fine, le don d'observation supérieur et la logique implacable. N'essayez pas d'avoir un avis différent de celui d'un Mercure Vierge, ou bien venez documents et preuves à l'appui (en citant vos sources). Cette capacité de discernement s'accompagne bien sûr d'un impitoyable sens critique ; bien que la Vierge ne soit pas, à proprement parler, un polémiste, ce signe possède la rigidité de son élément (la Terre), qui ressort dès qu'il s'agit de mettre en doute le bien-fondé de sa pensée (qui est du reste toujours remarquablement étayée). Si un Mercure Vierge est sensible à l'humour (surtout absurde), c'est à peu près la seule souplesse d'esprit que l'on puisse lui reconnaître... Qu'on se le dise : il a *toujours* raison.

Côté communication, il est sélectif dans ses relations et ses conversations : il ne s'exprimera qu'en présence d'un interlocuteur dont il jugera l'érudition, l'intelligence ou la finesse d'esprit suffisantes. Non par complexe de supériorité, mais plutôt par simple souci d'économie. Sa jubilation, on s'en doute, est de partager ses connaissances et le produit de ses recherches avec un petit groupe de personnes réunies autour des mêmes intérêts intellectuels, ou du même savoir-faire.

Vénus ♀ en Vierge ♍

L'image que l'on a de soi, avec une Vénus Vierge, est celle de quelqu'un de discret, convenable, serviable et pratique. Les corrélations sont nombreuses entre une Lune Vierge[1] et une Vénus Vierge : ces deux planètes qui concernent l'intimité (l'émotion et le sentiment) ne sont pas à l'aise dans ce signe mental, qui vise au contrôle, à la maîtrise et à l'ordre. Vénus en Vierge refoule le sentiment, ou plutôt la sentimentalité. À peine nés, les élans affectueux sont passés au crible : sont-ils justifiés, raisonnables, qu'en dira-t-on, est-ce convenable ? Toutes ces questions sont toujours en

1. Cf. p. 218.

filigrane, ce qui bride la spontanéité et peut, à la longue et dans les cas extrêmes, assécher le cœur.

Mais au départ, il s'agit surtout de contrôle et de pudeur. Le fantasme (inavouable) d'une Vénus Vierge (tout particulièrement chez une femme, puisque Vénus représente la sexualité féminine) serait de laisser déborder cet amour et ces élans réprimés, dans une débauche sentimentale et sexuelle. Fantasme qui parfois – dans certains accès de Vierge folle – se vit à la faveur de circonstances inhabituelles ou d'excès d'alcool, suscitant ensuite une culpabilité persistante (sauf s'il s'agit d'une parenthèse soigneusement cloisonnée avec la vie ordinaire).

L'homme chez qui Vénus se trouve dans ce signe recherchera un type de femme abritant cette dualité sainte/amante, épouse/maîtresse : de comportement serviable, dévoué, attentif, montrant plus d'efficacité que de tendresse (l'infirmière), et réprimant avec plus ou moins de succès sa sensualité. Lui-même fonctionnera aussi de cette façon en amour.

Mars ♂ en Vierge ♍

En Vierge, Mars possède essentiellement deux outils, deux armes : la première est la technique, la seconde est le travail. La force d'un Mars Vierge ne résidera ni dans ses muscles ni dans sa combativité, mais dans son intelligence et son sens de la stratégie. Voici David, face à Goliath ! Ingénieux (bricoleur), calculateur et efficace dans ses raisonnements, il tisse soigneusement sa toile, tend ses pièges, agit de façon froide et systématique. Il peut y avoir un certain sadisme dans ce Mars où l'énergie agressive est maîtrisée et mentalisée, coupée de son élan instinctif et émotionnel. Devant une difficulté, Mars Vierge ne s'affole jamais. Il pose les termes de la question, estimant qu'un problème bien posé est à moitié résolu, puis l'étudie méthodiquement.

La volonté de Mars Vierge passe par sa capacité de concentration, de travail et de discipline. Les besoins intimes, les appétits émotionnels et d'une façon générale toutes les considérations non rationnelles sont négligés. La volonté ne rencontre donc aucun obstacle ; en revanche, la Vierge étant un signe mutable, elle peut changer d'orientation pour s'adapter à de nouvelles circonstances extérieures.

Pour une femme, l'image de l'homme est celle-là. Un homme intelligent, réaliste, discret, méticuleux, possédant un solide sens pratique, un esprit rationnel (souvent un intérêt pour les sciences, la médecine ou l'informatique) et un sens critique aiguisé. Gros bras s'abstenir…

Jupiter ♃ en Vierge ♍

Vous n'avez pas votre pareil pour exécuter des tâches minutieuses, demandant méthode, organisation et rigueur. Pour ce faire, vous préférez rester dans les coulisses plutôt qu'être sur le devant de la scène ; pour vous, la réussite professionnelle compte davantage que la réussite sociale ou matérielle. D'ailleurs vous jugez l'appât du gain vulgaire et l'ambition indécente s'il ne s'agit que de satisfaire l'ego. Au fond, vous êtes un puriste, pour ne pas dire un puritain du travail ! Vous excellez dans les situations où il est question d'appliquer un savoir-faire technique, de réparer, de soigner, de secourir (domaines de la santé notamment) ou d'être responsable de l'intendance, de toute l'infrastructure qui permet à une entreprise de fonctionner, par exemple.

Saturne ♄ en Vierge ♍

L'image paternelle est celle d'un père privilégiant le travail bien fait aux ambitions personnelles ou matérielles, respectueux des usages, du protocole et des bonnes manières, incarnant la modestie et le sens de l'autocritique.

L'ego se construit sur le refus des contraintes, et notamment des petites contraintes quotidiennes, répétitives (gestion de l'intendance…) : la personne se sent exister lorsqu'elle s'oppose à cela ; faire ses comptes, respecter une bonne hygiène de vie, tenir le frigo plein, comparer les prix au marché, s'organiser… Elle critique tout cela vigoureusement ; pour elle, s'y soumettre, c'est démissionner !

Même si des problèmes objectifs apparaissent – mauvaise gestion, désordre domestique, petits soucis de santé –, ils font partie de l'économie personnelle du sujet, jusqu'à ce que l'ego soit suffisamment construit pour qu'il puisse lâcher ce refus et s'ouvrir à tout ce qu'elle refusait auparavant.

Notons un cas qui, bien que particulier, n'en est pas moins fréquent : celui du statut saturnien[1]. Dans ce cas, la personne identifiée à son Saturne en Vierge se montrera au contraire sous un jour irréprochable, respectueuse de la hiérarchie, extrêmement timide et introvertie, n'osant jamais se mettre en valeur, prendre des risques ou s'endetter. Elle se montrera en somme sous les traits d'une sorte de « fausse Vierge », se voulant parfaite et vertueuse, hypermaniaque, pliant son linge au cordeau et faisant son lit au carré, organisant sa vie sur de petits rituels rigoureusement suivis, mais manquant de simplicité et d'authenticité ; le statut saturnien étant un masque, une défense, il ne peut s'investir des qualités solaires de rayonnement, de sûreté de soi et de joie de vivre. Cette personne aura un chemin à faire pour lâcher ses *craintes*, s'ouvrir au monde et, par là même, retrouver son Désir.

---

1. Cf. p. 39.

Ascendant en Vierge ♍

Si votre signe solaire vous décrit comme versatile (Gémeaux), intuitif (Poissons) ou impétueux (Bélier), il est probable que vous ne vous reconnaissiez que très épisodiquement. C'est que votre Ascendant Vierge vous donne un comportement social, une attitude vis-à-vis des autres, une *personnalité*[1] Vierge. On vous perçoit avant tout comme quelqu'un de sérieux, plutôt en retrait, observateur. Il se dégage de vous une certaine tension nerveuse, que vous cherchez à calmer dans une activité incessante. Vos gestes sont vifs, précis, efficaces. Vous parlez peu, et toujours d'autre chose que de vous-même – le plus souvent de sujets pratiques ou techniques. Votre respect de la vie privée est si aigu que vous ne pouvez vous empêcher d'imposer une distance de bon ton, qui décourage certains d'aller vers vous. Vous vous cantonnez le plus souvent aux civilités et gardez vos préoccupations personnelles pour vous, pensant que l'humanité se porterait mieux si tout le monde en faisait autant. Même vos proches ont le plus grand mal à percer votre réserve : votre apparence est le plus souvent lisse et convenable, et ce n'est qu'avec les années et un travail sur vous-même que vous parvenez à vous détendre, à lâcher prise et à parler de vous sans inhibition.

Ce comportement « en creux » ne vous aide guère à sortir du rang et à vous affirmer socialement. Du reste, cette difficulté traduit votre ambiguïté : d'un côté, vous n'osez pas vous mettre en avant ; de l'autre, vous êtes intimement persuadé de votre savoir-faire, de la valeur de vos connaissances, de l'efficacité de vos techniques, et trouvez extraordinaire de n'être pas mieux reconnu. Timoré (ou orgueilleux ?), vous

1. De *persona*, masque.

attendez que l'on vienne vous chercher. En attendant, vous bossez comme un beau diable : vous placez au premier rang des vertus l'équation Travail = Utilité. La vie peut-elle avoir un sens pour quelqu'un qui n'a pas trouvé son utilité ? Pas pour vous. Soigner, réparer, purifier, expliquer, enseigner, organiser, comptabiliser, consigner, contrôler, prévoir, faire en sorte que les choses fonctionnent, rendre service, voilà qui vous procure cet indispensable sentiment de satisfaction et d'apaisement.

À noter que le signe de Mercure (gouverneur de la Vierge, donc de votre Ascendant) dans votre thème donnera des indications supplémentaires sur votre comportement social et la façon dont les autres vous perçoivent.

Milieu-du-Ciel en Vierge ♍

Quel que soit votre métier, vous l'abordez avec sérieux : vous êtes ponctuel, fiable et méticuleux. Vous savez vous organiser, gérer au mieux votre temps. Cela fait de vous un collaborateur modèle. Vous avez besoin de régularité, de sécurité et d'outils exactement adaptés à votre fonction. Vous avez développé des compétences techniques qui nécessitent un appareillage sophistiqué. À cela correspond la notion de spécialisation, typique de la Vierge toujours en quête de perfection.

Si vos compétences vous assurent la reconnaissance de vos employeurs et le respect de vos pairs, vous n'en demandez pas plus. Vous aimez l'idée que l'on vous fasse confiance, que l'on compte sur vous et vous laissez peu de prise au hasard. Vous préférez les situations subalternes et le fonctionnariat par souci de tranquillité.

Il est possible que vous ayez deux métiers. Plusieurs domaines s'offrent à vous, depuis les métiers de la santé jusqu'aux métiers de service, en passant par l'ingénierie, la mécanique, les métiers de précision, la gestion ou le secrétariat. Ne négligeons pas le domaine artistique (dans la mesure où l'expression artistique exige la maîtrise d'outils techniques) ni celui de l'écologie. Typiquement, ce qui a été dit au paragraphe « la Vierge et le travail » s'applique aussi ici ; mais pour être plus près de la vérité, il est indispensable de considérer le signe occupé par Mercure dans votre thème (il gouverne votre MC). Dans votre cas, l'interprétation donnée pour le « Milieu-du-Ciel en Balance » par exemple, si Mercure est en Balance, comptera tout autant que celle-ci.

PORTRAIT ASTROLOGIQUE
DU SIGNE DE LA BALANCE

♎

Image symbolique

Un danseur marche sur le fil d'un rasoir. Il n'a pas le droit à l'erreur, il doit trouver l'équilibre. Il est gracieux, il rayonne et reste droit ; l'intransigeance, par instants, jette un voile sévère sur son visage. Pour lui, tout ne doit être qu'« ordre et beauté ». Il laisse le « luxe et la volupté » au Taureau, autre vénusien. Pourtant lui seul sait faire régner l'harmonie autour de lui, apaiser, accueillir. Il connaît son rôle, qui est de faire respecter l'égalité entre les hommes, de préserver l'équilibre de l'univers.

Le bébé Balance

Le nourrisson, satellite dépendant de sa mère, est plutôt défini par le signe de la Lune natale que par son signe solaire. À partir de l'âge d'un an environ, le bébé acquiert de plus en plus d'autonomie et commence à affirmer ses quatre volontés : c'est le stade de « l'enfant-roi ». Ce n'est qu'à ce moment-là, où il réalise que sa mère et lui forment deux entités séparées et où il cherche à se différencier d'elle, que le bébé « devient un Soleil » à part entière et qu'il adopte les caractéristiques de son signe solaire.

Votre enfant est une bonne nature, sociable, toujours prête à se réjouir et à s'amuser, heureuse tant qu'elle se sent entourée, appréciée. À tel point que la solitude est vite ressentie par cet enfant comme un acte d'abandon, un rejet insupportable – c'est la seule chose qui puisse affecter ce tempérament optimiste et plein de vie. De caractère souple et facile, il est particulièrement sensible aux marques d'affection, à l'amitié des autres enfants, à l'approbation des parents, à l'harmonie ambiante. C'est une graine d'artiste : donnez-lui l'occasion d'explorer sa créativité ! Le dessin, la danse, la musique sont des moyens d'expression tout indiqués.

Le petit garçon et l'ado Balance

La Balance est un signe masculin – d'où son côté actif, créatif, entreprenant. Pourtant, les planètes masculines – le Soleil et Mars – ne sont pas en affinité avec ce signe vénusien, artiste, pacifiste, tout en rondeur et en raffinement. D'où le caractère conciliant du petit garçon et son peu de goût pour les bagarres et les sports violents, son tempérament plutôt paisible et délicat. Se forcer à faire quelque chose de désagréable est tout particulièrement contrariant pour le natif de la Balance… Mais justement, la pratique des sports de combat et notamment des arts martiaux peut être une excellente école pour lui apprendre à faire davantage confiance à sa force, à maîtriser ses émotions et à élaborer des stratégies de défense face à un partenaire. La confrontation est en effet une épreuve pour le petit Balance, qui fait tout pour aplanir les difficultés, éviter le conflit et faire bonne figure, même s'il n'en pense pas moins…

Soleil en Balance	Entre le 23 septembre et le 23 octobre environ
Sa fonction	Rétablir équilibre et justice
Sa saison	Le début de l'automne ; les jours s'équilibrent avec les nuits
Sa planète maîtresse	Vénus
Sa planète d'exil	Mars
Sa planète d'exaltation	Saturne
Sa planète de chute	Soleil
Son élément	L'Air
Sa polarité	Masculine
Correspondance physiologique	Les reins, la vessie
Sa couleur	Les pastels, le gris
Ses fleurs	La rose et le lis
Son métal	Le cuivre
Sa pierre	Le diamant
Ses chiffres	2, 7, 8, 15, 16, 19
Son parfum	La rose
Deux types caractérologiques en fonction du thème natal	Émotif, actif, primaire (sanguin) ou non émotif, actif, secondaire (nerveux)
Deux tempéraments	Sentimental ; sanguin extraverti ou nerveux introverti[1]

1. Cf. le classique *Traité pratique d'astrologie* d'André Barbault pour aller plus loin.

La petite fille et l'adolescente Balance

Pleine de vivacité et de charme, elle fera le ravissement de son entourage et de sa famille – et se rendra vite compte de son pouvoir de séduction, qu'elle risque d'exploiter à l'envi ! Ici, il y aura un juste milieu à trouver pour ne pas qu'elle abuse de ses talents de séductrice et de manipulatrice, sans pour autant contrarier brutalement sa nature en la faisant trop douter d'elle-même : si elle se sent rejetée, si son charme devient inopérant, elle en sera profondément meurtrie et en perdra confiance en soi.

La Balance a le goût des plaisirs. En revanche, toute notion d'effort ou de contrainte représente une réelle souffrance, contre-nature ! C'est avec tact et diplomatie que vous devrez lui enseigner à prendre sur elle-même, à tenir compte des devoirs et des obligations, à ne pas se préoccuper uniquement de détente et de jeu.

Car elle possède au plus profond d'elle-même un respect profond pour la loi, la règle, la limite ; sans repère, elle peut perdre tout respect de l'autorité et ne plus se préoccuper que de ses envies et de son confort immédiat. Le besoin de plaire est une caractéristique-clé de son caractère, qui est à la fois une faiblesse – elle a tendance à trop se conformer à ce qu'on attend d'elle – et une force – elle sait tenir compte des autres, de leur sensibilité, de leurs besoins, et fera ce qui est en son pouvoir pour leur être agréable.

La Balance devenue adulte, quel est son comportement de surface ?

Séduire !

C'est Vénus en personne à qui vous avez affaire. Comment lui résister ? C'est plus fort qu'elle : il faut qu'elle plaise. Regard accueillant, sourire charmant, elle sait trouver l'équilibre subtil pour charmer sans s'imposer, aller vers les autres tout en préservant une distance de bon aloi et toujours rester à l'écoute, toutes antennes dehors.

Vénus : non pas la Vénus charnelle du Taureau terrien, mais une Vénus aérienne, presque éthérée, aux allures élégantes, aux gestes raffinés. La silhouette soulignée d'étoffes nobles, enveloppée de matières soyeuses aux tons discrets, la pure Balance est un modèle de distinction. Elle a l'art, par-dessus tout, de marier harmonieusement les contraires, ce qui lui donne ce sens esthétique si caractéristique. Saupoudrez d'un peu de Feu (une Lune en Bélier, un Ascendant Lion…) et vous aurez l'affriolante Lolita aux accessoires tintinnabulants, le Prince charmant au cœur noble ; humectez d'Eau (une Vénus en Scorpion, une Lune en Poissons…) et vous aurez la geisha voluptueuse à la séduction incomparable, le don Juan impénitent à la douceur enjôleuse… La Terre la rend plus discrète, l'Air plus joueuse…

Un être de relations

Pourquoi séduire ? Parce qu'il est fondamental pour une Balance qu'elle se sente acceptée. L'indifférence la glace, l'exclusion la blesse profondément. Elle fera d'ailleurs souvent de l'exclusion un cheval de bataille. Elle prend à l'Air – son élément – son tempérament mobile, disponible, ouvert sur l'extérieur, tourné vers les échanges humains, les rencontres, le partage : elle est éminemment sociable. Les autres sont sa nourriture, son miroir. De l'Autre, elle apprend qui elle est.

Si personne ne m'appelle par mon nom, qui suis-je ? – dit-elle.

À mi-chemin entre la camaraderie du Gémeaux et la fraternité du Verseau (ses cousins signes d'Air), la dynamique de la Balance est de s'intégrer dans le groupe humain et d'y apporter la concorde et l'harmonie. Son besoin d'appartenance est immense ; rien ne la met plus en joie que de rassembler des amis (et l'acception est large) autour d'une fête : il ne peut y avoir de joie qu'ensemble (la solitude lui apporte d'autres satisfactions). *Ensemble* est jubilatoire.

La séduction est l'une de ses armes, la première, pour s'intégrer dans la communauté humaine.

Outre son apparence attrayante, elle séduit par son amabilité : toujours disponible et dévouée, elle est appréciée pour son tact et sa diplomatie. Elle jouera à merveille le rôle de médiateur dans un conflit, tant par ses qualités d'écoute et de délicatesse que par son impartialité et son esprit de justice. Certains prendront – à tort – sa bonté et son dévouement pour de la faiblesse ; ils apprendront vite que la Balance n'a d'influençable que l'apparence, et que sa malléabilité vénusienne n'affecte que les couches superficielles de sa personnalité.

L'importance du regard de l'Autre

Comment séduire, se faire accepter, ou mieux, se faire aimer, comment vivre ainsi *penché* vers l'Autre, pour reprendre l'expression de Paule Salomon[1] ? En lui laissant le choix de décider, d'imposer, de juger (pour mettre une Balance au supplice, demandez-lui de faire un choix sans lui faire part de votre avis sur la question). Risquer de déplaire, d'aller à l'encontre de l'opinion générale, voilà qui lui est des plus inconfortable. Quant à risquer la critique, la mise au ban, l'exclusion – quelle punition ! Non que la Balance manque de personnalité ou d'opinions : elles sont, au contraire, clai-

1. In *La Sainte Folie du couple*, Albin Michel (1994).

res et tranchées, au plus secret d'elle-même. Mais elle ne l'avouera que contrainte et forcée. Spontanément, la décision et le choix lui sont difficiles.

Choisir, c'est exclure

Choisir, c'est aller à l'encontre de sa dynamique profonde, qui est de concilier. Elle est parfaite pour trouver la solution chèvre-chou qui arrangera tout le monde et préservera toutes les possibilités ouvertes : dans cet art difficile, elle excelle. Le choix, pour elle, se classe dans la même catégorie d'épreuves que l'engagement dans une profession déterminée ou l'aversion pour une personne : dans la catégorie de ce qui ferme, de ce qui rejette, de ce qui limite. Ce n'est qu'avec une profonde répugnance que la Balance en viendra à ces extrémités. Si son choix ou sa décision doit la couper des autres, elle s'abstiendra, préférant demeurer dans une transition inconfortable mais préférable à l'hostilité de ses semblables. En ce qui concerne le choix de sa profession, elle suivra volontiers ce que son milieu attend d'elle (ou les traces de son conjoint) et aura le plus grand mal à s'en démarquer.

Aversion pour les extrêmes

Dans le même ordre d'idée, la Balance avide de complétude appréhende toute opinion tranchée, toute passion exclusive, toute forme d'extrémisme avec malaise : elle en perçoit le caractère parcellaire et imparfait. La forme de vérité qu'elle porte en elle est le mariage alchimique du blanc et du noir, du jour et de la nuit ; aucune vérité ne peut être atteinte si les aspects opposés d'une même question ne sont pas confrontés.

D'où cette caractéristique Balance à rechercher le juste milieu, à concilier les contraires et, dans un même registre, à entendre la voix de chacun, à défendre les opprimés et les laissés-pour-compte, à se faire l'apôtre de la non-violence (Gandhi).

La Balance exile Mars le guerrier[1]

La non-violence est une injonction pour la Balance (comme pour le Taureau, du reste) : le type Balance se définit comme un pacifiste qui ne supporte ni l'agressivité, ni la grossièreté, ni toute forme de déchaînement pulsionnel. Son sentiment d'identité est directement lié au refus de son agressivité et à sa projection au-dehors (ce sont les autres qui sont agressifs). Pour un homme, cela pose le problème de sa virilité : l'homme Balance ne se sent pas viril et refuse de l'être. La masculinité a chez lui le sens d'une vertu morale et spirituelle : être un homme, c'est tenir en équilibre sur la voie du milieu, mince corde tendue au-dessus du gouffre des passions. Pour une femme, c'est l'inverse : s'identifiant à ses vertus vénusiennes de féminité, elle recherchera en l'Autre ce qu'elle rejette en elle-même, autrement dit un homme viril, décidé, énergique et passionné. Pour les deux, cela rend problématiques la décision, la prise de risque, le passage à l'acte – qui sont tout autant du ressort de l'énergique Mars…

Balance, trône de Vénus : Ordre et Beauté

L'identité du signe est fondée sur le sentiment et sur l'union. La Balance se définit comme un être pétri d'émo-

1. Cf. p. 25.

tions, vibrant de sentiments et sensible, par-dessus tout, à la beauté des choses comme à la dysharmonie. Elle nourrit vis-à-vis de la beauté, du monde de l'art et de l'expression artistique un lien intime : l'art est son médiateur privilégié pour accomplir sa mission baudelairienne…

Être de partage, elle utilise le ressenti, l'émotion esthétique, la sensibilité romantique comme terrains d'échange : son mode de vie idéal serait une communauté paisible axée autour de la recherche artistique et respectant spontanément une éthique basée sur l'équité… et l'indépendance d'esprit.

La Balance et l'amour

Balance, signe du sentiment et du partage, gouverné par Vénus, planète de l'amour : c'est, par excellence, le signe de l'union. L'Autre est la moitié qui lui manque pour exister tout à fait. Seule, elle est amputée de cette moitié d'elle-même, sa vie n'a pas de sens (croit-elle). Elle existe par le fait même que l'Autre soit présent, la regarde et valide ainsi son existence. Son « Je » devient très rapidement un « Nous » lorsqu'elle entretient une relation, et toute rupture la remet intimement en question et lui cause une souffrance profonde.

Si je n'arrête le regard de personne, qui suis-je ?, dit Vénus.

La quête, souvent, est éperdue : l'avidité de séduire en aveugle la finalité même. Ne désirant froisser personne, elle pourra faire traîner indéfiniment une relation qui a perdu toute raison d'être, attendant que l'Autre prenne l'initiative de rompre. De la même façon, elle aura la plus grande peine, entre deux amours, à faire son choix (entre les deux, son cœur balance…), ne pouvant se résoudre à en perdre aucun. Certains Scorpion et autres Lion exclusifs et passionnés ne pourront comprendre son cœur d'artichaut et sa façon de l'émietter ainsi à tous les vents. La Balance a le cœur large et préfère donner et prendre un peu à chacun, consciente qu'un seul être ne peut combler toutes nos attentes. Mais le plus souvent, Saturne – on le verra un peu plus loin – impose ses limites et fait de la Balance séductrice une amoureuse fidèle, toujours très disponible néanmoins pour ses amis, sa famille… et ses « ex » !

Romantique, attentionnée et conciliante, elle sera une compagne agréable, légère et optimiste, des plus faciles à vivre – jusqu'à un certain point : la Balance n'est pas aussi souple qu'il paraît.

La femme Balance

C'est une sentimentale. Le charme et la séduction sont chez elle des dons du ciel dont elle use et abuse. Elle est gracieuse, attirante, discrète et (presque) toujours de bonne humeur. Sensible et psychologue, elle devine les états d'âme et les secrets de chacun en restant attentive à tous. Tour à tour tendre complice ou conseillère habile, elle est à la fois l'écoute attentive et la parole rassurante. La vie au quotidien est un délice à condition qu'elle se sente constamment rassurée : « on m'aime, donc je suis ». Le couple et l'amour tiennent le premier rang de ses priorités. Elle croit à l'union idéale et éternelle – ce qui ne l'empêche pas d'avoir peur de l'engagement et de tenir *mordicus* à sa liberté. Mettre les gens en relation, s'assurer que l'harmonie règne autour d'elle, venir en aide à ceux qui ont besoin d'elle, tels sont ses principaux talents. Éprise de justice et d'égalité, elle prendra volontiers la défense des défavorisés et des exclus. La diplomatie et le respect d'autrui sont les qualités les plus appréciées chez elle, qui compensent une certaine indécision. Si vous voulez séduire une Balance, montrez-vous plein d'égards et ne la brusquez pas. Soignez votre apparence et laissez s'exprimer votre fibre romantique !

À condition d'incarner son Soleil, elle exprimera les qualités propres à son signe ; tandis que si elle projette ce Soleil en Balance sur son mari, par exemple[1], elle aura plutôt tendance à s'identifier à sa Lune, ou à son Saturne natal. On ne retrouvera dans ce cas quasiment aucune des caractéristiques de la Balance dans sa personnalité.

Un signe masculin

Bien qu'identifiée à la douce Vénus et exilant le guerrier Mars, la Balance est pourtant un signe masculin[2]... Cette caractéristique yang se manifeste par le fait que derrière ce personnage aérien, séduisant et sentimental, transparaît un inconscient tout différent. On devine, par-delà la gentillesse et la tolérance Balance, un fond moins engageant. C'est ici que nous abordons le côté « pile » du signe.

« L'ambi-balance »

On distingue deux types de Balance, suivant la dominante du thème : à dominante « chaude », on trouve le Sanguin extraverti, le bon vivant à l'enthousiasme communicatif, l'artiste, l'amoureux typé par Vénus. À dominante « froide », on trouve le Nerveux introverti, aux appétits disciplinés et réduits, tourné vers la méditation et le détachement : c'est le sage, le philosophe ou l'homme de science typé par Saturne. Dans certains cas, les deux types coexistent alternativement.

---

1. Cf. p. 39.
2. Voir les éléments p. 20.

Mesure, pondération, détachement

La tendance saturnienne existe chez toute Balance, mais sera plus inhibée chez le type vénusien. Cependant la polarité masculine du signe rend l'inhibition aléatoire : il est assez facile de percevoir, chez la Balance la plus douce et la plus aimable, ce noyau dur formé par Saturne. Il transparaît tout d'abord par le côté raisonnable de la Balance : elle ne prend jamais une décision à chaud mais tient compte de l'ordre et de la morale établis, de l'avis des uns et des autres, des considérations matérielles, des dangers encourus (elle n'aime guère le risque).

Il est plus visible encore lorsque la morale est en jeu. Ici, l'on touche à la partie sacrée de l'esprit Balance : on ne badine pas avec la question du droit et de la justice, qui fondent son idéal…

Le dessous des cartes

Mais ce noyau dur s'exprime avec une brutalité inattendue lorsque la Balance se sent agressée, en danger, à bout d'arguments et de ressources. Dans ce cas, elle sort ses armes et l'on est surpris de quitter l'univers feutré de Vénus pour se retrouver devant une hydre à trois têtes, armée jusqu'aux dents : le Soleil (autoritarisme), Mars (violence) et Saturne (jugement implacable) qui forment ensemble les aspects moins visibles de la douce Balance. Acculée, elle (se) découvre des défenses (et des ressources) surprenantes de violence dans le langage, de froid calcul, d'intransigeance et de rigidité morale. L'être sensible et éthéré tient à présent des propos d'une totale rationalité, inflige des arguments imparables avec une colère glaciale et fait mouche à tous les coups…

Où se cachaient donc jusqu'ici ces guerriers terribles ? En temps normal, la toute-puissance demeure au stade de fantasme discret[1], l'agressivité est une tare qui ne concerne que les autres[2] et, en somme, il n'y a pas plus tolérant qu'elle[3]. Quant à Saturne[4], il représente son idéal.

Sa mission est d'ordre éthique

Quelle est la motivation de la Balance ? L'harmonie. Mais sa plus haute motivation ? Semer la graine d'une conscience éthique. Car c'est finalement le moyen le plus radical pour que le monde tienne en équilibre. Le but ultime de la Balance est d'ordre humanitaire. Pas seulement pour sauver les malheureux (comme le ferait une Vierge, un Poissons), mais pour faire respecter la Loi fondamentale selon laquelle le monde peut et doit grandir en justice et en droit, et les hommes en humanité.

La Balance et le travail

La Balance est une idéaliste. Son travail doit avoir une finalité qui sert la collectivité. L'artiste vénusien, qui crée seul dans son atelier, n'est pas coupé du monde (même s'il ne le sait pas clairement !). Il répond à une injonction, il est missionné, il crée au nom des autres, il porte l'âme du monde. Quelque chose en lui sait que son art est la recherche, l'interrogation et l'aspiration de chaque être humain. Il porte la Beauté à bout de bras.

Le saturnien austère, l'industrieux avare de ses plaisirs et de ses divertissements, cherche lui aussi, mais en d'autres sphères, l'étincelle d'esprit, la source d'amour dont l'humanité est assoiffée.

---

1. Le Soleil est en chute en Balance, voir note p. 254.
2. Exil de Mars.
3. Trône de Vénus.
4. Exaltation de Saturne.

La Balance n'a pas besoin d'avoir conscience de ce qui l'anime pour remplir sa mission : ordre et beauté... Instinctivement, elle sait que l'univers est construit sur des *harmoniques*[1] ; elle possède le talent de les découvrir et de les transmettre, de par sa seule qualité d'être.

Plusieurs voies s'offrent à elles :

– celles, tout d'abord, qui lui permettent de jouer un rôle dans l'organisation de la collectivité : magistrature, politique, humanitaire...

– celles qui comblent son besoin de relations : les métiers de médiation notamment, lui sont tout attribués ;

– les voies artistiques et liées, d'une façon ou d'une autre, au monde de l'art ; le stylisme, la peinture... La Balance sera plus attirée par le côté esthétique, harmonieux de l'art que par l'expression d'un imaginaire tourmenté ; ou bien elle s'intéressera à la manière de rendre harmonieuse une dysharmonie. La danse est son domaine privilégié.

La Balance et l'argent

Ce n'est pas un domaine d'intérêt particulier pour ce signe, sinon pour satisfaire son goût des belles choses (et notamment des œuvres d'art, des vêtements élégants ou des bijoux), son sens du confort et sa générosité naturelle (faire des cadeaux, inviter ses amis...). Gagner de l'argent n'est donc pas sa priorité dans la vie : l'argent arrive, ou non, en résultat de son travail, lui-même choisi en fonction de ses goûts, de ses aspirations ou de ses idéaux. Mais c'est une notion secondaire.

La Balance n'a guère tendance à compter, encore moins à économiser : elle serait plutôt une cigale qu'une fourmi – du

1. Le nombre d'or, par exemple.

moins dans sa jeunesse. L'expérience de la vie a tôt fait de la lester d'un plus grand sens des responsabilités matérielles et de la gestion…

Santé de la Balance

Quoique peu athlétique, plus enclin au confort et au plaisir qu'à l'effort, ce signe jouit plutôt d'une bonne constitution et d'une assez bonne résistance. Il s'inquiète peu pour sa santé mais respecte spontanément une alimentation équilibrée et une bonne hygiène de vie : l'excès n'est pas dans sa nature et il lui est important de préserver un corps harmonieux – pas question de se laisser aller et de ne plus ressembler à rien ! Cette importance de l'image est parfois tellement développée qu'elle pousse certains à suivre des régimes draconiens, voire dans les cas extrêmes à sombrer dans l'anorexie ; rester mince est une priorité !

Chaque signe correspondant à une partie du corps, la Tradition place la Balance au niveau des reins et de l'appareil urinaire, qui sont ses points sensibles ; attention aux infections urinaires et aux calculs rénaux, maux typiques du signe.

Soleil en Balance, combiné à douze Ascendants

Balance Ascendant Bélier

Malgré votre idéal d'harmonie et de pacifisme, vous vous comportez spontanément comme quelqu'un d'entier, de carré, de combatif. L'irrésolution ou la diplomatie Balance ne transparaissent guère : décidé, direct, vous vous souciez moins de plaire que d'obtenir ce que vous voulez. Contrairement à la Balance typique, vous êtes quelqu'un d'entreprenant, d'actif et de sportif : la dépense musculaire, tout comme les coups de gueule, font partie de votre équilibre. Au fond, vous avez une âme de chevalier, prêt à affronter mille périls pour délivrer la belle princesse. Votre idéal reste Balance, mais les moyens que vous employez pour l'atteindre ou l'imposer sont Bélier (son opposé) : efficaces et musclés ! Vous avez tendance à projeter vos caractéristiques Balance sur la personne qui partage votre vie ; c'est souvent quelqu'un de sage, de tolérant, idéaliste et moralement exigeant. Votre *alter ego* est la Balance. Les signes occupés par Vénus et Mars dans votre thème enrichiront et affineront ce portrait.

Balance Ascendant Taureau

Vous êtes né sous l'étoile de Vénus qui gouverne les arts, la beauté et l'amour. Votre comportement terrien, pragmatique et réaliste laisse peu deviner votre dimension idéaliste, ou lui donne des contours concrets en termes d'organisation et de moyens : vous n'êtes pas un doux rêveur. En revanche, vous êtes un pur pacifiste – du moins, c'est ce que vous affichez : vous avez une sainte horreur du conflit et des drames, et vous aimez qu'autour de vous tout ne soit que luxe, calme et volupté. Cela ne vous empêche pas de manifester une intolérance rigide et brutale lorsque vos limites sont atteintes : bien qu'affable et arrangeant, vous êtes loin d'être mou et savez très bien ce que vous voulez. Dans le couple, vous êtes attiré par les personnes entières, exclusives et passionnées, dégageant force et vitalité. La dimension érotique du couple est très importante pour vous. Votre *alter ego* est le Scorpion. Le signe occupé par Vénus dans votre thème enrichira et affinera ce portrait.

Balance Ascendant Gémeaux

Vous appartenez définitivement à l'élément Air : vous êtes quelqu'un de cérébral, et d'éminemment sociable. Vous avez besoin de contacts, d'échanges, vous vous nourrissez de rencontres. L'île déserte n'est pas pour vous : vous vous épanouissez dans un environnement très habité, plutôt urbain, et dans un métier où les contacts humains sont prioritaires. L'Air vous rend léger : adaptable, disponible, souple, vous êtes aussi quelqu'un de drôle, de fantaisiste, de créatif. L'art, l'humanitaire et tout ce qui touche à la communication vous attirent ; inversement, votre difficulté majeure est souvent d'entrer dans un cadre, de vous imposer une discipline à long terme. Vous avez trop besoin de vivre l'instant, d'être disponible à ce qui se passe. Dans le couple, vous recherchez une relation libre, sans entraves, et pas forcément à long terme : vous avez soif de rencontres et de renouveau. La relation doit vous enrichir intérieurement, vous apprendre du nouveau, vous faire découvrir des aspects du monde qui vous sont étrangers. Votre *alter ego* est le Sagittaire. Les signes occupés par Vénus et Mercure dans votre thème enrichiront et affineront ce portrait.

Balance Ascendant Cancer

Vous êtes un artiste. Sensible, romantique, poète, vous trouvez la vie un peu trop brutale et abrasive à votre goût ; l'art est un moyen de vous évader à l'intérieur de vous-même. Vous êtes sociable, tendre et protecteur : vous avez besoin des autres. Le sentiment de rejet ou d'exclusion vous est insupportable, d'où vos efforts pour être accepté et aimé, votre générosité et votre bienveillance. D'où, également, votre timidité et votre prudence au premier abord : vous avez besoin de vous sentir en confiance pour vous détendre et vous livrer, et cela demande du temps. Malgré tout, vous avez aussi un côté sauvage et solitaire, qui se manifeste surtout lorsque vous êtes blessé ou en difficulté.

Dans ce cas, vous pouvez surprendre tout le monde par votre intolérance, voire votre brutalité. L'agressivité est quelque chose de difficile à gérer pour vous : vous la rejetez, ou bien elle vous submerge. Dans le couple, vous êtes attiré par les personnes responsables, sérieuses, solides. Votre *alter ego* est le Capricorne. Les signes occupés par Vénus et la Lune dans votre thème enrichiront et affineront ce portrait.

Balance Ascendant Lion

Vous êtes farci de contradictions et vous avez parfois du mal à vous y retrouver. Vous vous présentez comme quelqu'un d'autoritaire, dégageant un puissant rayonnement, se posant comme un chef, un grand organisateur en quelque sorte. Mais vous ne vous sentez pas à l'aise avec ces qualités : elles sont en contradiction avec votre vision idéale du monde, plutôt égalitaire, tolérante, impartiale. Vous êtes donc un chef qui rêve d'un monde sans chef. Cela ne vous empêche pas d'être perçu (et apprécié) comme quelqu'un de chaleureux, généreux et ouvert, ce qui vous enchante car l'opinion d'autrui vous importe grandement. Votre sens esthétique et vos qualités artistiques sont développées et c'est dans ce domaine que vous vous épanouissez le mieux. Dans le couple, vous recherchez une relation basée sur l'amitié et la liberté ; les personnes idéalistes, originales, voire marginales, vous attirent. Votre *alter ego* est le Verseau. L'Ascendant en Lion donne un poids supplémentaire au signe solaire. Le signe occupé par Vénus dans votre thème enrichira et affinera ce portrait.

Balance Ascendant Vierge

Vous êtes quelqu'un de modeste et d'objectif. Vous ne vous mettez pas en avant : vous préférez l'efficacité discrète. Votre réalisme ne vous empêche pas de croire en la nature humaine et de vous montrer compréhensif et tolérant. Mais ce comportement est davantage dicté par un respect éthique de la personne humaine que par une réelle empathie. Certaines âmes plus sensibles vous reprochent peut-être d'agir plus avec votre tête qu'avec votre cœur. Vous faites de cette qualité une vertu : l'émotion est un terrain glissant sur lequel vous ne vous risquez pas sans mille précautions. Civilisé, raffiné, pudique et irréprochable, vous vous êtes fixé une ligne de conduite pure et dure : c'est la voie du milieu. Vous ne pouvez donc vous empêcher de porter un regard critique sur ceux qui ont choisi des chemins plus tortueux ou plus extrêmes : votre jugement peut être sans appel et d'une grande intransigeance, alors même que vous vous présentez comme la personne la plus souple et bienveillante qui soit. Vous êtes attiré par les personnes qui n'ont pas peur de leurs émotions et, par moments, s'y noient. Votre *alter ego* est le Poissons. Les signes occupés par Vénus et Mercure dans votre thème enrichiront et affineront ce portrait.

Balance Ascendant Balance

Lorsque le signe et l'Ascendant se trouvent dans le même signe (ou sont voisins), il se présente deux cas de figure : le Soleil se trouve au-dessus[1] de l'horizon – ou en dessous. Seul un astrologue peut vous le dire, mais si le Soleil natal se trouve dans le premier décan (ou le second), et l'Ascendant dans le second (ou le dernier), autrement dit *après* le Soleil,

1. Cf. définition p. 27.

vous pouvez être sûr que votre Soleil se trouve au-dessus de l'horizon, c'est-à-dire dans la Maison XII[1]. Dans ce cas, les caractéristiques propres au signe solaire sont assez masquées au départ et ne se révéleront qu'à travers un véritable chemin de vie initiatique. Dans le cas contraire, le Soleil se trouve dans la Maison I, ce qui rajoute au signe natal une forte valeur solaire (comparable à un côté Lion pour simplifier).

Dans tous les cas, vous êtes fortement marqué par le signe de la Balance. Votre comportement est donc cohérent avec ce que vous êtes profondément. Sociable et enjoué (surtout avec un Soleil en I), vous aimez les gens, les rencontres et la vie en couple. Inversement, la solitude vous pèse – moins toutefois que vous ne le prétendez, car vous avez besoin de ces moments de liberté qu'elle autorise. Mais le plus souvent, vous n'êtes jamais plus joyeux que lorsque vous êtes entouré et que vous pouvez tester votre séduction : c'est un atout sur lequel vous comptez beaucoup dans la vie, avec raison. La super-Balance que vous êtes a un sens esthétique raffiné et une attirance pour les artistes et le monde de l'art – à moins que vous ne soyez vous-même artiste. Votre idéalisme vous pousse à agir pour rendre le monde plus juste et plus libre ; la politique et l'humanitaire vous attirent, et vous pouvez y laisser une empreinte importante et utile. Dans le couple, vous cherchez un partenaire énergique, actif et décidé. Votre *alter ego* est le Bélier. Le signe occupé par Vénus dans votre thème enrichira et affinera ce portrait.

Balance Ascendant Scorpion

Le paragraphe précédent, sous « Balance Ascendant Balance » vous concerne : dans votre thème natal, le Soleil

1. Voir p. 432. Pour les détails, voir p. 28-33.

peut se trouver en Maison XII : dans ce cas, les caractéristiques propres à la Balance ne sont pas très marquées (et parfois totalement masquées) avant un certain stade de votre évolution personnelle ; tant que le processus évolutif n'est pas enclenché (grâce à un travail de développement personnel, de type psychothérapie), les potentialités peuvent rester endormies, à l'état virtuel : vous avez une seconde naissance à vivre.

Vous vous présentez comme quelqu'un de déterminé et de combatif. Loin de la Balance type, charmante et légère, vous avez des moyens percutants pour convaincre et atteindre vos objectifs, qui sont assez bien fixés. Vous imposez naturellement votre volonté et savez exploiter votre sens psychologique et votre connaissance instinctive des motivations et des failles de votre interlocuteur. Vous pourriez être un adversaire redouté si l'adversité n'était pas opposée à vos principes fondamentaux de tolérance, de respect d'autrui et d'intégrité morale. C'est sur ce dernier point que vous pouvez vous montrer le plus rigide : vous avez le plus grand respect pour la loi, la parole donnée, les droits de chacun et vous avez le sens des responsabilités et une exigence absolue vis-à-vis de votre conjoint et de vos enfants. À force de vouloir imposer à tout prix vos idées de tolérance et de respect mutuel, vous en devenez tyrannique ! Vous êtes attiré par les personnes terre à terre, stables et sensuelles, qui rassurent vos inquiétudes. Votre *alter ego* est le Taureau. Les signes occupés par Vénus et Mars dans votre thème enrichiront et affineront ce portrait.

Balance Ascendant Sagittaire

Vous êtes quelqu'un de fondamentalement positif et optimiste. Cela provient à la fois de votre tempérament sanguin, d'une joie de vivre naturelle et d'une foi profonde en l'homme – peut-être appuyée d'une foi mystique. Votre idéalisme est votre moteur : vous ne concevez la vie que progressant en direction d'une connaissance plus aboutie ou d'une action plus efficace dans le monde. Vous êtes sociable et indépendant à la fois : vous avez tendance à trouver dans chaque situation ce qu'elle peut vous apporter de positif. La solitude vous permet une liberté de mouvement que vous appréciez profondément. Dans vos rêves, vous vous voyez assez bien parcourir le monde et enseigner la justice, la paix ou la foi ; vous avez d'ailleurs des prédispositions en tant qu'éducateur. En surface, vous pouvez très bien apparaître comme quelqu'un de mondain, attaché aux apparences et au luxe ; mais vous avez des aspirations d'humaniste. Vous êtes attiré par les personnes drôles, intelligentes et légères. Vous recherchez une relation de compagnonnage fraternel. Votre *alter ego* est le Gémeaux. Les signes occupés par Vénus et Jupiter dans votre thème enrichiront et affineront ce portrait.

Balance Ascendant Capricorne

Vous avez un comportement farouche, introverti et froid. Vous êtes rarement aussi amical que vous aimeriez l'être au premier abord, mais plutôt méfiant ou timide. Cela ne vous empêche pas d'être sûr de vous, surtout dans le cadre professionnel : vous savez ce que vous valez grâce à votre grande capacité de travail, à votre volonté et à votre lucidité. Vous êtes ambitieux, davantage par idéalisme que par volonté de pouvoir. Votre degré d'exigence élevé vous pousse à porter sans cesse des jugements sur vous-même et autrui, ce qui va à l'encontre de votre idéal de tolérance et de respect. Pour résoudre cette contradiction, vous avez choisi de ne respecter que ceux qui « en valent la peine », autrement dit ceux qui respectent une éthique de vie ou qui sont parvenus à un certain degré de réalisation de soi. Au fond, vous êtes un pur. Vous êtes attiré par les personnes tendres, protectrices, pour lesquelles le foyer est une priorité. Votre *alter ego* est le Cancer.

Les signes occupés par Vénus et Saturne dans votre thème enrichiront et affineront ce portrait.

Balance Ascendant Verseau

Vous êtes un intellectuel et un humaniste. Votre souci essentiel est de comprendre les hommes, de les aimer autant que possible et d'œuvrer pour un monde plus humain et plus évolué. La politique vous concerne car vous vous sentez intimement partie prenante de la collectivité. En même temps, vous vous intéressez à ce qui peut différencier chacun, à ce qui fait la qualité spécifique de l'individu. Individualiste et créatif, l'art vous intéresse comme outil d'investigation et d'exploration personnelle. La philosophie et les sciences humaines vous tendent les bras. Au fond, l'homme vous passionne et vous cherchez à l'explorer de mille façons. La vie de couple vous attire, mais en même temps la liberté n'a pas de prix, et les copains non plus. Vous feriez peut-être une concession pour quelqu'un de particulièrement rayonnant, créatif et volontaire, qui saurait s'imposer à vous. Votre *alter ego* est le Lion. Les signes occupés par Vénus et Saturne dans votre thème enrichiront et affineront ce portrait.

Balance Ascendant Poissons

Vous vous présentez comme quelqu'un de souple et adaptable, capable d'épouser une idée ou de changer de direction pour peu que votre interlocuteur soit assez convaincant. On vous considère comme quelqu'un de compréhensif et docile, évitant l'affrontement à tout prix. Cependant, vous possédez aussi la faculté de tromper votre monde. Vous êtes tout autant capable d'empathie que d'indifférence, pour peu que vous ayez zappé sur votre facette « moi d'abord ». Là, vous trouvez des moyens détournés pour arriver à vos fins et mener votre « victime » par le bout du nez. Côté couple, vous craquez pour les personnes plus stables, plus univoques et raisonnables – encore que vous attendiez d'elles qu'elles sachent, comme vous, laisser éclater leur grain de folie. Votre *alter ego* est la Vierge. Les signes occupés par Vénus et Jupiter dans votre thème enrichiront et affineront ce portrait.

Planètes, Ascendant et Milieu-du-Ciel en Balance

Lune ☾ en Balance ♎

Dans le signe cérébral de la Balance, l'émotion lunaire est disciplinée, mentalisée ou sublimée. La sensibilité artistique est grande et le goût très sûr pour juger des qualités d'une œuvre. Pulsions et impulsions sont canalisées de façon à ne causer aucune forme de rupture ou de dissonance avec l'environnement : la Lune en Balance adapte d'instinct son comportement à son contexte, aux autres et plus précisément à l'Autre – d'où un grand besoin d'union. Cette caractéristique est plus développée chez la femme : quelles que soient les éventuelles qualités d'individualisme accordées par son signe solaire, son instinct la guidera à *épouser* l'Autre, à se ressentir très intimement comme « la femme de… » et à développer une grande exigence de perfection envers elle-même. Elle tend à incarner l'image de l'épouse parfaite. De la même façon – et cela est valable pour un homme –, la Lune en Balance sera suffisamment fine et à l'écoute des autres pour avoir la pensée, le geste ou la parole qui engendrera et préservera l'harmonie, qui est chez elle un besoin fondamental. C'est donc une personne extrêmement charmante, civilisée, courtoise et tolérante, souvent appréciée de tous pour son égalité d'humeur. Son tempérament positif, sa délicatesse, qui se manifeste aussi bien dans sa vie relationnelle que dans son sens du détail esthétique, en font une des personnes les plus faciles et agréables à vivre. Ajoutons que la Lune en Balance est très attirée par les natifs du signe.

Mercure ☿ en Balance ♎

Mercure est à l'aise dans ce signe d'Air à l'intelligence déliée, chez laquelle priment les vertus de l'objectivité et de la tolérance. Mercure en Balance sait écouter et se faire entendre : au-delà du Gémeaux, premier signe d'Air qui communique dans un but d'efficacité, la Balance communique pour se relier à l'Autre, le rencontrer, le comprendre. Son sens inné de la justice lui dicte des réponses impartiales et des solutions de compromis. Adepte de la voie du milieu, il est de ce fait hostile aux opinions tranchées et aux jugements dictés par l'émotion. Son profond respect pour l'opinion d'autrui le rend diplomate, arrangeant. Pourtant, ce côté chèvre-chou ne l'empêche pas d'avoir des idées bien arrêtées…

Vénus ♀ en Balance ♎

Vénus est chez elle en Balance : elle s'y épanouit comme une fleur. L'image qui s'impose est celle de la Beauté et de ses « *larges yeux aux clartés éternelles*[1] ». Vénus en Balance ne

1. Ch. Baudelaire, « La Beauté » in *Les Fleurs du Mal.*

peut vivre sans elle. Harmonie, équilibre, pureté des lignes, mariage subtil des contraires, cette Vénus-là peut dédier sa vie à la conquête de la beauté. Les arts et notamment la danse, art du mouvement, la fascinent et la nourrissent. Le sentiment amoureux s'exalte devant quelqu'un de gracieux, élégant et bien fait : il ne peut qu'être béni des dieux ! Inversement, Vénus en Balance est une personne coquette, très attentive à son image, à son élégance, et souvent fort séduisante. Séduire est d'ailleurs l'un de ses impératifs, et la fidélité une contrainte, qu'elle s'impose cependant (la plupart du temps).

Les qualités Balance sont donc très valorisées ici, même si le signe solaire est différent. La planète du sentiment est dans le signe de l'union : pour cette personne, le couple va de soi. Seule, Vénus en Balance se vit comme une demi-personne, à la recherche de sa complémentaire moitié.

Mars ♂ en Balance ♎

Si Vénus, complémentaire de Mars, se trouve chez elle dans ce signe, Mars ne peut s'y sentir à l'aise. Comment cette planète de pulsions, d'agressivité tranchante et pénétrante, se comporte-t-elle dans le signe éminemment civilisé et pacifique de la Balance ?

La Tradition le dit *exilé*[1]. Autrement dit, pour fonctionner, l'agressivité, la volonté et la capacité d'entreprendre (Mars) de la personne devront s'adapter à l'énergie Balance. C'est donc quelqu'un qui a appris à contrôler ses pulsions et à se comporter avec bienséance ; il s'autorise peu les emportements et juge les personnes agressives avec sévérité – ce

1. *Domicile, exil, exaltation et chute :* il s'agit là des *dignités* des planètes, autrement dit de leurs correspondances avec les signes. Dans le thème natal, une planète dans son signe d'exil n'a pas la même signification que dans son domicile.

sont des barbares… Pour cette personne, seules les joutes verbales sont tolérables et le conflit doit être évité autant que possible. De fait, c'est un as de la dialectique. Cependant, la violence n'est pas sans exercer une certaine fascination (inavouée) chez ce Mars qui, sous l'effet d'un stress violent, laisse parfois éclater la colère qu'il avait si bien disciplinée…

Telle est l'image qu'une femme projette sur l'homme, et celle à laquelle l'homme va s'identifier, si Mars, dans le thème de l'un ou de l'autre, se trouve en Balance.

Jupiter ♃ en Balance ♎

Pour réussir dans la vie, trouver votre place dans la société, il est nécessaire que vous soyez porté par la collectivité, que votre action se situe au sein d'un consensus social, où les notions de bien, de mal, de justice, d'équité sont définies. Votre manière de réussir, c'est dans une participation au sein d'un groupe, où votre rôle est de générer de l'harmonie, de la justice, de la concorde : le rôle de médiateur ou de juge vous va comme un gant. Vous avez de réels talents de diplomatie et de sensibilité aux autres, et votre capacité d'écoute font de vous aussi bien un excellent travailleur social.

Votre fonction sociale utilise l'image : la séduction, l'élégance, les attributs vestimentaires (uniforme, robe de magistrat) ou les signes extérieurs de richesse (stylo Montblanc, BMW…) font partie intégrante de votre profession, car ils vous intègrent dans la communauté sociale.

Saturne ♄ en Balance ♎

L'image paternelle est celle d'un père absent dans le concret, ce qui conduit à une idéalisation[1] : le père devient mythique.

1. Saturne est *exalté* en Balance.

Les valeurs véhiculées par le père (morale, comportement social adéquat, respect des autres) deviennent inaccessibles : la réalité n'est jamais assez parfaite.

L'ego se construit en posant des limites conceptuelles, basées sur de grands principes (religieux, métaphysiques, politiques…) touchant la société et non l'individu. Mais ces grands principes sont difficiles à appliquer dans le quotidien : la personne a du mal à dire non, à s'opposer à quelqu'un, à imposer ses limites et, en somme, à se construire. Le pouvoir créateur est authentique, mais demeure virtuel : il n'arrive pas à s'incarner. Tout le chemin de cette personne sera de renoncer progressivement à un idéal de perfection, de s'accepter et de s'imposer telle qu'elle est.

Or, sa façon de s'imposer, ce sera dans un premier temps de refuser le lien, le mariage, la participation à la collectivité, aux mouvements sociaux et aux mondanités par exemple. Et plus tard, de quitter cette position de refus et d'apporter ses qualités morales, éthiques et esthétiques à la collectivité, de nourrir la société de son esprit de justice.

Notons un cas qui, bien que particulier, n'en est pas moins fréquent : celui du statut saturnien[1]. Dans ce cas, la personne identifiée à son Saturne en Balance se montrera plutôt gentille, accommodante, tolérante et partisane du juste milieu. Elle se montrera en somme sous les traits d'une sorte de « fausse Balance », se voulant diplomate, mais manquant de réelle ouverture à l'Autre ; le statut saturnien étant un masque, une défense, il ne peut s'investir des qualités solaires de rayonnement, de sûreté de soi et de joie de vivre. Cette personne aura un chemin à faire pour lâcher ses craintes, s'ouvrir au monde et, par là même, retrouver son Désir.

---

1. Cf. p. 39.

Ascendant en Balance ♎

Si votre signe solaire vous décrit comme pragmatique (Taureau), distant (Capricorne) ou impétueux (Bélier), il est probable que vous ne vous reconnaissiez que très épisodiquement. C'est que votre Ascendant Balance vous donne un comportement social, une attitude vis-à-vis des autres, une *personnalité* Balance. On vous perçoit comme quelqu'un de sympathique, ouvert, sociable et délicat. Vous savez équilibrer subtilement la disponibilité aux autres et une distance de bon ton. Avenant, souriant et peu contrariant, vous épousez volontiers le mouvement et savez faire en sorte que chacun, autour de vous, prenne sa place et s'y sente à l'aise. Vous aimez réunir les gens, organiser les rencontres et rester attentif à ce que personne ne soit exclu, ne se sente écarté ou malheureux. Cette sollicitude ne vous empêche pas de rester respectueux de l'intimité d'autrui : vous craignez avant tout de vous imposer, de peser sur l'autre, et encore plus d'être indiscret. Aimable, d'une grande égalité d'humeur, vous savez adapter vos désirs et vos besoins aux contraintes de l'environnement et à la volonté du plus grand nombre. Vous considérez que le respect de chacun, de ses droits et de sa liberté, est le principe premier à défendre sur la planète ; si quelque chose peut vous faire sortir de vos gonds et faire tomber le masque des convenances et de la bienséance, c'est bien l'injustice, le cynisme et la tyrannie.

Vous possédez de grandes ressources de courage et de combativité dont on se doute rarement, tant le fait de vous imposer et de vous mettre en avant vous fait horreur. Vous considérez d'ailleurs avec une ironie bienveillante les personnages « solaires » qui, contrairement à vous, cherchent à atteindre la première place, visent le pouvoir ou simplement la reconnaissance. Apparemment, vous n'avez que faire de tout ce qui peut valoriser votre ego. Pourtant, si l'on vous pousse à bout, vous pouvez dévoiler une personnalité tyrannique, intolérante, tranchante, voire brutale…

Physiquement, vos traits sont harmonieux et équilibrés, votre démarche légère et élégante. Vous donnez une image raffinée, toujours agréable à regarder. À noter que la position de Vénus (gouverneur de la Balance, donc de votre Ascendant) en signe, dans votre thème, donnera des indications supplémentaires sur votre comportement social et la façon dont les autres vous perçoivent.

Milieu-du-Ciel en Balance ♎

Vous considérez votre rôle dans la société avec idéalisme ; votre premier souci n'est pas de vous élever personnellement, mais d'œuvrer pour un monde meilleur. Vous êtes sensible à la question du droit, de la justice et de l'égalité, comme de l'esthétique. Votre idéal ne sépare pas ces deux notions : un monde parfait serait à la fois juste et beau. L'art vous attire particulièrement, comme étant le vecteur privilégié pour faire du beau et élever ainsi le monde au-delà de la matière : vous êtes sensible aux vertus spirituelles de l'art.

Mais d'autres domaines de vie seront autant de voies pour arriver au même but. Depuis la médiation familiale jusqu'à la fonction de juge, en passant par la gestion des conflits dans l'entreprise, votre motivation est de ramener l'harmonie, ou plutôt de la trouver au sein même de la dissonance.

Typiquement, ce qui a été dit au paragraphe « la Balance et le travail » s'applique aussi ici ; mais pour être plus près de la vérité, il est indispensable de considérer le signe de Vénus (qui gouverne votre MC) dans votre thème.

PORTRAIT ASTROLOGIQUE
DU SIGNE DU SCORPION

♏

Image symbolique

Au fond d'un marécage, une sorcière mélange des filtres ; elle veut percer le secret de l'au-delà. Elle voit au-delà du visible, elle est redoutée. Certains la convoitent, d'autres la haïssent. Elle connaît le secret de chaque homme, on ne peut la flouer. Personne ne sait d'où elle vient, ni n'ose la questionner. Elle ne craint ni la mort, ni la souffrance ; elle ira jusqu'au bout de ce que lui dicte son cœur. Ses passions sont entières, son amour inextinguible : elle possède, elle est possédée : la liberté, pour quoi faire ?

Le bébé Scorpion

Le nourrisson, satellite dépendant de sa mère, est plutôt défini par le signe de la Lune natale que par son signe solaire. À partir de l'âge d'un an environ, le bébé acquiert de plus en plus d'autonomie et commence à affirmer ses quatre volontés : c'est le stade de « l'enfant-roi ». Ce n'est qu'à ce moment-là, où il réalise que sa mère et lui forment deux entités séparées et où il cherche à se différencier d'elle, que le bébé « devient un Soleil » à part entière et qu'il adopte les caractéristiques de son signe solaire.

Votre petit Scorpion est une forte personnalité qui entend mener son monde autour de son petit doigt. Malgré ses côtés combatifs, c'est un être fusionnel qui a besoin de sentir que sa maman (surtout) lui appartient à cent pour cent – aussi exigera-t-il de celle-ci une présence et une attention totales…

Soleil en Scorpion	Environ du 23 octobre au 22 novembre
Sa fonction	Sonder, transformer et régénérer
Sa saison	Au cœur de l'automne, la végétation se décompose, fermente, prépare l'humus qui fécondera le nouveau cycle
Ses planètes maîtresses	Mars et Pluton
Sa planète d'exil	Vénus
Sa planète d'exaltation	Saturne
Sa planète de chute	La Lune
Son élément	L'Eau
Sa polarité	Féminine
Correspondance physiologique	Les organes génitaux, l'anus, le côlon
Ses couleurs	Le rouge, le noir, le vert bouteille
Ses fleurs	Le chardon, le laurier-rose
Son métal	Le fer
Ses pierres	La cornaline, le corail, la topaze
Ses chiffres	4, 10, 13, 21
Son parfum	La bruyère, la gentiane
Son type caractérologique	Émotif, actif, secondaire
Son tempérament	Bilieux[1]

1. Cf. le classique *Traité pratique d'astrologie* d'André Barbault pour aller plus loin.

Explorateur, bravant le danger et les interdits, cherchant toujours la limite et repoussant celle-ci sans craindre les représailles, il sera tout spécialement attiré par les escalades périlleuses, les produits toxiques et les lieux secrets d'où il pourra se cacher pour observer. Bien qu'individualiste et rebelle à une autorité arbitraire, il respecte la force et même la sévérité lorsqu'elle est justifiée : les règles, avec un Scorpion, doivent à tout prix être claires, justes et indiscutables. S'il sent la moindre faille, il restera sur ses positions *mordicus :* impossible de le faire céder ! Le mensonge, les non-dits et les faux-semblants ne tiennent pas longtemps la route avec lui : c'est un vrai détective ! Et s'il se sent trahi par ceux qu'il aime (ce qui survient un jour ou l'autre, du fait de ses exigences énormes), il peut en concevoir un esprit de vengeance très têtu…

Débordant d'énergie et de combativité, il a besoin de se mesurer pour éprouver sa force et son courage. Mais c'est un anxieux, un fier et un passionné : peu partisan des demi-mesures et autres compromis, il s'attend à ce que les autres (et en premier lieu ses parents) fassent preuve du même caractère entier, de la même soif d'absolu. Ce qui lui promet quelques déceptions… L'insatisfaction peut être une des conséquences de sa très grande exigence et de ses désirs puissants. Pour canaliser sa formidable énergie, qu'il lui arrive de muer en agressivité ou de retourner contre lui-même, dirigez-le vers les sports martiaux, qui lui sont tout indiqués.

Le petit garçon et l'ado Scorpion

Si l'enfant Scorpion aime passionnément ses parents, le petit garçon du signe a une passion particulière pour sa maman ; chez lui, le complexe d'Œdipe prend des proportions souvent douloureuses, car il considère comme une trahison que sa mère s'intéresse à quelqu'un d'autre que lui – le père devient donc très tôt l'ennemi numéro un ! La mère du petit Scorpion devra donc faire preuve de tact et de finesse pour faire accepter en douceur à son fils que, si elle l'aime, elle ne lui appartient pas pour autant !

Si, devenu adolescent, il devient particulièrement renfermé, perturbé et révolté, c'est que le Scorpion a plus de mal qu'un autre à trouver ses marques et à sortir du rapport de force. Il aura besoin de faire ses propres expériences et ne vous écoutera que d'une oreille : vous devrez lui faire confiance et attendre qu'il apprenne à relativiser ses exigences et vivre avec ses contradictions. L'écoute, le respect et la responsabilisation l'aideront à se construire.

La petite fille et l'adolescente Scorpion

Elle n'a pas le même rapport avec sa mère que le garçon, aussi les choses sont-elles plus simples pour elle ; cependant la vie affective reste centrale et compliquée pendant la jeunesse de la petite Scorpionne, qui doit apprendre que toute relation ne passe pas forcément par le rapport de force et qu'aimer ne signifie pas posséder.

Elle s'intéressera très tôt aux jeux des garçons, considérant souvent les autres filles comme trop chipies ou trop sages…

Le Scorpion devenu adulte, quel est son comportement de surface ?

Un être intuitif…

Silencieux, réservé, parfois méfiant, il observe, s'imprègne, enregistre. Certains le trouvent froid et distant, d'autres mystérieux : il parle volontiers de ce qu'il fait, rarement de ce qu'il sent. Il s'entoure d'opacité. Il fascine, impressionne ou dérange, laissant rarement indifférent.

Il écoute d'abord ; étudie son interlocuteur, pénètre l'écorce friable de l'apparence pour atteindre les ressorts intimes. Le réel, la vérité, la source se trouvent dans les profondeurs obscures : c'est là, au cœur des choses, qu'il peut pénétrer les secrets, les silences, les mensonges. Le monde diurne du visible n'est que l'infime partie émergée du réel. En fait de pinces, il porte des antennes ultra-sensibles : à son intuition, rien n'échappe, ni les motivations inconscientes, ni les secrets les mieux gardés. Son flair très sûr le guide dans la bonne direction, comme s'il était de connivence avec le monde, comme s'il avait accès à la dimension magique de l'univers : sa connaissance va bien au-delà de ce qu'il sait lui-même. Son impression immédiate forge son opinion, tranchée et arrêtée : pour ou contre, jamais au milieu.

qui utilise les outils de la logique...

Pourtant, si vous l'interrogez, le Scorpion niera. Il se défendra (avec indignation) de manquer d'objectivité : au contraire, il se considère comme un être logique et rationnel, pour qui il est important que le monde soit régi par des lois tangibles, que les hasards du flair et de l'instinct soient écartés, ou du moins justifiés[1].

De fait, il dispose de capacités considérables à analyser, chercher, comprendre, expliquer, car c'est ce qui l'intéresse. Son intelligence puissante allie psychologie, pénétration, pressentiment, mémoire, d'une part, et esprit d'observation, sens critique, lucidité d'autre part. Sa conscience est focalisée

1. Sur ce plan, il ressemble à la Vierge.

sur le mental et son mental sur la rationalisation. Le Scorpion voudrait vivre dans un univers logique, clair, transparent, maîtrisé ; il s'attache à justifier de façon cohérente et imparable ses actions et ses réactions. Sa force de persuasion est souvent redoutable. Inversement, on ne le fait pas changer d'avis comme ça…

par soif de rationalité et de maîtrise

Le Scorpion exagère sa rationalité pour en combler le manque. Il a construit son identité sur un rationalisme objectif et donc sur une maîtrise de son imagination, de ses pulsions, de ses émotions, de ses besoins physiques, de son besoin de dépendance. Ses besoins sont pourtant puissants. Mais il les considère comme des pulsions régressives, comme des lieux de danger, de *chute*, de perte de contrôle. Aussi, il refuse d'admettre sa dépendance à l'autre. Plutôt que de s'abandonner, il dissimule, par orgueil, des fantasmes de dévouement inconditionnel et de soumission. Son état de résonance avec le monde et les autres génère de puissantes sensations, des réactions viscérales, d'autant plus violentes qu'elles sont tenues secrètes pour préserver le contrôle et l'intégrité de son identité.

Un puissant désir de fusion

Le Scorpion est un passionné chez qui agissent simultanément la force de la volonté et la puissance de l'ego, d'une part, et, d'autre part, le besoin de don de soi, de dissolution dans un ensemble plus vaste. Ces deux aspects contradictoires se résolvent dans l'aspect *actif* de sa fusion avec le monde. Il ne veut pas *être* dissous mais *se* fondre ; de la même façon que s'il peut aimer jusqu'à la mort (Tristan et Iseult, Roméo et Juliette appartiennent à l'univers Scorpion), c'est lui qui reste l'unique instrument de son destin, jamais l'Autre. Il est animé par un désir passionné d'implication absolue, mais c'est un guerrier.

Lorsqu'il n'est pas exclusivement impliqué dans une relation, il se plonge corps et âme dans un projet transformateur. Il s'identifie alors totalement à son rôle, à son œuvre et peut y sacrifier sa vie personnelle et jusqu'à sa santé. Sa dynamique est de creuser au plus profond, au plus secret, d'explorer les profondeurs ultimes et intimes (d'une idée, d'une passion ou d'une personne aimée) pour y découvrir le Tout, l'universel, la lumière, le divin, quel que soit le nom que l'on puisse lui donner. Son désir de fusion passe à travers une action ou une passion, mais se dirige au-delà.

Je suis *plus* que ce que je ne suis, dit le Scorpion, à travers ce que j'élucide, ce que je crée et ce que je transforme. Je déverse mon énergie dans le monde, donc j'existe. Inversement, je perds mon sentiment d'identité si je suis coupé du monde – ou de l'Autre.

Le défi du Scorpion

Dans la dynamique du cycle zodiacal, le stade du Scorpion correspond à une crise majeure, symétrique à celle du Bélier[1] : celui-ci, premier signe, quittait le chaos (Poissons) pour faire jaillir l'individu du cycle nouveau, dans une explosion d'énergies encore instables. L'individu grandit, gagne en force et en structure jusqu'à la Vierge. À la Balance (signe opposé au Bélier) commence l'ouverture vers le collectif ; mais l'individu est encore distinct du monde qui l'entoure et attaché à son individualité : il *s'intéresse* au monde, il n'y est pas intimement *impliqué*. Au Scorpion se produit la deuxième crise majeure :

1. Il est intéressant de noter que ces deux signes sont tous deux régis par Mars et Pluton, planètes symbolisant l'action et la transformation.

l'individu est submergé par le collectif ; la vague est emportée par l'océan. Ce n'est plus le temps de l'affirmation de l'ego mais celui de l'inversion de l'énergie, de l'individuel vers le social (ou encore, de la matière vivante vers la transcendance spirituelle). Autrement dit, il s'agit pour l'individu d'accepter de mourir à lui-même, de sortir des exigences et des tourments de l'ego, de passer cette porte du lâcher-prise qui ouvre sur l'Autre, sur le collectif et, au-delà, sur la dimension spirituelle, cosmique. Ce qui ne peut se faire qu'au prix d'un passage, d'une traversée initiatique, de l'affrontement de ses peurs et de l'acceptation du Pardon.

L'enjeu (désidentification, renoncement de l'ego) est de taille et nombre de personnes typées par le signe le refusent, du moins pendant une partie de leur vie. Moyennant quoi, l'énergie énorme accumulée au stade de ce huitième signe ne peut se libérer à l'extérieur, ne peut s'épancher dans une coulée créatrice irrésistible et se comprime, fermente, puis dégénère en réservoir d'agressivité, d'avidité et de volonté de pouvoir.

Le pouvoir et l'argent : une passion… ou un leurre ?

Le Scorpion dispose, outre son intelligence acérée, de redoutables outils pour exercer son emprise sur le monde. Autorité, opiniâtreté, courage, pugnacité : il est armé pour la lutte pour la vie. Sur l'individu qui, pour une raison ou une autre, a renoncé à la voie du collectif (ou du spirituel), le pouvoir (politique, financier…) exerce une véritable fascination : la même irrésistible aimantation qu'exerce une passion dont on ne sait exactement à quel désir profond elle correspond. L'argent peut être un puissant pôle d'attraction et de fascination, pour le pouvoir qu'il représente beaucoup plus que pour le confort ou le luxe qu'il permet. De fait, le pouvoir n'est qu'un succédané décevant comparé à l'aspiration ultime du Scorpion. Mais dans un premier temps (qui peut durer toute la vie), il répond au fantasme de maîtrise absolue de l'ego. À ce stade, le Scorpion est impressionné par la fortune, passionné par le jeu, la spéculation, voire, dans un contexte transgressif, par l'escroquerie et toutes les formes de machination.

Sa mauvaise réputation

C'est cette catégorie de Scorpion arc-boutés sur la peur de perdre, le refus de lâcher le pouvoir de l'ego, et donc pris dans l'avidité et la volonté de puissance qui vaut au signe sa mauvaise image.

La deuxième raison de cette « diabolisation » du signe est une erreur de perspective. Effectivement, du point de vue de l'affirmation individuelle, le stade du Scorpion marque une fin (déclin de la végétation en novembre, premiers froids) : s'il veut croître encore, l'individu n'a pas d'autre choix que de puiser dans l'énergie du monde (spéculation) et de s'enrichir matériellement (pouvoir). La même avidité se conjugue avec sa sexualité. Mais au bout de cet enrichissement artificiel se trouvent la déception et le vide.

Du point de vue du collectif, le Scorpion marque au contraire un temps de fécondation, de renouvellement par la transformation (les feuilles mortes fermentent avec les pluies et deviennent de l'humus).

Signe de métarmorphose

La fonction du signe est donc de muer : d'abandonner l'ancienne peau (l'ego-Soleil autour duquel tourne le monde) pour la nouvelle (une étoile dans la galaxie, un grain de sable sur la plage) et de passer d'une énergie centripète à une énergie centrifuge. Il ne s'agit pas de changer de tempérament : le

Scorpion restera exigeant, autoritaire, volontaire et passionné. Ce qui change à ce stade, ce sont, d'une part, la désidentification par rapport à ses propres mécanismes de défense, et d'autre part l'intentionnalité : il s'agit de laisser s'écouler cette formidable énergie créatrice, pour le monde et non pour soi. À ce stade, l'être devient canal d'énergie et non plus accumulateur de matière.

Une nature puissante et combative

La nature a bien fait les choses : elle a choisi pour ce passage délicat des êtres capables de traverser des expériences extrêmes. Car c'est effectivement l'épreuve du feu que va traverser le Scorpion qui suit sa voie ; du feu purificateur dont renaîtra le phénix mythique. Et c'est dans l'épreuve qu'il se révèle.

Santé du Scorpion

On s'en doute : ce n'est pas une petite nature. Peu attentif à son corps comme à son confort, il ne s'écoute guère. Il est doué d'une résistance surprenante à l'effort, à la fatigue ou à la douleur, comme de ressources remarquables contre la maladie. Doué d'une sorte de rage de vivre et de vaincre, il peut même montrer des capacités rares d'autoguérison, y compris dans les cas de maladie grave. Il tombe rarement malade, et ses points faibles se situent essentiellement dans la zone génitale et anale (organes génitaux, côlon…).

Toucher le fond et renaître

Le Scorpion naît rarement paisible, serein et insouciant. Dans un premier temps, son existence est difficile ; il se débat avec ses contradictions, dans un brassage d'énergies puissantes. Volontaire et individualiste, il est incapable de rentrer dans un moule. À l'autorité arbitraire, à l'injustice, à la contrainte, il oppose une révolte forcenée[1]. Peu soucieux des convenances sociales, de la morale familiale ou des oukases de la tradition, il reste jusqu'au bout fidèle à lui-même, envers et contre tout. Il se pose en s'opposant. Pourquoi ? Sa conception de la loi et de l'autorité est si haute qu'aucune loi humaine, aucune autorité ne peut être assez parfaite, assez pure, assez juste. Son idée de la rigueur et de la loi est d'une exigence totale : derrière ce besoin plane le mythe d'un père idéal[2]. La réalité n'étant pas idéale, un Scorpion peut plonger sans scrupule dans la transgression, dans l'irrespect de l'autre, dans la marginalisation, tant qu'il n'a pas entrepris le chemin qui le sortira de lui-même.

Instinctivement, il a tendance à côtoyer les extrêmes, à tutoyer le danger, et se sent souvent attiré par la face sombre de l'humanité – le drame, la destruction, la guerre. Il est fasciné par la mort, cette dissolution mystérieuse qui échappe à la volonté comme à la maîtrise. Or, le Scorpion recherche la maîtrise absolue : il voudrait comprendre, contrôler, manipuler la mort, percer son mystère. Cette fascination l'entraîne parfois sur des pentes glissantes ; il ne redoute ni les crises ni la souffrance, il n'a ni le sens des limites ni l'esprit de conservation. Il est aimanté par l'obscurité et le néant, se sent intensément exister dans l'épreuve, le dépassement de soi. Ce n'est que lorsqu'il lâche son contrôle qu'il renaît, propulsé par une formidable énergie de vie, irrésistiblement attiré par la lumière, la renaissance, la pureté. Sa capacité de rebond et de régénération après l'épreuve est remarquable. Énergie et instinct de création ne font qu'un.

---

1. C'est Camus, natif du Scorpion, écrivant *L'Homme révolté*.
2. Saturne (le père, la loi, la limite) est *exalté* dans ce signe (cf. note p. 254).

À propos de Picasso (Scorpion), Malraux (Scorpion !) parlera de « la plus grande entreprise de destruction et de création de formes de notre temps ».

Et si tu m'aimes, prends garde à toi !

Le magnétisme du Scorpion est envoûtant, même s'il s'attache peu à plaire : tempérament passionné et désir de fusion forment un programme captivant – et le mot n'est pas choisi au hasard. Aimer, pour un Scorpion, veut d'abord dire posséder. Son désir de faire un est impérieux et passe volontiers par-dessus la considération de l'autre. Respect et amour sont (dans un premier temps) antinomiques pour un Scorpion, le respect impliquant une distance inconciliable avec le caractère exigeant et indéfectible de sa passion. Il impose son désir, parfois jusqu'au viol de l'intimité de l'autre. L'Autre ne doit avoir aucun secret pour lui : il ne doit lui échapper d'aucune façon pour que son fantasme de fusion se réalise ; lui-même est capable de mourir pour quelqu'un. Cette fusion sans limite conduit inéluctablement à de violents conflits de personnalités. Solange de Mailly-Nesle parle d'un « amour-combat où l'attachement des deux amants se nourrit de la souffrance qu'ils se procurent ».

Il s'agit ici du stade premier du Scorpion, de la source de son désir, susceptible d'évoluer au fil du temps. Pour l'expliquer, revenons à la petite enfance du Scorpion.

Œdipe et le Scorpion

Très tôt, l'enfant s'aperçoit que sa mère ne lui appartient pas en totalité. Trahison : elle a d'autres pôles d'intérêt (à commencer par le père, rival irréductible, surtout pour le petit garçon). S'il n'y a pas alors un parent qui rassure ou si la mère n'est pas tendre et dévouée, l'enfant engage un processus de vengeance, de destruction et d'autodestruction, particulièrement violent à l'adolescence. Blessé, il peut rester longtemps coincé dans un système de défense qui rendra sa vie affective passionnelle et douloureuse. Il faudra qu'il évolue pour passer de *l'acharnement* (attaché à la chair) du désir de (con)fusion à la fusion cosmique. Pour cela, il devra accéder au Pardon pour regarder positivement le monde. Les hommes Scorpion sont souvent plus destructeurs que les femmes, qui n'ont pas cette problématique œdipienne. Si la mère est « parfaite », si les parents sont psychologues et que le cap de l'Œdipe se passe bien, l'évolution se fera beaucoup plus vite. On trouvera alors une personne intéressée par l'intériorité, la psychologie, l'ésotérisme ou la spiritualité… et beaucoup moins par l'avidité, que ce soit en matière de sexe ou de pouvoir.

Importance de la sexualité

Le Scorpion recherche moins le plaisir que la fusion – d'où sa passion et son acharnement à posséder l'autre, jusqu'à la dévoration. Pour Dane Rudhyar, c'est un « désir ardent d'oubli de soi et d'union, *à travers un autre être*, avec un tout plus grand et même avec Dieu – comme l'ont bien compris l'Orient et la plupart des "traditions secrètes"[1] ». La sexualité peut être exigeante ou basculer dans l'abstinence totale, si la fusion n'est pas possible. Mais la fusion à laquelle il aspire n'est possible que si le chemin du Pardon a été abordé.

La fusion, mais pas de sentimentalisme

Encore un paradoxe : malgré son désir d'union absolue, le Scorpion n'est pas un tendre (au départ). Il ne supporte pas

1. D. Rudhyar, *Le Rythme du Zodiaque*, éd. du Rocher.

les démonstrations affectives, qu'il tient pour de coupables régressions. Il s'agit d'une défense, d'une protection : si, en plus de rechercher la fusion, il s'autorisait à être sentimental, il disparaîtrait tout à fait... Pour préserver son intégrité, le moi doit refouler le sentiment.

Mais quand il s'ouvre, il quitte l'agressivité et la défiance, et devient aimant (et non plus sentimental et fusionnel).

Le chemin vers le Pardon

La transformation, pour le Scorpion, passe d'abord par l'acceptation du fait que s'il ne peut tout expliquer, tout maîtriser, son identité n'en est pas pour autant remise en question ; la prise de conscience que s'il défend si âprement la logique rationnelle, c'est qu'il est avant tout un être d'émotions. Puis par la reconnaissance de son besoin de fusion, qui va au-delà d'un seul être ou d'une fonction sociale ; enfin, intégrer le Pardon et reconnaître ainsi l'Autre comme autre, sans pour autant le rejeter. Ainsi le Scorpion change diamétralement de dynamique. Il fait émerger son intuition, libère ses émotions, accepte de dépendre (du reste de l'univers à travers l'Autre), s'ouvre à son rapport magique au monde, se tourne vers une dimension ésotérique, entame une quête mystique qui lui apportera la paix intérieure à laquelle il aspire.

La femme Scorpion

Son caractère bien trempé lui fait mépriser les faibles et les indécis. Profonde et psychologue, elle ne s'en laisse guère conter et discerne toujours les motivations profondes de son interlocuteur : inutile de jouer au plus fin avec elle ! Farouche et passionnée, elle se met volontiers en position de retrait au sein d'un groupe pour mieux étudier chacun – et ne jettera son dévolu sur quelqu'un qu'en connaissance de cause, sûre de la qualité et de la profondeur d'une relation éventuelle. Son désir de fusion peut alors devenir excessif : la possessivité est son défaut le plus compulsif ! Les deux planètes féminines (la Lune[1] et Vénus[2]) ne sont guère à l'aise avec le Scorpion. Les femmes du signe ne sont donc pas à l'aise avec leur sensibilité, leurs sentiments et la manière de les exprimer. Trop passionnées, trop violentes dans leurs émotions, elles vivent souvent l'amour comme un tourment qui les oblige à s'avouer à la fois dépendantes et sentimentales, notions qu'elles rejettent *a priori*. Les qualités féminines de douceur, de tendresse (Vénus), de patience, de passivité (Lune), la maternité (Lune) et même le mariage (Vénus), s'il signifie dans la tradition familiale de jouer un rôle préétabli d'épouse et de mère, les soins corporels (Lune) et esthétiques (Vénus)... tout cela ne lui est guère naturel[3]. Elle se sent mieux dans un rôle masculin[4] – dans l'action notamment – où elle peut exprimer à loisir sa combativité, son ardeur, son opiniâtreté et son besoin de comprendre les ressorts cachés des choses.

À condition d'incarner son Soleil, elle exprimera les qualités propres à son signe ; tandis que si elle projette ce Soleil en Scorpion sur son mari, par exemple[5], elle aura plutôt tendance à s'identifier à sa Lune, ou à son Saturne natal. On ne retrouvera dans ce cas quasiment aucune des caractéristiques du Scorpion dans sa personnalité.

1. *En chute* dans le signe.
2. *En exil* dans le signe, d'après la Tradition. Voir note p. 254.
3. Tout cela est évidemment à moduler en fonction du reste du thème...
4. Le Scorpion est le *domicile* de Mars, planète masculine.
5. Cf. p. 39.

Le Scorpion et le travail

Lorsque le Scorpion se passionne pour quelque chose, il s'y donne à fond. Ce qui caractérise sa dynamique dans le travail, c'est d'abord le besoin de mettre à jour, d'élucider, d'expliquer ce qui est caché.

Il est donc attiré par les professions lui permettant d'exploiter son esprit d'observation, son goût de l'enquête et son intérêt pour la face cachée, trouble de la société :

– agent secret, juge d'instruction, enquêteur (assurances, avocat, police criminelle...) ;

– mais également par la médecine (chirurgie), les métiers scientifiques et notamment la recherche fondamentale ;

– ou encore toutes les professions s'intéressant à l'inconscient et à la psychologie (psychanalyste...), ou aux aspects ésotériques ou énergétiques. sans oublier tout ce qui tourne autour du sexe et de la violence : sexologie, lutte contre la prostitution, les abus sexuels... ;

– et enfin les métiers liés à l'argent, notamment la spéculation boursière, la gestion des contentieux ou de l'argent des autres.

Soleil en Scorpion, combiné à douze Ascendants

Scorpion Ascendant Bélier

Vous êtes un foudre de guerre ! Combatif et débordant d'énergie, vous avez profondément besoin de participer activement au monde et si possible d'y laisser votre empreinte : changer la société, défendre une cause, combattre l'inertie, la lâcheté ou l'iniquité, voilà ce qui vous motive. Vous avez un côté justicier. Mais si la vie vous déçoit, vous pouvez aussi devenir cynique et destructeur, tomber dans le piège du pouvoir et du rejet de l'Autre. Cependant vous disposerez toujours d'une formidable capacité de remise en cause et de régénération. Il est possible que, comme le chat, vous ayez plusieurs vies… Vous êtes attiré par les personnes aimables, adeptes du juste milieu, offrant une apparence séduisante et élégante, et mues par un idéal humaniste. Votre *alter ego* est la Balance. Le signe occupé par Mars dans votre thème enrichira et affinera ce portrait.

Scorpion Ascendant Taureau

Les instincts, les émotions et les désirs vous gouvernent. Vous savez ce que vous voulez : votre désir et votre volonté sont puissants et ne se détournent pas facilement. La passion seule vous motive. Inversement, sans passion, vous perdez toute énergie et pouvez faire preuve d'une redoutable force d'inertie. Vous avez beaucoup de mal à trouver une raison autre que la passion pour faire, aimer, vivre. Cela divise l'univers en deux à vos yeux, entre le plein absolu et le vide absolu, entre l'assouvissement et le manque, qui conduit à un état dépressif. Tout le travail de votre vie est de trouver la voie du milieu, en vous détachant progressivement de vos pulsions afin d'atteindre équilibre et sérénité. Vous êtes attiré par les personnes qui vous ressemblent, passionnées, volontaires, tourmentées. Votre *alter ego* est le Scorpion. Les signes occupés par Mars et Vénus dans votre thème enrichiront et affineront ce portrait.

Scorpion Ascendant Gémeaux

Vous n'êtes pas celui que vous montrez ! Vous avez une remarquable capacité à donner le change, à jouer la comédie, à vous réfugier dans l'humour, la dérision, la légèreté. Cette petite diversion vous arrange bien : vous êtes secret, farouche, pour ne pas dire méfiant, et ne dévoilez votre véritable nature qu'une fois en confiance. En réalité, vous êtes quelqu'un de profond, d'exigeant, de passionné. Lorsque vous quittez votre costume de théâtre, vous avez des moyens multiples pour exprimer cette passion qui brûle au fond de vous : le verbe, l'écriture, la parole et toutes les activités utilisant la dextérité et la sensibilité manuelle, par exemple. Mais le théâtre, justement, peut aussi vous permettre de pousser jusqu'au bout un comportement instinctif. En amour, vous devez concilier deux besoins contradictoires : la fusion et la liberté. Vous êtes attiré par les personnes socialement plus élevées, ouvertes sur le monde et susceptibles de vous nourrir de nouvelles connaissances. Votre *alter ego* est le Sagittaire. Les signes occupés par Mars et Mercure dans votre thème enrichiront et affineront ce portrait.

Scorpion Ascendant Cancer

Vous êtes un passionné introverti. Vos réactions émotionnelles sont souvent violentes, même si vous les extériorisez rarement. D'une sensibilité à fleur de peau, susceptible et autoritaire, vous n'êtes pas des plus faciles à vivre, mais vous dégagez une séduction certaine, mélange de passion et de tendresse. Vous avez de belles prédispositions artistiques, l'art étant pour vous un outil d'exploration intérieure. Malgré votre abord farouche, vous recherchez une forme de fusion absolue ; et vous n'êtes pas fait pour la solitude. Pour vous, le couple est également une famille, et votre histoire familiale a laissé une empreinte profonde dans votre vision des relations conjugales. Vous recherchez un compagnon solide, fiable et fidèle, peut-être plus « parent » qu'amant. Votre *alter ego* est le

Capricorne. Les signes occupés par Mars et la Lune dans votre thème enrichiront et affineront ce portrait.

Scorpion Ascendant Lion

Vous êtes une forte personnalité : vous vous imposez naturellement et avez appris à obtenir ce que vous voulez ; vos désirs sont puissants et déterminés. Votre charisme et votre force intérieure attirent et séduisent, provoquent de fortes réactions ; vous avez un effet extrêmement galvanisant sur les autres. Ceux qui vous entourent ont d'ailleurs l'habitude de s'appuyer sur vous. Pour vos enfants, couper le cordon est un exercice long et difficile ! Organisateur-né, vous avez de grands talents d'orchestration et savez obtenir le meilleur de chacun. Votre côté grand chef autoritaire ne convient pas à tout le monde, mais vous ne craignez pas de déplaire à certains. En contrepartie, vous êtes d'une grande générosité et d'une dévotion totale à ceux que vous aimez. Vous êtes attiré par les partenaires originaux, intelligents et idéalistes. Votre *alter ego* est le Verseau. L'Ascendant en Lion donne un poids supplémentaire au signe solaire : vous êtes donc très Scorpion. Le signe occupé par Mars dans votre thème enrichira et affinera ce portrait.

Scorpion Ascendant Vierge

Vous êtes quelqu'un d'extrêmement réservé. Vous passez au crible d'une analyse scrupuleuse ce que vous dites et faites : *contrôle* est un mot qui vous définit assez bien. On peut vous reprocher de manquer de spontanéité mais ce n'est pas dans votre nature : vous êtes prudent, calculateur, lucide. Même si vous pouvez avoir l'air arrangeant et discret, vous êtes d'une grande indépendance d'esprit et l'on vous fait rarement fléchir. Vous avez de sérieux atouts pour atteindre vos objectifs ambitieux : ordre, méthode, sens du protocole et esprit tactique. Malgré une certaine dureté apparente, vous êtes quelqu'un de sensible et pouvez être d'une dévotion totale envers ceux que vous aimez. Ils ne savent pourtant jamais vraiment sur quel pied danser car vos humeurs sont changeantes et vous pouvez être d'une distance galactique. Vous êtes attiré par les personnes émotives, sensibles et poètes. Votre *alter ego* est le Poissons. Les signes occupés par Mars et Mercure dans votre thème enrichiront et affineront ce portrait.

Scorpion Ascendant Balance

Un gant de fer dans une main de velours : c'est l'image que vous donnez. Votre comportement civilisé et charmeur, votre attitude ouverte et sociable représentent votre manière d'être spontanée dans le monde. Vous savez être diplomate, sentir le moment et la meilleure façon d'aborder quelqu'un pour être écouté et entendu. Par-delà votre affabilité, qui est réelle, brûle un désir fort. Vous êtes mû par une passion, une détermination et un besoin d'affirmation (ou de pouvoir) puissants : les difficultés ne vous rebutent pas. Vous avez besoin de jouer un rôle dans la société, peut-être sur la scène politique ou dans une institution humanitaire. Agir pour le monde, et si possible le changer, est votre moteur. Vous êtes attiré par les personnes énergiques, actives et combatives et vous êtes sujet aux coups de foudre. Votre *alter ego* est le Bélier. Les signes occupés par Mars et Vénus dans votre thème enrichiront et affineront ce portrait.

Scorpion Ascendant Scorpion

Lorsque le signe et l'Ascendant se trouvent dans le même signe (ou sont voisins), il se présente deux cas de figure : le Soleil se trouve au-dessus de l'horizon – ou en dessous[1]. Seul

1. Cf. définition p. 27.

un astrologue peut vous le dire, mais si le Soleil natal se trouve dans le premier décan (ou le second), et l'Ascendant dans le second (ou le dernier), autrement dit *après* le Soleil, vous pouvez être sûr que votre Soleil se trouve au-dessus de l'horizon, c'est-à-dire dans la Maison XII[1]. Dans ce cas, les caractéristiques propres au signe solaire sont assez masquées au départ et ne se révéleront qu'à travers un véritable chemin de vie initiatique. Dans le cas contraire, le Soleil se trouve dans la Maison I, ce qui rajoute au signe natal une forte valeur solaire (comparable à un côté Lion pour simplifier).

Dans les deux cas, l'Ascendant ne change pas : en Scorpion, votre comportement est parfaitement en cohérence avec votre désir créateur. Vous êtes quelqu'un d'entier, tout d'une pièce. Vos émotions, votre sensibilité et vos passions sont vives : vous ne comprenez pas les gens tièdes ou dociles, qui vous sont tellement étrangers. C'est que le feu intérieur qui vous anime ne vous laisse pas non plus en paix : vous ressentez le besoin irrésistible de brûler pour quelqu'un ou quelque chose. Avec un Soleil en XII, le monde invisible, la spiritualité ou la psychologie des profondeurs sont vos univers ; un Soleil en I, et c'est l'affirmation de votre ambition qui est votre priorité. Dans les deux cas, vous avez la capacité de déceler ce qui ne se voit pas, ce qui n'est pas formulé, ce qui est inconscient ou refoulé chez les autres. Cela vous donne un côté dérangeant, car pour vous toutes les vérités sont bonnes à dire. C'est votre fonction que de mettre au jour ce qui est caché. Dans le couple, vous rechercherez une personne stable, terre à terre et capable de vous apprendre à jouir de l'instant présent. Votre *alter ego* est le Taureau. Le signe occupé par Mars dans votre thème enrichira et affinera ce portrait.

---

1. Voir p. 432. Pour les détails, voir p. 28-33.

Scorpion Ascendant Sagittaire

Le paragraphe précédent vous concerne : dans votre thème natal, le Soleil peut se trouver en Maison XII (il peut aussi être en Maison X ou XI) ; dans ce cas, les caractéristiques propres au Scorpion ne sont pas très marquées avant un certain stade de votre évolution personnelle ; tant que le processus évolutif n'est pas enclenché (en général grâce à une psychothérapie, voire une psychanalyse), les potentialités peuvent rester à l'état virtuel : vous avez une seconde naissance à vivre. Dans tous les cas, vous êtes un passionné et un actif. Vous avancez dans la vie d'une foulée sportive et conquérante. Vous dégagez chaleur et autorité, bien que l'on perçoive, derrière votre enthousiasme confiant, un univers plus obscur et plus tourmenté. Vous gérez vos contradictions par l'alternance : un jour convivial et heureux, le lendemain misanthrope et secret. Votre travail et votre rôle social prennent une grande place : vous avez besoin d'être dans une position de pouvoir, de ne dépendre de personne et idéalement d'imposer votre loi. Vous pouvez aussi bien rechercher le pouvoir et la richesse qu'être complètement détaché et uniquement préoccupé de votre quête spirituelle. Vous cherchez une relation fraternelle et intellectuellement riche avec une personne juvénile, drôle et vive. Votre *alter ego* est le Gémeaux. Les signes occupés par Mars et Jupiter dans votre thème enrichiront et affineront ce portrait.

Scorpion Ascendant Capricorne

Votre fonction dans la société est une priorité et vous y sacrifiez beaucoup : responsabilités et ambitions passent devant famille et vie affective. De fait, votre énergie, votre opiniâtreté et votre résistance prodigieuses sont de remarquables atouts qui ne peuvent manquer de vous mener au succès. Vous savez faire les choix qu'imposent vos priorités, sans états d'âme ni tergiversations : vous êtes un dur et vous savez ce que vous voulez. Plutôt solitaire et pudique, vous prenez la vie très au sérieux et ne faites rien pour vous la rendre plus légère. Vous êtes profondément attaché à votre conjoint et à votre famille, qui représente le refuge dont vous avez besoin (même si vous n'êtes pas très présent). Vous êtes attiré par les personnes tendres, sensibles, intuitives. Votre *alter ego* est le Cancer. Les signes occupés par Mars et Saturne dans votre thème enrichiront et affineront ce portrait.

Scorpion Ascendant Verseau

Indépendant et individualiste, vous marchez volontiers hors des sentiers battus. Vous n'avez que faire des us et coutumes et vous êtes avant tout conscient des transformations qui doivent être entreprises dans le monde. C'est votre désir et votre fonction de faire bouger les choses, d'éveiller les consciences, d'inventer de nouvelles façons de vivre. Deux voies s'offrent à vous, l'une dans la sphère du pouvoir et de la politique, l'autre dans celle de la psychologie ou de la spiritualité. Idéaliste et passionné, vous êtes partagé entre le besoin d'implication dans la collectivité et un tempérament farouche et secret, qui préfère rester en dehors. Vous avez autant besoin des autres que de solitude. Vous êtes attiré par les fortes personnalités, brillantes, solaires, généreuses et passionnées, avec lesquelles vous recherchez une relation intense. Votre moteur, en définitive, est souvent l'Autre. Votre *alter ego* est le Lion. Les signes occupés par Mars et Saturne dans votre thème enrichiront et affineront ce portrait.

Scorpion Ascendant Poissons

Vous êtes difficile à cerner de l'extérieur et c'est votre malin plaisir que de semer la confusion ! Secret, introverti et peu expansif, vous cachez une sensibilité à fleur de peau et un grand besoin de partage et de fusion. L'Autre, les autres prennent une grande place dans votre vie ; la passion amoureuse est un tourbillon dans lequel vous pouvez chuter et vous perdre, tant votre désir d'osmose est puissant. De ce fait, la sexualité, ou plutôt l'érotisme, est pour vous un aspect fondamental de la vie, qui ouvre une porte vers l'Union, tant recherchée qu'elle en revêt un caractère mystique. Vous dégagez un magnétisme et une séduction puissants. Le service, l'aide aux autres et les missions humanitaires ou le domaine de la santé vous motivent et vous permettent de distribuer autour de vous l'énergie guérisseuse dont vous êtes porteur. Vous êtes attiré par des personnes très différentes de vous, plus intellectuelles qu'émotives, plus rationnelles qu'instinctives, mais qui vous rattachent à la terre. Votre *alter ego* est la Vierge. Les signes occupés par Mars et Jupiter dans votre thème enrichiront et affineront ce portrait.

Planètes, Ascendant et Milieu-du-Ciel en Scorpion

Lune ☾ en Scorpion ♏

Une Lune en Scorpion a besoin d'intensité. Elle a besoin de vivre des expériences fortes, des émotions éprouvantes, des passions qui lui procureront le sentiment d'être intensément vivante. Pour cela, elle est capable de vivre des drames passionnels ou de braver les dangers pour accompagner ou sauver la personne qu'elle aime. Extrêmement instinctive et intuitive, elle mise sur ce qu'elle ressent, fait confiance à ses impressions, qui ne sont jamais tièdes ni ambivalentes. Branchée sur l'inconscient des autres, elle lit leurs intentions, leurs désirs et leurs craintes à livre ouvert.

La dépendance et l'abandon sont quasiment impossibles à une Lune en Scorpion (*en chute*[1]). Elle refusera absolument et instinctivement toute situation où elle ne sera pas en contrôle. Pourquoi ? La peur et la culpabilité l'empêchent de tomber dans ce gouffre (s'abandonner) où elle sait qu'elle peut sombrer sans limite. Le fond du besoin est la fusion, l'appartenance et la dépendance absolue. Mais pour différentes raisons (peut-être une petite enfance qui n'a pas permis cela), le désir reste inconscient et s'oppose à un refus conscient.

… Sauf si la personne a comblé son besoin inconscient et se sent possédée, dominée par un Autre. En effet, la Lune en Scorpion recherche une relation passionnelle avec une personne de caractère, exigeante et capable d'agressivité. Suivant le reste du thème, elle peut devenir l'esclave de l'autre (Neptune ou élément Eau dominant) ou bien, au contraire, refuser net ses besoins émotionnels, donc l'esclavage et tout ce qui est du domaine de l'instinct, de l'intuition, de l'irrationnel ou encore de l'ésotérisme (Saturne ou éléments Terre ou Feu[2] dominants, par exemple).

La Lune en Scorpion sera plutôt attirée par une personne typée par le signe, et notamment réservée sur ses émotions : amoureux transis s'abstenir !…

---

1. *Domicile, exil, exaltation et chute :* il s'agit là des *dignités* des planètes, autrement dit de leurs correspondances avec les signes. Dans le thème natal, une planète dans son signe de chute n'a pas la même signification que dans son domicile.

2. Voir la distribution des éléments p. 20.

Pour un homme, l'image de la femme (l'épouse et la mère et non l'amante, symbolisée par Vénus) sera celle d'une femme forte, courageuse, disposant d'un pouvoir contre lequel il est difficile de lutter, jalouse et passionnée, entière, exclusive.

Mercure ☿ en Scorpion ♏

L'intelligence est forgée par un mélange d'instinct et d'esprit d'analyse. Mercure en Scorpion a la connaissance intuitive des choses et des gens, en décèle immédiatement les aspects cachés. Il sait d'instinct quelle solution adopter devant tel problème. Ensuite, il trouve des cheminements rationnels et logiques pour justifier ces intuitions : il met plus volontiers en avant sa logique que son flair. Les idées sont personnelles et arrêtées, les opinions tranchées et, le cas échéant, défendues passionnément. Mais spontanément, il préfère les garder pour lui. Il tient chaque information divulguée comme une arme potentielle, d'où son tempérament secret, parfois dissimulateur. De même, il est très attentif à ce qu'on lui dit, enregistre tout ; sa mémoire est considérable. On peut lui reprocher parfois un mode de pensée tortueux, manquant de simplicité et de spontanéité ; inversement, c'est un remarquable tacticien.

Vénus ♀ en Scorpion ♏

L'image qu'une Vénus en Scorpion a d'elle-même est celle de quelqu'un de réservé, passionné, absolutiste, possédant une grande force cachée… C'est du reste, dans un thème féminin surtout, ce qui se dégage : une séduction troublante, mélange de retenue, de fierté et de passion. L'exigence amoureuse, chez l'homme comme chez la femme, est extrême ; si la sexualité prend tant de place, c'est que le désir d'union, de dépassement de soi dans l'autre, voire d'aspiration à la communion mystique est intense. Cela peut prendre la forme d'une possessivité jalouse, d'une appropriation totale de l'Autre. S'il est contre la fusion, il prendra la fuite ! S'il est marqué par le Cancer ou le Poissons, il jubilera... Si la sexualité est absente, c'est qu'elle est refusée par déception de cette attente, ou encore qu'elle est transcendée dans le religieux.

Mars ♂ en Scorpion ♏

Mars est chez lui en Scorpion : il y est puissant, s'y affirme avec force. Les qualités de courage et de combativité, la capacité d'action et de création sont fortes, la volonté ne plie pas. Acharné est un terme qui lui correspond : Mars en Scorpion peut se battre sans trêve pour vaincre ou pour obtenir ce qu'il veut, quel qu'en soit le prix. Il ne lâche pas, ne peut distraire son attention de son désir ou de son but. Il peut être obsessionnel, cruel, destructeur comme faire preuve d'une prodigieuse activité créatrice (et sexuelle). Il dispose d'un grand capital d'agressivité ; ses instincts et ses passions l'animent. Il ne connaît pas d'autres limites que les siennes ou celles d'un ordre supérieur (politique, religieux...). Dans un thème féminin, c'est vers ce type d'homme, viril, autoritaire et instinctif, que se porte l'attirance. La femme elle-même possédera ces mêmes qualités de courage et de volonté, mais aura tendance à les projeter sur l'homme.

Jupiter ♃ en Scorpion ♏

Vous êtes capable de vous épanouir dans un rôle de pouvoir – au sens très large. Vous pouvez évoluer aisément dans les milieux de la haute finance ou de la politique, surtout si vous avez la possibilité de grimper les échelons et d'accéder au sommet ; la police criminelle ou le métier de détective vous iraient comme un gant. Vous vous sentez à votre place dans la société dans une profession qui vous donne l'occasion de creuser, chercher, détecter, fouiller… Dans un autre domaine, la psychologie des profondeurs peut également vous passionner, au même titre que les sciences ésotériques et les mystères de la vie.

Saturne ♄ en Scorpion ♏

L'image paternelle est celle d'un père mythique, idéalisé[1] ; dans le mythe, le père est un dieu, dans la réalité il est absent ou inadapté à la société. C'est une forte personnalité, autoritaire et très carrée sur de grands principes, qui ne sont pas applicables concrètement. Comme le père n'est pas irréprochable, comme la loi n'est pas parfaite, l'ego de la personne se construit sur la transgression des limites. Derrière cette absence de cadre se dissimule un insatiable besoin de rigueur, de règles, de lois carrées. Il y a là une quête de dépassement, d'élévation ; le quotidien, le banal, le médiocre (dans le sens des règles et des obligations qu'on lui impose) sont insupportables et toujours frustrants en regard de l'idéal.

En dépit de grands principes universels, la personne a du mal à exercer sa créativité et à s'imposer : le père ne lui a pas appris à s'opposer concrètement à son environnement pour se construire. Elle devra pallier cela en apprenant à intégrer des principes concrets, des règles tangibles, qui seront l'expression terrestre de ses grands principes célestes.

Notons un cas qui, bien que particulier, n'en est pas moins fréquent : celui du statut saturnien[2]. Dans ce cas, la personne identifiée à son Saturne en Scorpion se montrera

1. Saturne est *exalté* en Scorpion.
2. Cf. p. 39.

secrète, tourmentée, revancharde. Elle se montrera en somme sous les traits d'une sorte de « faux Scorpion », rêvant d'exercer une emprise sur le monde mais manquant de pouvoir ; le statut saturnien étant un masque, une défense, il ne peut s'investir des qualités solaires de rayonnement, de sûreté de soi et de joie de vivre. Cette personne aura un chemin à faire pour lâcher ses craintes, s'ouvrir au monde et, par là même, retrouver son Désir.

Ascendant en Scorpion ♏

Si votre signe solaire vous décrit comme versatile (Gémeaux), cérébral (Verseau) ou indécis (Poissons), il est probable que vous ne vous reconnaissiez que très épisodiquement. C'est que votre Ascendant Scorpion vous donne un comportement social, une attitude vis-à-vis des autres, une *personnalité* Scorpion. On vous perçoit comme quelqu'un de réservé, observateur et quelque peu mystérieux. Vous ne mettez pas les gens à l'aise : ils se sentent comme examinés de l'intérieur. De fait, vous cherchez toujours ce qui se cache derrière les apparences et les discours. Comprendre les mobiles cachés d'un individu vous intéresse plus que ce qu'il a effectivement réalisé (d'où votre attirance pour tous les métiers liés à la psychologie). Vous êtes admiré et redouté pour votre capacité à amener au jour ce que la plupart aimeraient garder enfoui : vous n'avez peur ni du conflit, ni du scandale, et recherchez passionnément la vérité et la justice. Vous avez néanmoins une haute opinion de vous-même et une grande confiance dans votre force et votre capacité de rebond : vous savez que vous pouvez compter sur d'inépuisables ressources.

À noter que la position de Mars (gouverneur du Scorpion, donc de votre Ascendant) en signe, dans votre thème, donnera des indications supplémentaires sur votre comportement social et la façon dont les autres vous perçoivent.

Milieu-du-Ciel en Scorpion ♏

Quel que soit votre métier, vous l'abordez avec passion (surtout si votre Ascendant est en Capricorne). Exercer une activité routinière pour subsister serait pour vous déprimant : vous avez besoin de vous donner corps et âme à votre métier, et que celui-ci vous donne l'impression de participer activement à la marche du monde, pour ne pas dire à l'évolution de l'humanité (découvertes scientifiques, création artistique, éveil mystique…). Votre but ultime et idéal serait d'engendrer un élément nouveau et transformateur, voire révolutionnaire. Ambitieux et individualiste, vous suivez votre propre chemin avec ardeur et acharnement. Cette absence de limite va parfois à l'encontre de votre épanouissement familial et conjugal. Typiquement, ce qui a été dit au paragraphe « le Scorpion et le travail » s'applique aussi ici, et particulièrement le type des métiers pour lesquels vous êtes fait ; mais pour être plus près de la vérité, il est indispensable de considérer le signe de Mars dans votre thème (il gouverne votre MC).

PORTRAIT ASTROLOGIQUE DU SIGNE DU SAGITTAIRE

♐

Image symbolique

Un archer à cheval voyage. Il part les poches pleines de richesses, vêtu comme un prince, et monte le meilleur destrier de la région. Il est missionné par ses pairs pour trouver le Saint-Graal. À mesure qu'il chemine, il se dépossède ; il découvre des continents inexplorés, d'autres croyances, d'autres richesses, celles de l'âme. Il s'en revient les poches vides et le cœur plein. Il prêche, il enseigne, il éduque, il est écouté. Il insuffle sa flamme de conquérant dans les cœurs juvéniles. Puis repart poursuivre sa quête, son voyage intérieur sans fin.

Le bébé Sagittaire

Le nourrisson, satellite dépendant de sa mère, est plutôt défini par le signe de la Lune natale que par son signe solaire. À partir de l'âge d'un an environ, le bébé acquiert de plus en plus d'autonomie et commence à affirmer ses quatre volontés : c'est le stade de « l'enfant-roi ». Ce n'est qu'à ce moment-là, où il réalise que sa mère et lui forment deux entités séparées et où il cherche à se différencier d'elle, que le bébé « devient un Soleil » à part entière et qu'il adopte les caractéristiques de son signe solaire.

Soleil en Sagittaire	Environ du 22 novembre au 22 décembre
Sa fonction	Rassembler les hommes au-delà de leurs différences, trouver les idées générales à partir des expériences particulières, chercher le sens philosophique de la vie
Sa saison	Transition entre l'automne et l'hiver ; les plus longues nuits de l'année
Sa planète maîtresse	Jupiter
Sa planète d'exil	Mercure
Sa planète d'exaltation	Mercure
Sa planète de chute	Vénus
Son élément	L'Air
Sa polarité	Masculine
Correspondance physiologique	Les cuisses ; le foie, le pancréas
Ses couleurs	Le bleu cobalt, le violet, le rouge pourpre
Ses fleurs	Le pavot, le cyprès, la fleur de pêcher, l'œillet, la rose
Son métal	L'étain
Ses pierres	La turquoise, le lapis-lazuli, le saphir
Ses chiffres	5, 9, 14, 23
Son parfum	La violette
Son type caractérologique	Émotif, actif, primaire
Son tempérament	Sanguin

1. Cf. le classique *Traité pratique d'astrologie* d'André Barbault pour aller plus loin.

Votre enfant Sagittaire déborde d'énergie : sa vie se conjugue avec le mouvement, le besoin de diversité et le sens du défi. Se dépenser, surtout en pleine nature, est chez lui un besoin fondamental et un plaisir indispensable : cela lui donne de l'énergie. C'est dans l'inaction et surtout entre quatre murs que le petit Sagittaire aventurier s'étiole ! Le sport lui permettra, tout au long de sa vie, de se ressourcer. Combatif et téméraire, il aime s'opposer par jeu plus que par esprit de contradiction. Il a besoin de se confronter aux autres : son esprit de compétition lui permet de se dépasser et de briller dans les nombreux domaines que sa très large curiosité le conduira à expérimenter. Par goût de l'aventure, il préfère emprunter les chemins de traverse plutôt que suivre les trajectoires balisées. Découvrir de nouveaux lieux le stimule : il a besoin, avant tout, de bouger, de voir le monde, de se nourrir de rencontres. Devenu plus grand, il sera fasciné par les voyages, par l'exploration de pays et de cultures radicalement différentes. C'est qu'il est très curieux de tout ce qui lui est étranger. Partir vivre dans un autre pays, devenir aventurier, reporter ou ethnologue peut être un de ses rêves. Son besoin de venir en aide aux autres peut aussi l'orienter vers la filière sociale ou médicale.

Le Feu, son élément, lui donne ce tempérament enthousiaste et actif. Courageux et protecteur, il prendra sous son aile les plus faibles et défendra très tôt la cause des opprimés ! Cette attitude magnanime et serviable est moins due à sa sensibilité (il est plus émotif que sensible) qu'à son sens des responsabilités vis-à-vis des plus petits. De nature optimiste et jovial, c'est un enfant particulièrement sociable, qui a le sens de la camaraderie et l'esprit d'équipe – surtout dans le sport.

Le petit garçon et l'ado Sagittaire

De Jupiter, sa planète, il tient son tempérament gai, sa joie de vivre communicative : un vrai petit soleil ! Ses centres d'intérêt sont doubles : d'un côté, le grand air, la mer, les jeux en bande, les animaux (les chevaux !) ; de l'autre, la connaissance, les langues étrangères, les études. Son besoin de liberté et d'autonomie lui colle à la peau. Il préférera les colonies ou les vacances sportives entre copains plutôt qu'en famille... Plus tard, il s'intéressera aux questions sociales ou de droit... À moins qu'il ne devienne journaliste ou vétérinaire ? Il a en tout cas de nombreuses cordes à son arc, la plus importante étant sa confiance en lui et son optimisme à tout crin.

La petite fille et l'adolescente Sagittaire

Si vous rêviez d'une petite fille douce et docile, vous n'avez pas tiré le bon numéro... Elle donne plutôt dans le style garçon manqué, avec son amour du sport, du risque et des escapades en bande : les travaux ménagers, ce n'est pas son fort ! Et elle fuira dès que possible les jupes maternelles. Dotée d'une personnalité forte et franche, elle aura du mal à se plier aux règles et peut se montrer dissipée et agitée à l'école. Devenue ado, elle se fera apprécier pour son caractère enjoué, amical et toujours partant pour tout. Elle sera la première à partir sac au dos sur les routes, et le plus loin possible ! Quant à sa vie sentimentale, elle peut intimider les garçons par son côté entreprenant et sa franchise parfois brutale...

Le Sagittaire devenu adulte, quel est son comportement de surface ?

Regard clair, sourire chaleureux, amical sans perdre de sa noblesse d'attitude, le type Sagittaire est sympathique et convivial. Il est apprécié pour son tempérament jovial et bon vivant, sa spontanéité. L'énergie **Feu** se manifeste par sa mobilité, son dynamisme actif et l'impression qu'il donne d'être toujours lancé en avant. Sportif ou aventurier, c'est un amoureux des grands espaces, de la vitesse et de la performance physique.

L'arc et la flèche

Sa nature est symbolisée par la flèche du Centaure pointée vers le ciel : c'est elle, à travers une incessante quête, qui le tient en mouvement et (donc) en vie : le Sagittaire s'étiole dans l'immobilité. Son intérêt pour le particulier, pour le proche, pour l'immédiat (en somme, pour tout ce qui fait l'univers de la Vierge) est faible : tout son être est tendu vers le général, le lointain et le futur. Le propre du signe mutable est de trouver l'instant présent dans le mouvement ; pour le Sagittaire, le mouvement est d'une telle ampleur qu'il pourrait ressembler (aux yeux d'un Taureau !) à une fuite en avant. Dès qu'un projet est sur le point de se conclure, dès qu'un but semble atteint, il lui est nécessaire et naturel de créer un nouveau projet, de déterminer un nouvel objectif qui lui permettra d'installer une permanence de mouvement et ainsi de toujours *tendre vers* quelque chose. Dans un univers de proximité, de répétition du connu et sans perspectives d'élargir ses horizons spirituels, intellectuels ou géographiques, il s'éteint. Le Sagittaire a besoin d'un but pour se sentir exister. L'important, pour lui, est de cheminer vers ce but, non de l'atteindre.

Les yeux fixés sur un horizon lointain et le cœur en marche, c'est ainsi qu'il se vit : avide, inlassablement, de dépasser les limites étroites de l'individu, de dépasser les frontières du connu, de dépasser le chaos apparent pour chercher passionnément, dans les lois qui gouvernent les sociétés, dans les regards étrangers, dans la diversité des rituels et des croyances de par le monde, dans l'ordre mystérieux qui gouverne l'univers, le Sens.

Un être éminemment social

Parler du Sagittaire ne se limite pas aux natifs du signe. Si l'on part du principe, comme D. Rudhyar[1], que le cycle du zodiaque est un modèle d'évolution qui retrace les phases de l'expérience humaine, puis sociale, le Sagittaire est une étape de développement de la personne et, au-delà, de la société. « L'état social semble être naturel au genre humain. Toutefois le développement d'une conscience vraiment sociale est graduel[2]. » Une conscience personnelle va naître au Bélier, puis grandir et se complexifier jusqu'à la Vierge. À partir de la Balance, la conscience s'élargit de plus en plus, au-delà de l'individu : naissent les notions de société et de culture. La Balance marque la rencontre de l'Autre, que le Scorpion, poussé par un désir de transcendance, porte au paroxysme de la fusion.

Extraire des lois générales de l'expérience collective…

Au Sagittaire se développent l'activité de la pensée, la recherche de lois universelles, de systèmes religieux et philo-

1. *Le Rythme du Zodiaque*, D. Rudhyar, Éd. du Rocher.
2. *Triptyque astrologique*, D. Rudhyar, Éd. du Rocher.

sophiques, quintessence des expériences éprouvées. « La civilisation résulte de l'organisation systématique de généralités et de valeurs universelles[1] » : c'est la fonction du Sagittaire. À l'opposé des Gémeaux qui avaient vu l'émergence des mots, au stade du Sagittaire se développe un mode de communication universellement compréhensible et qui élargit le sens du signifiant au-delà du langage : le *symbole*. Peut-être pourrait-on y associer l'écriture, premier pas vers l'histoire.

sans se préoccuper du particulier

L'enthousiasme, nourri par sa fougue, sa curiosité et un inlassable optimisme, est sa qualité la plus tenace. C'est aussi son piège, car il s'enflamme volontiers pour des idées théoriquement axées sur le bien commun, mais tenant un faible compte de la réalité individuelle. Autrement dit, la fonction organisatrice symbolisée par le signe est une nécessité en soi, mais peut conduire à des excès dangereux (fanatisme idéologique, politique, religieux…).

De fait, au stade du Sagittaire, la conscience individuelle et, d'une façon générale, l'intérêt pour le particulier, sont vagues (depuis son apogée au Lion, ils ont perdu peu à peu de leur prégnance). Pourtant, son tempérament Feu, vital, masculin, parfois brutal, la force de ses instincts et de ses appétits (son goût pour le combat et pour la viande rouge) peuvent donner l'impression d'un ancrage terrestre, d'une incarnation puissante, d'une forte affirmation de l'ego, voire d'une certaine arrogance. Mais il ne s'agit, d'après la théorie de Rudhyar, que des efforts de l'individu pour se donner l'illusion de sa puissance, face à la conscience de n'être qu'une parcelle d'un Tout plus vaste.

---

1. *Op. cit.*

Missionné par la collectivité

Il puisera donc son énergie dans une identification à la collectivité ou au groupe. Spontanément, il nouera plus volontiers des relations avec des personnes du même milieu ou animées par les mêmes idéaux, les mêmes passions, la même quête. Seul ou limité dans son espace vital, il déprime. Impliqué dans la société et dépendant d'elle, il possède le goût et le don de « ressentir » la communauté ou le public, pour prendre le pouls de la société : il se sent à sa place dans le rôle de serviteur de la communauté humaine. Pour lui, l'important n'est pas de se mettre en avant mais de parler au nom du groupe, de défendre une cause, un parti, une minorité opprimée, de participer à défendre les couleurs de son pays par le biais du sport ou de la politique...

Très concerné par l'image qu'il donne, la notion de respectabilité est surdéveloppée chez lui. S'il est prêt à se battre pour ses idées, il devra se sentir soutenu par d'autres : le fait d'aller à contre-courant de la pensée établie ne lui est concevable qu'à la condition d'être mandaté.

Un amoureux de liberté et de changement

De sa nature de signe mutable, il tient le besoin de changement et de diversité : dans ses relations, ce besoin se double d'un caractère passionné qui aime aller au fond des choses. S'il est capable d'un jeu social, d'une superficialité mondaine, s'il se met volontiers en représentation (le Sagittaire est le type même de l'acteur), son exigence profonde va bien au-delà ; il ne s'agit que d'un jeu et d'un prétexte à exprimer sa nature conviviale. Il multiplie les rencontres, mais dans une recherche d'authenticité et d'intensité – sans pour cela s'appesantir : il a besoin sans cesse de renouveau et l'exclusivité ne l'intéresse pas. Tout autant, sur le plan intellectuel, il se passionnera pour une approche qu'il creusera pour en extraire le sens, puis portera son attention sur un autre domaine, un autre point de vue. C'est un explorateur, un étudiant, un observateur passionné. Pourtant, il doit gérer son degré d'implication, et rester suffisamment à la périphérie des choses pour rester disponible, pour ne pas se fermer des portes. Sa liberté lui est nécessaire pour mener à bien sa mission : explorer l'inconnu pour ajouter une pierre à l'édifice de la collectivité.

Signe double, signe mutable

C'est ici que le centaure passionné montre un nouveau visage, celui de sa *mutabilité*. Les quatre signes mutables ont comme caractéristiques de se partager en deux facettes distinctes. C'est ce que l'on entend par *signes doubles*. Il ne s'agit pas de duplicité mais de dualité interne. Le mutable (les Gémeaux, la Vierge – fortement lestée par son caractère terrien – et le Poissons sont les trois autres) a cela de caractéristique qu'il ne supporte pas d'être défini, délimité dans une case, un type ou une fonction. De la même manière, il tient à sa liberté comme si sa vie en dépendait. Pourquoi ? La fonction fondamentale du mutable est une fonction d'échange – différent selon les caractéristiques du signe – et cet échange, ce va-et-vient, demande une disponibilité et une mobilité constantes. Le propre du mutable est le mouvement, seule condition pour s'adapter à l'instant. Tout entier dans l'*ici et maintenant*, toutes antennes sorties, il danse avec le mouvement de la vie. Dans le cas du Sagittaire, porté, emporté par son élément Feu, la contradiction intérieure est saisissante (ce qui ne l'empêche pas d'être gérée et vécue) entre un élan conquérant, un côté Bayard, énergique et passionné, prêt à se battre, à partir en croisade au nom d'une cause – et cette exigence, cet impératif tout aussi puissant de liberté. Le centaure se cabre contre les contraintes et les obligations, parfois même contre les responsabilités : à l'extrême, il peut aller jusqu'à refuser d'exister socialement, de s'impliquer dans le système social, au nom de cette liberté. Libre de quoi ? De vivre dans l'instant, d'être disponible à l'imprévu, d'être capable de prendre, au pied levé, le premier train, le premier bateau, le prochain avion pour l'Ailleurs.

On connaît souvent un mutable sous l'une de ses facettes, et l'on ignore l'autre. À chacune correspond un type de situation et d'environnement. L'une a tendance à se vivre de façon publique, l'autre en privé – ou en rêve, de façon purement virtuelle.

Moitié cheval…

Cette facette est celle du Sagittaire bon vivant, très physique : il aime la vie au grand air, le sport (d'équipe), les plaisirs terrestres, les grandes fêtes bien arrosées. Sa sexualité est active, animale et sans fioritures. Généreux, chaleureux, il aime rire, monter sur scène, faire son show, partager sa joie de vivre ; son besoin d'appartenance à un groupe, à un clan, est puissant. Sa plus grande qualité est son esprit de camaraderie, qui prend pour lui un sens profond d'appartenance à la même famille humaine, d'abolition des différences, de capacité à comprendre la personne la plus étrangère, à pardonner, à aider. C'est sa dimension commune avec le Poissons[1].

Aventurier dans l'âme, il voyage (ou rêve de le faire), de préférence façon baroudeur ou reporter. Ce qui l'intéresse, c'est d'aller à la rencontre des gens (et si possible de participer à leurs réjouissances). Matériellement, il est armé pour

1. Jupiter et Neptune gouvernent les deux signes.

se tailler une part confortable dans la société (cela ne signifie pas qu'il choisira de le faire : il peut préférer sa liberté !). Il a le sens des affaires et voit les choses en grand – pas question d'ouvrir un petit commerce de proximité. Sa générosité, une certaine folie des grandeurs et l'horreur de se sentir à l'étroit le poussent à rechercher un statut social susceptible de lui valoir de solides moyens matériels ; l'image qu'il donne de lui-même est fondamentale – il peut y être totalement identifié. D'où l'importance des signes extérieurs de richesse, de pouvoir et de fonction. De la même manière, sa fonction sociale peut prendre complètement le dessus sur sa personnalité propre (en caricaturant, Émile Dupont devenu maire se prend pour M. le Maire 24 h/24, ne quitte plus son écharpe tricolore et se désintéresse d'Émile Dupont). Il sait se débrouiller dans la vie, utiliser les circonstances à son profit : c'est un ambitieux et un battant.

moitié homme

Cet autre Sagittaire n'a pas grand-chose de commun avec le premier. C'est le profil de « l'honnête homme » : un penseur, un intellectuel qui réfléchit à la place qu'occupe l'homme dans le monde. Son esprit de synthèse et la cohérence de sa pensée le poussent à théoriser, à faire le lien entre les connaissances éparses, à chercher des lois universelles, notamment dans le domaine social. Son intérêt va vers les systèmes de croyances, les religions ou les systèmes politiques : tout ce qui met les hommes en relation. Sans être véritablement idéaliste, ni nécessairement créateur, il s'évertue à codifier, légiférer, organiser, comprendre. Ce qui l'intéresse, c'est la recherche du sens.

Ce personnage voue un culte à la culture ; la connaissance est un trésor qu'il a besoin de conquérir, d'assimiler, de diffuser. C'est sa fonction : apprendre, comprendre, enseigner. C'est un être de discours, un pédagogue, un maître ou un savant ; passionné et convaincu, il se bat pour des idées ; il a le don d'enflammer son auditoire, de transmettre sa passion.

Un être de discours, et non de dialogue. Dans son mode de communication, le Sagittaire est plus souvent sur le mode émetteur que récepteur. Cela tient à plusieurs choses : tout d'abord, son peu d'intérêt pour le particulier, pour l'expérience individuelle : il écoutera plus volontiers un conférencier disserter sur une théorie de la communication (la PNL…) que son voisin de table, sauf si celui-ci a quelque chose de réellement intéressant à lui apprendre, par exemple sur les mœurs des Pygmées. Ensuite, Mercure – planète de la communication – est à la fois *exilé* et *exalté*[1] dans le Sagittaire. Par l'exil, le Sagittaire projette *a priori* sur l'Autre une image de légèreté, de superficialité ou d'ignorance : il part du principe que son interlocuteur n'est pas vraiment intéressé ou ne maîtrise pas le sujet. Par l'exaltation, il met de son côté la barre très haut (on rejoint ici l'image de la flèche de l'archer) quant à la connaissance et tout ce qui s'y rapporte : il est, en général, incollable sur les sujets qu'il aborde. Cela peut donner des conversations à sens unique, où le Sagittaire déverse son savoir (certes impressionnant) sans véritablement se soucier de l'avis (ou de la disponibilité) de son auditoire ; mais cela peut tout autant donner la capacité d'entraîner son public ou son interlocuteur vers les sommets de l'*exaltation*. Le Sagittaire a alors ce pouvoir précieux de transmettre des valeurs qui le dépassent. Cette capacité extraordinaire à être canal de connaissance se manifeste sur un mode évolutif, c'est-à-dire une fois dépassées les exigences pures de l'ego.

---

1. *Domicile, exil, exaltation et chute :* il s'agit là des *dignités* des planètes, autrement dit de leurs correspondances avec les signes. Dans le thème natal, une planète dans son signe d'exil n'a pas la même signification que dans son domicile.

Le Sagittaire est ainsi partagé entre sa moitié animale, symbolisée par le cheval (instincts, puissance virile) et sa moitié homme, symbolisée par l'archer (pensée, esprit, maîtrise de l'instinct).

Dans chacun de ses personnages se cache l'autre. Si vous connaissez un Sagittaire sous l'une de ces facettes, sachez que vous n'avez pas tout vu ! Le boute-en-train jamais à court de plaisanteries bien grasses cache un érudit : si vous le prenez au dépourvu, vous le surprendrez certainement en train de relire Tocqueville ou Lévi-Strauss. Quant à l'universitaire brillant, vous le croiserez certainement sur un stade de foot (ou au bistro) un soir de match…

Le Sagittaire et l'amour

L'esprit de conquête est ce qui définit le plus ce séducteur impénitent qui rêve du grand amour mais qui, s'il le trouve, ne rêvera que de nouvelles victoires… Le Sagittaire n'est pas un sentimental. Il est convivial, il a le sens de la camaraderie, de la confrérie, ce qui lui tient lieu de vie affective. Pour le reste, c'est d'abord une sexualité exigeante qui le motive. Dans le plaisir sous toutes ses formes, il n'a pas le sens des limites : c'est un jouisseur, un paillard aux appétits prononcés – d'où sa morphologie souvent épanouie (indice, d'ailleurs, qu'il fonctionne plutôt sur sa première facette). Seul impératif : ne pas nuire à son image, à sa réputation. Il n'est pas rare que le mariage réponde à des impératifs sociaux ou économiques. L'amour exclusif est beaucoup moins du ressort de son tempérament que de son besoin de respectabilité sociale. Par nature, il n'est pas fait pour l'exclusivité, mais pour le voyage, la découverte, la conquête, l'expérience. Il faudra donc, s'il passe devant M. le Maire – ce qu'il fera probablement –, que son couple nourrisse son besoin de diversité, permette son besoin de liberté et d'indépendance, et éventuellement enrichisse sa quête de transcendance. Dans sa facette spirituelle, le Sagittaire toujours avide d'horizons à découvrir peut apprendre à cadrer ses pulsions de façon à les sublimer : d'horizontale (quantité), la relation à l'autre peut alors se verticaliser (qualité) et nourrir sa quête de sens.

La femme Sagittaire

Signe double oblige : Madame Sagittaire a deux visages. L'un est celui de la femme sportive, naturelle, sans fard, cheveux au vent et sourire ultra-brite, jean confortable et Stetson penché sur un regard clair et rieur. Pétillante de vitalité, elle s'agite, s'active, sans jamais perdre de sa bonne humeur contagieuse. L'enthousiasme, le naturel et la curiosité font partie de ses charmes.

L'autre type Sagittaire n'a en commun avec le premier que le tempérament gai et énergique. Pour le reste, c'est une aristocrate, une femme de luxe, tailleur Chanel et bijoux Cartier de préférence.

À condition d'incarner son Soleil, elle exprimera les qualités propres à son signe ; tandis que si elle projette ce Soleil en Sagittaire sur son mari, par exemple[1], elle aura plutôt tendance à s'identifier à sa Lune, ou à son Saturne natal. On ne retrouvera dans ce cas quasiment aucune des caractéristiques du Sagittaire dans sa personnalité.

Le Sagittaire et le travail : l'esprit d'équipe

La fonction sociale, particulièrement si elle est le produit d'un projet collectif, est donc essentielle : même s'il choisit le statut de marginal bohème, son intérêt, sa recherche et son tra-

1. Cf. p. 39.

vail iront toujours vers ce qui tourne autour de l'humain et de la société. Il est animé par l'impératif qui est d'en dégager les lois universelles, ce qui peut s'appliquer à maint domaine, depuis la recherche scientifique jusqu'à la politique en passant par les sciences humaines, et plus particulièrement sociales.

En tant que signe mutable, il peut avoir deux métiers, successivement ou simultanément. Sa première facette l'oriente vers les métiers de la finance internationale, l'import-export, l'organisation de voyages… C'est la facette du battant qui part à la conquête des marchés. Il cherchera à participer à une grande entreprise, à faire partie d'une équipe – si possible d'envergure internationale. L'idéal, c'est pour lui de se sentir *missionné*, délégué par une hiérarchie : il s'identifie alors complètement à son rôle, en retire un profond sentiment de validité. Dans le domaine de la compétition sportive (sport d'équipe de préférence), il trouvera également un plein épanouissement – ainsi que dans le monde du théâtre qui est le sien, à la fois pour son goût de la scène et de la vie de troupe.

Sa seconde facette le prédispose à une activité intellectuelle, axée sur la culture, la pédagogie ou le droit, sous-tendue par la notion d'exploration. Son contact spontané avec les enfants l'incline vers les activités d'éducateur ou d'instituteur. Les métiers vont de l'interprète à l'enseignant (si possible expatrié), en passant par l'ethnologue, le scientifique (recherche), le médecin (sans frontières), le politicien ou encore le missionnaire religieux. Les métiers de la magistrature (avocat) sont caractéristiques du signe.

Le Sagittaire et l'argent

De Jupiter, planète maîtresse du signe, on dit souvent qu'il est la corne d'abondance ; on l'assimile à la richesse, à la pléthore, au confort et à la reconnaissance sociale. Autant dire que pour tout Sagittaire qui se respecte, la richesse est d'abord un signe de réussite ; si certains Sagittaire plus désincarnés élèvent l'accomplissement personnel à un niveau plus spirituel, l'accent est mis la plupart du temps sur l'opulence matérielle, les signes extérieurs de richesse, voire le luxe ostentatoire. Il apprend assez tôt à devenir matériellement indépendant puis à obtenir les gains qu'il mérite. Idéalement, au midi de sa vie, il sera devenu un respectable nanti qui dispensera généreusement ses largesses autour de lui.

Santé du Sagittaire

Actif, sportif et de tempérament optimiste, le Sagittaire jouit d'une constitution robuste et d'une excellente vitalité. L'effort ne le rebute pas, ni la fatigue, et il ne s'attarde guère sur ses petits maux. Il doit cependant surveiller tout ce qui est du ressort des muscles (déchirures, inflammations), et particulièrement ceux des cuisses, le pancréas et le foie, la circulation artérielle. Le sport, l'oxygénation, le mouvement en pleine nature semblent être sa meilleure thérapie.

Soleil en Sagittaire, combiné à douze Ascendants

Sagittaire Ascendant Bélier

Vous êtes un guerrier ! La vie est une vaste arène où les meilleurs gagnent : votre sens de la compétition est aiguisé, et vous aimez vous battre. Si, de surcroît, se trouvent une veuve et un orphelin à défendre, votre sang ne fait qu'un tour. Les nobles causes vous exaltent et décuplent vos forces. Votre besoin d'action est vissé au corps : c'est dans le mouvement, et tendu vers un objectif, que vous vous sentez vivant. Mais il vous faut du changement, de la diversité, mille défis plutôt qu'un seul. Vous avez besoin d'aller au bout de votre quête, de votre objectif, mais vous en fixez un nouveau aussitôt celui-ci atteint. Vous dégagez chaleur, optimisme et générosité : votre présence est rassurante et stimulante à la fois. On vous pardonne vos accès d'autorité, votre manque de tact ou de patience... Dans le couple, vous avez un faible pour les natures raffinées, pondérées et paisibles ; votre partenaire doit être sociable et apprécié de tous. Votre *alter ego* est la Balance. Les signes occupés par Jupiter et Mars dans votre thème enrichiront et affineront ce portrait.

Sagittaire Ascendant Taureau

Huit sabots à vous tout seul... On peut dire que vous êtes bien planté dans la terre et que vos nourritures sont plutôt de l'ordre du palpable. Vous avez un sens profond du confort, et ne dédaignez pas le luxe et ses plaisirs. C'est votre nature : réaliste, bon vivant, jovial. Pourtant, que vous le montriez ou non, vous avez aussi de grands appétits spirituels. Que vous soyez conscient des réalités, amoureux de la nature et créatif n'empêche pas que, pour que votre vie ait du sens à vos yeux, elle doit s'intéresser à plus vaste que vous et se forger, par de multiples expériences, une compréhension du monde et des lois qui le gouvernent. Si vous donnez l'apparence d'un jouisseur égoïste, c'est que vous cachez bien votre jeu et que seule une poignée d'initiés connaissent vos motivations profondes. Dans le couple, vous êtes attiré par les personnes entières, passionnées et exclusives. Votre *alter ego* est le Scorpion. Les signes occupés par Jupiter et Vénus dans votre thème enrichiront et affineront ce portrait.

Sagittaire Ascendant Gémeaux

Vous êtes hyper-sociable et vous avez profondément besoin des autres. Échanger des idées futiles ou essentielles, rencontrer des étrangers, discuter avec les personnes les plus différentes de vous, voilà le sel de la vie. Adaptable, mobile (vous ne tenez pas en place), ouvert sur le monde, d'une insatiable curiosité intellectuelle, vous affichez un caractère juvénile, gai et volubile. Vous êtes très bavard : la parole est votre nourriture (l'écriture aussi). Mais ceux qui vous jugent superficiel se trompent : tout est sous-tendu, chez vous, par un désir puissant de compréhension. Vous aimez lire, voyager et multiplier les expériences qui peuvent vous apprendre quelque chose, élargir vos horizons. Vous êtes particulièrement doué pour les métiers de communication, l'enseignement ou le journalisme. Vous êtes attiré par les étrangers et par les personnes qui peuvent vous enseigner quelque chose, vous faire découvrir des domaines inconnus. Votre *alter ego* est le Sagittaire. Les signes occupés par Jupiter et Mercure dans votre thème enrichiront et affineront ce portrait.

Sagittaire Ascendant Cancer

Votre comportement donne une idée de vous assez peu conforme à la réalité. Vous apparaissez comme quelqu'un de réservé, sensible et doux, préférant la sécurité au risque et la chaleur du foyer aux aspérités de l'aventure. Cette attitude peu combative ne vous aide guère dans vos rêves de voyages, de découvertes et de croisades, qui risquent de demeurer à l'état virtuel – sauf si votre thème montre un fort dynamisme. Votre principal piège est votre difficulté à vous engager, à choisir une direction et à ne pas vous laisser flotter au gré des circonstances. Fonder une famille peut être une forte motivation et développer votre sens des responsabilités et votre côté protecteur. Vous êtes attiré par les personnes volontaires, ambitieuses et responsables avec qui vous souhaitez une relation durable et solide. Votre *alter ego* est le Capricorne. Les signes occupés par Jupiter et la Lune dans votre thème enrichiront et affineront ce portrait.

Sagittaire Ascendant Lion

Royal, noble et magnifique, vous ne doutez pas une seconde d'être sorti de la cuisse de Jupiter – ce qui est partiellement vrai puisque c'est votre planète ! Vous êtes doté d'une belle prestance naturelle, et d'une autorité qui s'impose d'elle-même. Vous entendez que le monde tourne autour de votre petit doigt et possédez ce charisme qui fait que l'on vous respecte et que – la plupart du temps – l'on vous obéit. Vous êtes assez énergique pour déplacer des montagnes s'il le faut : vous ne reculez devant aucun défi, aucun combat à livrer. Certains critiquent votre orgueil et votre égocentrisme, ce que vous regrettez car l'opinion d'autrui compte beaucoup. Idéalement, vous avez besoin de vous sentir mandaté, missionné pour accéder aux hautes sphères sociales. Amoureux de l'indépendance, vous recherchez un partenaire qui respecte votre liberté, et qui vous propose une relation originale, différente de la norme. Votre *alter ego* est le Verseau. L'Ascendant en Lion donne un poids supplémentaire au signe solaire : vous êtes donc très Sagittaire… Le signe occupé par Jupiter dans votre thème enrichira et affinera ce portrait.

Sagittaire Ascendant Vierge

Votre comportement discret, modeste et efficace laisse peu percevoir vos ambitions et vos idéaux élevés. Vous n'osez vous mettre en avant que lorsque vous êtes parfaitement sûr de vous et de ce que vous avancez. Lucide et critique, vous êtes d'une grande exigence, surtout vis-à-vis de vous-même. Vous êtes partagé entre l'ampleur de vos désirs, votre largeur de vues, votre ego puissant, d'une part, et d'autre part votre souci du qu'en-dira-t-on, votre perfectionnisme et une certaine timidité. Lorsque vous êtes en confiance et que vous laissez tomber vos défenses prudentes, se déploient une combativité et un goût de l'aventure qu'on n'aurait pas soupçonnés au premier abord. Vous êtes attiré par les personnes dégageant une certaine poésie et une ineffable aisance à naviguer dans la vie (alors que, pour vous, les rapports humains sont un art difficile pour lequel rien ne saurait être laissé au hasard). Votre *alter ego* est le Poissons. Les signes occupés par Jupiter et Mercure dans votre thème enrichiront et affineront ce portrait.

Sagittaire Ascendant Balance

Vous êtes quelqu'un d'éminemment sociable, dont la priorité est de se sentir impliqué dans la société. Vous vous identifiez à votre rôle, à votre fonction. Les domaines des relations publiques, de la magistrature ou de la politique vous tendent les bras ! Dans un monde parfait, vous aimeriez défendre une noble cause, combattre l'injustice et développer la culture et l'éducation sur la planète. Vous avez d'indéniables talents de négociateur et de diplomate : vous feriez un parfait ambassadeur ! Dans votre vie privée, vous avez beaucoup de mal à vous engager tant les tentations sont permanentes ; vous êtes un séducteur impénitent, du moins pendant la première moitié de votre vie. Vous êtes attiré par les personnes énergiques, entreprenantes, plutôt masculines et sachant ce qu'elles veulent. Votre *alter ego* est le Bélier. Les signes occupés par Jupiter et Vénus dans votre thème enrichiront et affineront ce portrait.

Sagittaire Ascendant Scorpion

Vous êtes une personne combative et courageuse. Le risque et le défi ne vous effrayent pas et la difficulté vous stimule. Entre la flèche du Sagittaire et le dard du Scorpion, vous êtes armé pour la vie ! Vous êtes porté par une bonne confiance en vous et une idée assez haute de votre valeur ; cela peut vous rendre fier ou autoritaire. Vous fonctionnez à la passion et n'allez que là où votre cœur vous mène. Le devoir ou la prudence n'ont guère de poids face à la fougue de vos désirs. Vous n'avez guère de difficultés pour vous affirmer, mais parlez plus difficilement de vous-même et de vos émotions. Malgré une grande sensibilité, vous n'êtes guère sentimental ; vous méprisez ce qui s'apparente à de la faiblesse ou de l'indécision. Vous avez tendance à choisir vos amis en fonction de leur force de caractère, car vous aimez être impressionné (ce qui n'est pas gagné d'avance) plutôt que séduit. Vous disposez d'une redoutable intuition et d'une perception très fine de vos interlocuteurs et des ambiances. Vous observez beaucoup, enregistrez et évaluez grâce à un sens analytique aigu. Vous êtes attiré par des personnes fortes, bien carrées dans le réel, proches de la nature et de leur nature. Votre *alter ego* est le Taureau. Les signes occupés par Jupiter et Mars dans votre thème enrichiront et affineront ce portrait.

Sagittaire Ascendant Sagittaire

Lorsque le signe et l'Ascendant se trouvent dans le même signe (ou sont voisins), il se présente deux cas de figure : le Soleil se trouve au-dessus de l'horizon – ou en dessous[1]. Seul

1. Cf. définition p. 26.

un astrologue peut vous le dire, mais si le Soleil natal se trouve dans le premier décan (ou le second), et l'Ascendant dans le second (ou le dernier), autrement dit après le Soleil, vous pouvez être sûr que votre Soleil se trouve au-dessus de l'horizon, c'est-à-dire dans la Maison XII[1]. Dans ce cas, les caractéristiques propres au signe solaire sont assez masquées au départ et ne se révéleront qu'à travers un véritable chemin de vie initiatique. Dans le cas contraire, le Soleil se trouve dans la Maison I, ce qui rajoute au signe natal une forte valeur solaire (comparable à un côté Lion pour simplifier).

Dans les deux cas, l'Ascendant ne change pas : en Sagittaire, il vous confère un comportement social en parfaite adéquation avec votre désir, votre idéal, votre créativité propre. Vous dégagez une énergie chaleureuse et dynamique, qui galvanise littéralement votre entourage. De ce fait, vous savez capter l'attention d'un auditoire et imposer naturellement votre autorité. Dans un groupe, le rôle de leader vous revient de droit (surtout avec un Soleil en I) et dans toute situation où vous êtes en position d'expliquer, de plaider, d'enseigner, vous faites preuve de remarquables dons de pédagogue par votre éloquence et la passion que vous savez faire passer. Vous êtes fondamentalement optimiste : vous avez foi en la vie et en l'homme et vous êtes passionné par ce qu'il vous reste à découvrir, à explorer, votre but étant plus de cheminer dans votre quête de sens que d'aboutir. La culture et la connaissance sont vos valeurs-phares. Vous êtes attiré par les personnes juvéniles, drôles, fines, légères. Votre *alter ego* est le Gémeaux. Le signe occupé par Jupiter dans votre thème enrichira et affinera ce portrait.

---

1. Voir p. 432. Pour les détails, voir p. 28-33.

Sagittaire Ascendant Capricorne

Le paragraphe précédent sous « Sagittaire Ascendant Sagittaire » vous concerne : dans votre thème natal, le Soleil peut se trouver soit en Maison XII, soit en Maison X ou XI[1] ; dans le premier cas, les caractéristiques propres au Capricorne passent devant celles du Sagittaire tant qu'un processus évolutif n'est pas abordé (en général grâce à une psychothérapie, voire une psychanalyse) ; les potentialités peuvent rester endormies, à l'état virtuel : vous avez une seconde naissance à vivre. Dans le second, tout se passe de façon classique. Vous avez un comportement plutôt réservé, pour ne pas dire froid. Vous installez d'emblée une distance avec vos semblables, affirmant ainsi une personnalité forte et autonome. Foncièrement indépendant, vous menez votre vie selon vos désirs et vos certitudes – et vous en avez. Les grandes questions humaines, les modèles économiques et sociaux, la politique, la philosophie et tout domaine visant à comprendre les grandes lois universelles vous passionnent. Votre ambition, alliée à votre charisme, vous donne la possibilité de vous élever socialement ; mais peut-être êtes-vous un idéaliste uniquement préoccupé de trouver la sagesse. Dans le couple, vous êtes attiré par les personnes sensibles, tendres, protectrices. Votre *alter ego* est le Cancer. Les signes occupés par Jupiter et Saturne dans votre thème enrichiront et affineront ce portrait.

Sagittaire Ascendant Verseau

Votre implication dans la société est une priorité. Vous avez besoin de mener votre action dans un cadre social, impliquant l'intérêt commun. Votre fibre idéaliste se combine avec la

1. Voir p. 432. Pour les détails, voir p. 28-33.

capacité visionnaire à vous projeter dans un avenir meilleur. Il vous manque peut-être un certain réalisme, mais vous savez vous entourer des personnes pouvant combler vos lacunes. Vous les compensez par un dynamisme enthousiaste : vous ne tenez pas en place et avez le pouvoir de galvaniser votre entourage. Vous êtes populaire, convivial ; vous aimez organiser de grandes fêtes joyeuses. L'amitié est votre valeur-phare. Vous êtes ambitieux, mais généreux ; vous aimez faire profiter les autres de votre réussite. Idéalement, vous aimeriez changer le monde pour le bien de la collectivité. Votre vie sentimentale prend peu de place dans votre vie (vous n'avez pas le temps), mais vous êtes attiré par les personnes brillantes, à la forte personnalité, généreuses et positives. Votre *alter ego* est le Lion. Les signes occupés par Jupiter et Saturne dans votre thème enrichiront et affineront ce portrait.

Sagittaire Ascendant Poissons

Vous avez un talent remarquable pour surfer dans la vie : vous utilisez votre flair pour agir, choisir la bonne initiative avec la bonne personne au bon moment. Vous savez utiliser les circonstances à votre profit et esquiver les obstacles. Vous ne vous appesantissez ni sur les problèmes, ni sur les échecs : pour vous, la vie doit être facile, agréable et joyeuse et vous faites tout pour qu'elle le soit. En fonction d'autres paramètres, vous pouvez être aussi bien un incorrigible opportuniste, cherchant son profit au moindre effort, qu'un idéaliste, un humanitaire plein de sagesse et de compassion. Ces deux visages sont en vous, qui vous tirent tantôt vers le bas, tantôt vers le haut. Votre piège serait de naviguer à vue toute votre vie en optant systématiquement pour la facilité et le plaisir à court terme. Si vous élargissez vos intérêts à ceux qui vous entourent, vous savez être aussi quelqu'un de secourable, un sage qui diffuse la joie et la sérénité autour de lui. Dans votre vie affective, vous avez un côté donjuanesque prononcé, mais là encore le risque est d'entrer dans un système de répétition qui se limite toujours aux débuts : vous devrez progressivement vaincre votre peur de l'engagement, ce qui vous fera découvrir des horizons plus vastes dans un nombre plus limité de relations. Vous êtes attiré par les personnes discrètes, efficaces, réalistes. Votre *alter ego* est la Vierge. Le signe occupé par Jupiter dans votre thème enrichira et affinera ce portrait.

Planètes, Ascendant et Milieu-du-Ciel en Sagittaire

Lune ☾ en Sagittaire ♐

Lorsque la Lune en Sagittaire s'abandonne à la dépendance (en laissant l'Autre ou les autres décider et agir) et se laisse aller à ses pulsions naturelles, on se trouve devant une personne pleine d'énergie et d'enthousiasme juvénile. C'est une nature généreuse, plutôt masculine, décidée, enthousiaste, qui dit ce qu'elle pense et exprime ses besoins avec franchise et spontanéité, parfois sans tact. Il se dégage d'elle une chaleur accueillante et amicale.

Elle a besoin d'espace vital et d'oxygène : il lui est impossible de s'épanouir dans une atmosphère confinée. Elle a besoin de respirer, besoin que l'on lui laisse les coudées franches. C'est vital ! Enfermée, contrainte, bridée, elle risque de s'étioler. Le sport au grand air est une condition *sine qua non* d'équilibre physique et de santé morale. Ces conditions réunies, elle respire (justement) la joie de vivre, la bonne humeur, la franchise, la force vitale.

Elle s'entoure volontiers de voyageurs, d'aventuriers ou de sportifs, cherche à s'intégrer dans un « clan » ; dans un club de danse africaine, un centre équestre ou un dojo, elle est comme un poisson dans l'eau !

Ce caractère enjoué et dynamique est plus visible dans le thème d'une femme. Dans celui d'un homme, il a tendance à être projeté et rencontré chez la femme : l'épouse ou la mère (et non l'amante, symbolisée par Vénus) idéale sera accueillante, optimiste, énergique et motivée par le besoin d'agir pour sa communauté.

L'image maternelle est celle d'une femme dynamique, gaie, débordante de vitalité et de confiance dans la vie. C'est de la mère que la personne Lune Sagittaire tient son irrépressible besoin de liberté, d'action et de grands espaces.

Ajoutons que la Lune en Sagittaire est très attirée par les natifs du signe.

Mercure ☿ en Sagittaire ♐

L'intelligence est synthétique, l'esprit large : la curiosité intellectuelle est inlassable, et la pensée vise à comprendre le monde en l'abordant de multiples points de vue différents. Il approfondit et diversifie sans cesse ses connaissances, notamment sur les questions fondamentales, comme la philosophie, la religion, l'ethnologie, la sociologie ou le droit. Il possède aussi le talent de les enseigner : c'est un remarquable pédagogue et un professeur qui sait passionner ses élèves. Son langage possède un véritable souffle et peut galvaniser les foules ! Il peut aussi parler de façon assez doctorale : il connaît beaucoup de choses et aime le montrer. L'humour et les apartés croustillants font partie de son discours ; ses intérêts élevés ne l'empêchent pas d'aimer aussi s'adresser de façon conviviale, voire franchement paillarde, à ses interlocuteurs.

Vénus ♀ en Sagittaire ♐

Voici une Vénus carrément conquérante ! L'amour, pour elle, est une quête permanente, un voyage vers le pays où l'on n'arrive jamais. Elle a besoin d'objectifs difficiles et lointains qui aiguiseront son désir. Sa vie amoureuse fait partie de son image sociale : l'Autre doit être valorisant, d'une façon ou d'une autre. Une fois « casée » (formalité indispensable pour être bien intégrée socialement), elle rêvera d'aventures exotiques avec l'étranger qui lui parlera dans sa langue. Le Sagittaire étant un signe double, il existe deux comportements possibles : le premier, c'est la Vénus aventurière, la Diane chasseresse. L'Autre doit lui apprendre quelque chose, élargir ses horizons, chaque expérience est donc précieuse. Elle vit la dimension horizontale du Sagittaire. Le second, c'est le sage, qui vit l'amour selon des préceptes moraux, philosophiques, religieux ou spirituels. Celui-ci vit la dimension verticale du signe.

Ce qu'elle cherche, au fond, c'est un amour initiatique.

Mars ♂ en Sagittaire ♐

Deux flèches, celle de la planète et celle du signe, pour aller au but : voici un vrai chevalier, toujours prêt à se battre pour une cause, noble de préférence. L'intérêt n'est pas de parvenir au but, mais d'être dans cette dynamique de quête et de combat : sitôt l'un gagné, un autre est engagé. Fougueux, coléreux, entreprenant, il peut manquer de tact et de patience.

Physiquement, il a besoin de se dépenser et de se dépasser. S'il peut le faire en groupe, c'est encore mieux : la compétition ou l'entraînement (le sien ou celui d'une équipe) peuvent devenir une passion. Mais il peut se montrer tout aussi combatif dans le domaine des idées : c'est le profil du militant politique ou du missionnaire, se battant au nom d'une idéologie. Entre les deux, se situe le type du voyageur actif, qui ira chercher une activité, un combat à livrer ou une cause à défendre à l'étranger (reporter, enseignant expatrié, médecin sans frontières...).

Un preux chevalier, c'est ce qu'une femme cherchera en tout homme, si Mars se trouve en Sagittaire dans son thème.

Jupiter ♃ en Sagittaire ♐

Vous avez les moyens de réussir dans l'enseignement, dans les métiers de la magistrature ou de la santé. Vous êtes à votre affaire dans toute activité demandant déplacements, voyages, mouvement, liée d'une façon ou d'une autre à l'étranger, à la nature, aux grands espaces sauvages (Ushuaia !), ou bien se plaçant dans un cadre culturel ou social. Vous avez un véritable talent de diplomate, de politicien et de pédagogue. Tenir un rôle social est de première importance, et vous tenez à obtenir les honneurs qui vous sont dus ! Grand seigneur, vous avez besoin d'acquérir les moyens de votre générosité : il est indispensable que votre compte en banque soit bien garni ! Si votre thème vous pousse davantage vers la facette du Sagittaire philosophe, il est possible que vous soyez au contraire complètement détaché des richesses matérielles et uniquement préoccupé d'acquérir la sagesse...

Saturne ♄ en Sagittaire ♐

L'image paternelle est celle d'un père actif, bon vivant, optimiste, un voyageur ou un intellectuel, curieux de découvertes et de conquêtes. Le père sera perçu par l'enfant comme un facteur structurant au niveau intellectuel, religieux et culturel : il faut s'instruire, être curieux de l'étranger, des cultures et des croyances différentes, être tolérant et ouvert, ne pas juger avec dogmatisme ; il va apprendre à l'enfant une manière civilisée de penser et de s'ouvrir au monde. Ce qui va se traduire dans un premier temps, à l'âge adulte, par un refus des études, de la culture, de l'érudition ; l'ego se construit sur une attitude braquée contre le fait d'avoir des idées, des théories sur le monde, une croyance religieuse, de briller dans la société ; ou bien sur le refus de l'espace, des voyages, de l'aventure.

Même si des problèmes objectifs apparaissent – difficulté à achever des études, à trouver sa place, à former et à exprimer publiquement des opinions –, ils font partie de l'économie personnelle du sujet, jusqu'à ce que l'ego soit suffisamment construit pour qu'il puisse lâcher ce refus et s'ouvrir à tout ce qu'il refusait auparavant.

Notons un cas qui, bien que particulier, n'en est pas moins fréquent : celui du statut saturnien[1]. Dans ce cas, la personne identifiée à son Saturne en Sagittaire se montrera au contraire très attirée par l'étranger, les voyages, la politique ou le social, la religion ou la culture. Elle se montrera en somme sous les traits d'une sorte de « faux Sagittaire », se voulant aventurière ou théoricienne, mais manquant de réel courage ou de motivation intellectuelle ; le statut saturnien étant un masque, une défense, il ne peut s'investir des qualités solaires de rayonnement, de sûreté de soi et de joie de vivre. Cette personne aura un chemin à faire pour lâcher ses craintes, s'ouvrir au monde et, par là même, retrouver son Désir.

Ascendant en Sagittaire ♐

Si votre signe solaire vous décrit comme placide (Taureau), fragile (Cancer) ou timide (Vierge), il est probable que vous ne vous reconnaissiez que très épisodiquement. C'est que

1. Cf. p. 39.

votre Ascendant Sagittaire vous donne un comportement social, une attitude vis-à-vis des autres, une *personnalité* plutôt masculine, aventurière, conquérante, ne craignant pas la lutte, surtout au sens sportif du terme. Passionné par le monde extérieur et notamment l'étranger, vous avez très tôt cherché à élargir vos horizons, que ce soit en voyageant, en côtoyant des étrangers ou en accumulant des connaissances.

On vous perçoit spontanément comme quelqu'un d'ouvert, sociable et dynamique. Vous pouvez adopter deux types de comportements, et passer de l'un à l'autre en fonction des circonstances : dans le premier, vous aimez partager de bons moments avec vos amis ou fréquenter un groupe de personnes ayant les mêmes passions ; sympathique et accueillant, vous pouvez volontiers vous montrer paillard, matérialiste et d'une générosité ostentatoire. Dans le second, vous vous intéressez davantage à la connaissance : votre quête philosophique ou spirituelle vous entraîne dans de vastes et multiples explorations ; vous êtes attiré par l'enseignement, pour lequel vous avez des dons remarquables, et d'une manière générale par tout ce qui peut faire grandir l'être humain.

Physiquement, vous êtes sportif et ne craignez pas l'effort musculaire, surtout en équipe. D'une constitution plutôt robuste, vous devez cependant surveiller les zones sensibles du signe (cf. tableau p. 294).

À noter que le signe de Jupiter (gouverneur du Sagittaire, donc de votre Ascendant), dans votre thème, donnera des indications supplémentaires sur votre comportement social et la façon dont les autres vous perçoivent.

Milieu-du-Ciel en Sagittaire ♐

L'étranger semble jouer un rôle majeur dans la destinée ; soit qu'il s'agisse de s'expatrier, soit de travailler à une échelle internationale. Le MC en Sagittaire a besoin de se réaliser professionnellement dans un contexte qui lui permet d'explorer de nouveaux continents, d'élargir ses horizons. Cette quête d'espace peut se vivre dans un contexte géographique, mais peut aussi se transposer dans le domaine de la connaissance. Dans ce cas, la destinée professionnelle a partie liée avec le monde universitaire, avec l'enseignement, notamment dans les domaines qui traitent de sujets élevés, philosophiques, théologiques…

Deux métiers, consécutifs ou simultanés, sont possibles avec le MC dans ce signe double, l'idéal étant d'avoir plusieurs fers au feu. On imagine une carrière sportive, menée de front avec une thèse universitaire, par exemple… Ou bien un travail d'ethnologue sur le terrain, combiné à des activités journalistiques…

Typiquement, ce qui a été dit au paragraphe « le Sagittaire et le travail » s'applique aussi ici, et particulièrement le type des métiers pour lesquels vous êtes fait ; mais pour être plus près de la vérité, il est indispensable de considérer le signe de Jupiter (qui gouverne votre MC) dans votre thème.

PORTRAIT ASTROLOGIQUE DU SIGNE DU CAPRICORNE

♑

Image symbolique

Un vieux sage est assis sur le seuil d'une masure, au sommet d'une montagne venteuse. Il vit dans le silence et le recueillement. C'est l'ermite. Près de lui, une faux, devenue inutile, témoigne de ses renoncements. Plus jeune, il a connu le pouvoir. Sa persévérance, sa froideur pragmatique le hissèrent aux cimes du monde. Puis il s'est dépouillé, a quitté les hommes, pour s'en aller chercher la racine des choses, l'essence de l'être, la loi divine dans l'ascèse.

Le bébé Capricorne

Le nourrisson, satellite dépendant de sa mère, est plutôt défini par le signe de la Lune natale que par son signe solaire. À partir de l'âge d'un an environ, le bébé acquiert de plus en plus d'autonomie et commence à affirmer ses quatre volontés : c'est le stade de « l'enfant-roi ». Ce n'est qu'à ce moment-là, où il réalise que sa mère et lui forment deux entités séparées et où il cherche à se différencier d'elle, que le bébé « devient un Soleil » à part entière et qu'il adopte les caractéristiques de son signe solaire.

Soleil en Capricorne	Environ du 22 décembre au 20 janvier
Sa fonction	Structurer, aller à l'essentiel, à la racine, discerner l'ordre dans le chaos
Sa saison	Dans l'immobilité de l'hiver, sous la terre gelée, la graine commence son processus de germination ; les jours rallongent
Sa planète maîtresse	Saturne
Sa planète d'exil	La Lune
Sa planète d'exaltation	Mars
Sa planète de chute	Jupiter
Son élément	La Terre
Sa polarité	Féminine
Correspondance physiologique	Les genoux ; le squelette, les os, les dents, les articulations
Ses couleurs	Le brun, le noir, le violet
Sa fleur et son arbre	Le pavot, le chêne
Son métal	Le plomb
Ses pierres	L'onyx, l'ambre, la perle noire
Ses chiffres	3, 9, 14, 16, 25
Ses parfums	Le chèvrefeuille, la rose
Son type caractérologique	Non émotif, actif, secondaire
Son tempérament	Nerveux[1]

1. Cf. le classique *Traité pratique d'astrologie* d'André Barbault pour aller plus loin.

Votre enfant Capricorne va mettre du temps à sortir de sa coquille. Signe de Terre, c'est un sensoriel qui capte pleinement le monde à travers ce qu'il en perçoit physiquement. L'imagination d'un Verseau, le rêve d'un Cancer ou le désir de possession d'un Scorpion sont chez le petit Capricorne encore endormis : il a d'abord besoin de temps pour connaître et comprendre le monde qui l'entoure. C'est un tardif. Terre à terre, lucide avant l'âge, réaliste, il s'attache à voir les choses telles qu'elles sont ; ce n'est que plus tard qu'il s'aventurera à rêver à d'autres possibles, à laisser libre cours à ses émotions et à son inspiration.

Cet enfant de Saturne est plus qu'un autre sensible à la séparation, au rejet des autres ; pourtant, de son propre chef, il recherche volontiers les moments de solitude, qui lui donnent la tranquillité d'analyser, de réfléchir. Son tempérament le porte à l'effort, à l'autodiscipline ; il révèle un sentiment précoce de responsabilité vis-à-vis de ses frères et sœurs, et parfois même de ses parents. Il se sent très tôt la force de supporter, de s'imposer, de prendre en charge. L'enfance du petit Capricorne est parfois difficile, à cause de son sentiment de fragilité ; il n'a pas conscience encore de sa force, de ses ressources, qui sont pourtant supérieures.

Mi-chèvre, mi-poisson, l'enfant Capricorne aime autant crapahuter dans les montagnes que s'ébattre dans l'eau : ces deux éléments sont les siens.

Le petit garçon et l'ado Capricorne

Plus qu'un autre petit garçon, il se montrera longtemps d'une grande timidité avec les filles ; pour surmonter ses complexes, il peut se montrer exagérément agressif et dur, ou au contraire complètement replié sur lui-même. Avec le temps, il apprendra à faire confiance aux autres, et surtout à l'autre sexe, ce qui n'est pas pour lui une évidence.

Sa sensibilité est souvent refoulée ; pudique, craintif, il n'est pas sûr de lui – et sa confiance en lui grandira avec l'âge, à travers les épreuves, les défis et les accomplissements. S'il apprend à apprivoiser son corps, le sport sera un exutoire excellent à ses inquiétudes (randonnée, escalade).

La petite fille et l'adolescente Capricorne

Elle aussi aura besoin de temps pour s'apprivoiser, se sentir en phase avec sa féminité, prendre confiance dans son pouvoir de séduction. D'ici là, elle se montre farouche, timide, plutôt solitaire ; elle refuse les jeux, les gadgets et les attributs de fille. Ne supporte pas le côté fragile et pleurnichard des filles et préfère les jeux de garçons – à condition d'être traitée en égale. Elle aura tendance à se cacher dans un comportement studieux et responsable, qui lui permet de rester longtemps asexuée. Tardive dans sa vie affective, elle peut fuir les tourments émotionnels de l'adolescence dans la pratique assidue d'un sport, qu'elle mènera de préférence à un haut niveau (compétition) ; elle est en effet courageuse, ambitieuse et persévérante. Elle sera prudente, à juste titre, dans ses expériences amoureuses : elle sait que les séparations et les déceptions laissent en elle des traces profondes.

Le Capricorne devenu adulte, quel est son comportement de surface ?

Au premier abord, il n'est pas particulièrement engageant. Réservé, à part, il salue sobrement, esquisse un sourire poli et reste, autant que possible, en retrait[1]. On ne le sent pas très à l'aise. Il serait mieux devant son ordinateur, dans son labo (il n'y a qu'au travail qu'il se sente détendu et à sa place)… ou sur sa montagne (c'est un animal des hauteurs). Pour ce solitaire, les relations humaines sont compliquées, aléatoires, trop humaines en somme… D'autant que, la plupart du temps, les humains (que l'on nomme à tort ses semblables) se passionnent pour des objets dérisoires : la célébrité, la mode, la séduction… (il est au-dessus des futilités, ce qu'il regrette parfois, d'ailleurs…). Il dissimule donc l'appréhension que lui cause autrui derrière une attitude distante, voire froide. La peur de l'autre, à ses différents degrés, fonde et explique sa solitude affichée, sa méfiance instinctive. Il en rajoute : se présente et se comporte comme un irréductible individualiste, autonome à cent pour cent : « Besoin de personne… » Certains vont jusqu'à vivre une vie d'ermite ou de moine, mais ils sont rares : en fait, le Capricorne a besoin de quelqu'un à qui *montrer* qu'il n'a pas besoin de lui !

Ne vous attendez pas à ce qu'il vous facilite la tâche : après tout, vous avez voulu le connaître (lui ne vous a rien demandé), à vous de jouer ! La communication, ce n'est pas son truc ; d'abord, il lui faut du temps pour savoir à qui il a affaire (essayez d'apprivoiser un bouquetin des Alpes en cinq minutes) ; ensuite, aborder superficiellement des sujets superficiels ne l'intéresse pas. Il veut bien aborder en profondeur des sujets superficiels ou, mieux encore, traiter avec humour des sujets graves. Mais ce qui l'intéresse vraiment, c'est d'aller au cœur des questions les plus essentielles que l'homme peut se poser. Pas évident, quand on n'a que le temps d'un café… D'ailleurs, il émane toujours du Capricorne une gravité, une

1. … mais d'autres facteurs peuvent compenser cette tendance, comme l'illustre le thème de G. Depardieu, où le côté farouche et réservé s'oppose à une force d'affirmation puissante, très haute en couleur…

profondeur, une sorte d'austérité intimidantes ; il apparaît comme un sage ou un juge (pour lui comme pour les autres), comme quelqu'un de très conscient des réalités, de ses devoirs et de ses responsabilités. Pour secouer ce joug, maint Capricorne trouvent refuge dans l'humour et la dérision – mais ce n'est qu'une façade, un moyen d'échapper à soi-même.

Individualiste et conforme

Il est le seul à réussir ce tour de force. Au-delà de son attitude indépendante et de son air de « avec vous mais différent de vous[1] », il est particulièrement respectueux de la Loi, devant laquelle tous les hommes sont (théoriquement) égaux. Non pas au même titre que la Vierge irréprochable, mais en tant que porteur d'une éthique : définir les notions de Bien et de Mal et s'y conformer font partie de sa nature (et de sa fonction). Il respectera les lois érigées par la communauté, s'appuyant plus particulièrement sur ses traditions, parce que le Capricorne ne peut se soustraire à une participation au collectif : il représente l'aboutissement de tout un processus de socialisation amorcé à la Balance. L'individualiste Capricorne ne peut s'en démarquer : son esprit scientifique et empirique est profondément respectueux des principes qui ont fait leurs preuves, intimement attaché aux vérités véhiculées par des siècles d'expérience, des millénaires de méditation. Ne supportant ni l'incertitude ni le flottement ni le doute, il construit son monde sur des bases sûres, éternelles, immuables (d'où son attrait pour les sciences). C'est son rôle que de se faire le dépositaire des expériences humaines qui l'ont précédé. C'est aussi sa limite, car il fait preuve de réticence devant les théories nouvelles,

1. À l'instar du Verseau, autre saturnien…

découvertes intuitives et autres idées d'avant-garde[1]. Ce qui n'empêchera pas le Capricorne de défendre *mordicus* ses idées, lorsqu'il est certain de leur véracité – quitte à déranger pour cela la pensée dominante. Mais il est, par nature, méfiant et sceptique et ne pourra appuyer aucune idée qui n'ait été préalablement justifiée et démontrée : ce n'est pas l'être des spéculations hasardeuses.

Cependant, ce signe éminemment social reste malgré tout individualiste : à partir des traditions, des lois sociales et des systèmes de pensée établis, il construira une éthique personnelle, pierre angulaire sur laquelle s'appuiera l'édifice de sa vie[2], et à laquelle il se conformera sans faillir.

Saturne, planète du Capricorne : la Loi, le cadre, la morale, mais aussi le parent, et en particulier le père. Quel que soit son sexe, le Capricorne a tendance à jouer pour son entourage un rôle paternel : à la fois guide protecteur, parent solide et sage, sachant fixer des repères sûrs – et censeur, juge, maître exigeant et rigoureux jusqu'à la rigidité.

La dynamique saturnienne, c'est aussi d'aller à l'essentiel, de créer de la structure, de l'ordre, de la méthode. D'où la tendance du Capricorne à se protéger des passions, des instincts, des futilités. C'est un philosophe ; non un homme de théorie comme un Sagittaire, ou de spéculation intellectuelle comme un Gémeaux, mais un penseur qui cherche, au plus profond de son ressenti, la structure interne, l'essence, l'articulation intime des choses, des phénomènes sociopolitiques aux grandes questions ontologiques.

Suivant qu'il s'oriente vers la réalité visible et tangible, ou vers l'ascèse spirituelle, on peut distinguer deux grands types de Capricorne :

---

1. … qui se manifesteront au Verseau, le révolutionnaire du zodiaque.
2. R. Kipling, Capricorne, évoque cette quête dans son *Second Livre de la Jungle :* « En vain chercherez-vous la Loi… »

Le moine

Notre société laisse peu de place à ce type d'ascète, qui a renoncé aux illusoires vanités humaines pour se concentrer sur la seule réalité, ou la seule quête digne d'y consacrer corps et âme : Dieu. La question d'un ordre et d'une loi immanente se pose avec acuité chez certains Capricorne, que les idéaux changeants et les fugitives passions humaines ne satisfont pas. En cheminant dans cette quête de transcendance, le Capricorne cultive sa capacité à descendre en lui-même pour discerner, au cœur du chaos complexe des pensées et des impressions, l'émotion vraie, pure, radicale. Maîtriser le flot d'émotions trop humaines pour parvenir à l'équanimité est pour lui le premier pas vers la sagesse. Sa capacité de distanciation, d'intériorité et de rigueur fait sa force. Il dévoue sa vie à l'étude de grands principes philosophiques et spirituels et se détache du terrestre. Méditation et solitude, telle est sa règle pour approcher le divin – que d'autres nomment le Soi.

Le chercheur

Solitaire, studieux et sérieux, le Capricorne a le profil caractéristique de l'homme de science – mais le portrait s'applique aussi à l'écrivain ou à l'homme politique, le point commun étant la capacité de s'abstraire de soi pour réaliser un (long) travail dédié (et utile) à la société. À l'inverse du « moine », il utilise sa capacité de concentration et sa rationalité pour tenter d'expliquer (et éventuellement de maîtriser) le monde. Également dans une forme d'ascèse, il ne se préoccupe ni de sa vie sentimentale, ni matérielle, ni sexuelle, ni du quotidien, ni de ses besoins propres : il n'y pense pas. À l'extrême, ce peut être (au moins par périodes) un personnage désincarné, oubliant le boire et le manger, entièrement plongé dans son œuvre[1]. Ce type de Capricorne perd complètement ses moyens dans l'intimité ; coupé de ses émotions et de son corps, il peut s'enfermer en lui-même, se rendre quasiment inaccessible. Toute son énergie est concentrée dans son mental ; c'est le joueur d'échecs, l'informaticien, l'intellectuel, le scientifique ou le technocrate déconnecté du *hic et nunc*, de l'ici et maintenant, du vivant, mais tout entier habité d'un impérieux sens de ses devoirs et de ses responsabilités face à la société.

Tous les Capricorne ne sont pas moines ou chercheurs, mais chacun porte en lui l'une ou l'autre de ces deux tendances, qui se tournent l'une vers le monde intérieur, l'autre vers le monde extérieur.

Ambition… ou nécessité ?

Atteindre les sommets de la réussite sociale et du pouvoir, ou du détachement et de la spiritualité, c'est là l'injonction intime du Capricorne.

Son ambition passe donc devant ses sentiments, ses envies ou ses désirs personnels : comme le résume Solange de Mailly-Nesle, « le Capricorne porte en lui un destin qu'il se sent seul à pouvoir accomplir[2] » – ce qui lui laisse peu de choix, peu de liberté. Il ne s'agit donc pas d'une ambition personnelle (comme pourrait l'illustrer un Lion ou un Taureau) mais d'une nécessité intérieure à mettre ses capacités

1. C'est ainsi qu'un natif du Capricorne peut se comporter lorsqu'il incarne sa sous-personnalité Soleil-Capricorne. Mais nous sommes faits d'une somme de sous-personnalités, symbolisées par toutes les planètes de notre thème. Le bourreau de travail Capricorne, une fois rentré chez lui, laisse sa créativité au vestiaire et récupère ses appétits terrestres (Lune), affectifs (Vénus), sexuels (Mars), etc.

2. *L'Astrologie*, Solange de Mailly-Nesle, La Martinière.

au service de la communauté humaine. Encore une contradiction : solitaire, indépendant, oui ; mais intimement concerné par le monde, par la société, par les autres. Il ne s'agit pas d'une compassion à la façon Poissons, mais d'un profond sentiment de responsabilité. On rejoint ici l'aspect « parent » décrit plus haut…

Par tempérament, le Capricorne est armé pour mener ses vastes projets jusqu'au bout. Si son être intime, affectif, sensible, est souvent ignoré et malmené, dans l'arène du monde le Capricorne sort souvent vainqueur. Sans hésitation, mais en toute connaissance de cause, il « affronte la face Nord de la vie[1] », vise les sommets ; patient, opiniâtre, et finalement peu préoccupé d'une reconnaissance immédiate (donc éphémère), il poursuit un but à long terme. C'est un roc : son sang-froid, sa rigueur, son sens de la discipline le conduisent à travers les difficultés, sans qu'il relâche son effort ou doute de son bien-fondé[2]. Impitoyable pour les défaillants et les indécis, il respecte les hommes d'honneur, d'action et de décision. Les vertus guerrières de Mars, *exalté*[3] dans ce signe, sont portées aux nues, à condition qu'elles servent le droit, la justice et la vérité (l'éthique saturnienne).

Le Capricorne se construit sur ses épreuves, ses renoncements, ses échecs : les obstacles lui permettent de se dépasser. Le Lion ambitieux s'épuisera s'il n'est pas désigné par la collectivité, si sa valeur n'est pas reconnue ; alors que devant l'échec, qu'il considère comme circonstanciel et finalement dérisoire, le Capricorne va persévérer. Il a davantage confiance

---

1. *Op. cit.*
2. On pense à Jeanne d'Arc, à Albert Schweitzer, à Martin Luther King…
3. *Domicile, exil, exaltation et chute :* il s'agit là des *dignités* des planètes, autrement dit de leurs correspondances avec les signes. Dans le thème natal, une planète dans son signe d'exil n'a pas la même signification que dans son domicile.

en son propre jugement qu'en celui de ses juges, et sait trouver en lui des ressources profondes de courage et de résistance : sa capacité de distanciation et sa lucidité l'empêchent de s'identifier à ses réalisations ou à son image.

Conscience sociale

D'où lui vient ce détachement ?

Le Capricorne naît au solstice d'hiver : la nature est immobile, les nuits s'étalent, la vie décline, réduite au minimum de son activité. Et pourtant la terre s'ensemence, elle porte en elle le germe du cycle nouveau qui éclatera au printemps du Bélier. Le Capricorne marque à la fois la fin d'un cycle et la promesse du renouveau.

Parler du Capricorne ne se limite pas aux natifs du signe. Si l'on part du principe, comme D. Rudhyar[1], que le cycle du zodiaque est un modèle d'évolution qui retrace les phases de l'expérience humaine, puis sociale, le Capricorne est une étape de développement de la personne et, au-delà, de la société. « L'état social semble être naturel au genre humain. Toutefois le développement d'une conscience vraiment sociale est graduel[2]. » Une conscience *personnelle* va naître au Bélier, puis grandir et se complexifier jusqu'à la Vierge. À partir de la Balance naissent les notions de société et de culture ; le spectre de la conscience s'élargit de plus en plus au-delà de l'individu : celui-ci va « rechercher une identification toujours plus profonde à des collectivités toujours plus grandes[3] » (jusqu'au Poissons qui va rechercher l'ultime dissolution de l'ego dans le Tout). La Balance marque la rencontre de l'Autre, que le Scorpion, poussé par un désir naissant de

1. *Le Rythme du Zodiaque*, D. Rudhyar, Éd. du Rocher.
2. *Triptyque Astrologique*, D. Rudhyar, Éd. du Rocher.
3. *Le Rythme du Zodiaque, op. cit.*

transcendance, porte au paroxysme de la fusion. « Le grand essor de la civilisation qui a pris son envol dans le Sagittaire, sur les ailes de l'esprit philosophique, scientifique et social, atteint [au Capricorne] un point de cristallisation[1]. » Représentant de l'inconscient collectif qui fait la somme des expériences économiques, sociales et spirituelles, le Capricorne se sent investi de devoirs vis-à-vis de la société, et peu concerné par lui-même en tant qu'individu.

Derrière son désir d'ascension et de pouvoir, ce sont l'accroissement de sa conscience et l'évolution de la communauté qu'il vise. Il a besoin de partager les fruits de ses projets une fois ceux-ci aboutis ; l'âme du Capricorne est celle d'un civilisateur.

Le Capricorne et le travail

Des trois signes de Terre, grands bosseurs devant l'Éternel, le Capricorne est probablement le plus acharné. Difficile de lui faire concurrence sur ce terrain-là : ses journées commencent tôt, se terminent tard, et sa conscience professionnelle, son sens des responsabilités, sa capacité de concentration lui font abattre une somme de travail impressionnante. Sans repos et sans hâte, telle est la devise de cette nature patiente et laborieuse, portée par la nécessité d'apporter sa pierre à l'édifice commun[2].

Si, par chance, il peut être son propre chef à l'intérieur d'une structure (entreprise, administration…), il s'épanouira pleinement. Il conciliera ainsi ses besoins contradictoires d'intégration active et d'autonomie. Bien qu'il fasse un col-

1. *Ibid.*

2. Le Sagittaire est porté par la même injonction, mais sa pierre à lui sera plutôt d'ordre culturel, alors que celle du Capricorne sera plutôt sociale ou politique.

laborateur hors pair, il se sent mieux en statut indépendant ou à la tête d'un groupe, où il exploitera et développera ses capacités d'organisation et de structure.

Sa nature l'oriente vers trois grands axes :

– le domaine de la justice, de la loi (à l'exception du métier d'avocat, plutôt Sagittaire) ou de son enseignement (professeur de droit…) ;

– celui des sciences fondamentales : chercheur, professeur… Pour le Capricorne tout particulièrement, la jubilation est de parvenir à découvrir des lois immuables, constantes[1] ;

– celui de la politique et de l'administration.

Enfin, dans la catégorie des « moines », on rangera également les écrivains, intellectuels, philosophes et autres chercheurs de lois et de vérités morales et spirituelles.

Le Capricorne et l'argent

La *chute* de Jupiter dans ce signe induit une attitude ambivalente vis-à-vis de l'argent. *A priori*, le Capricorne n'est pas très à l'aise : avoir beaucoup d'argent est louche, l'étaler est indécent, le jeter par les fenêtres franchement immoral ; le Capricorne compte ses sous et limite ses dépenses, tout en rêvant (secrètement) de faire comme Picsou et de prendre un bain d'or tous les matins. Au fond, il se sent mieux dans la peau d'un pauvre, tout en enviant (secrètement) les riches[2]. Mais il n'est décidément pas à l'aise pour négocier, (se) vendre, payer, dépenser… Ce ne sont pas des actes anodins. Peu soucieux de son image, mais davantage d'authenticité, il aimerait idéalement se promener en robe de bure ; les jours de soldes, il écume (discrètement) les

1. Newton, Kepler, Pasteur…

2. Cela n'empêche pas certains Capricorne de faire fortune, pourvu que Jupiter soit puissant dans leur thème !

magasins. Parfois (rarement), il peut lui arriver de se débrider, de lâcher la soupape ; de faire des dépenses somptuaires, de plonger dans l'excès et le luxe… mais il se le fait payer cher ! En trimant quatorze heures par jour au lieu de douze…

Le Capricorne et le temps

Justement, venons-en à son rapport au temps. Saturne, alias Chronos, dieu du Temps, est son maître : il a très tôt une conscience aiguë du temps qui s'écoule, du temps qu'il reste à vivre. Au Cancer (son opposé) s'ébauche la conscience du passé, les premiers retours nostalgiques de la mémoire. Au Capricorne s'affermissent la lucidité et la sensibilité à l'inexorable égrenage des saisons. Tous les signes de Terre (le Taureau et la Vierge avec lui) marchent au rythme lent de la Nature, mais le Capricorne hivernal est le plus conscient des minutes qui passent et ne se retrouvent plus : on dit que le jeune Capricorne est déjà vieux et qu'il rajeunit en vieillissant… Jeune, il est accablé par sa précoce lucidité. Inhibitions, scrupules et conscience exacerbée retardent son affirmation et lui interdisent la légèreté et la joie de vivre adolescentes. Ce n'est qu'en mûrissant que le Capricorne apprend à apprivoiser le monde, à aimer et à s'aimer.

Le Capricorne est un lent. Quelle que soit son agitation extérieure (si le Feu ou l'Air sont valorisés dans le thème, par exemple), le temps lui est structurellement nécessaire pour aller au cœur des choses, s'en imprégner tout à fait, les faire siennes : il lui faut du temps pour mener à bien une action, pour s'attacher, pour se détacher…

L'émotion doit pénétrer les multiples couches de l'armure : ce n'est pas l'être des coups de foudre (ce serait plutôt celui des mariages de raison !).

Le projet doit vaincre les multiples exigences et les maintes réticences de sa raison, de son esprit stratégique. Il ne le dévoile qu'à maturité : une fois définie et commencée, l'œuvre peut l'occuper des années, elle peut rester longtemps invisible ou incohérente et sembler infructueuse aux yeux extérieurs… Lui sait où il va, il n'est pas pressé et ne se laisse décourager ni par la critique, ni par les difficultés. Prévoyant, organisé, économe, il gère parfaitement ses moyens – c'est un remarquable logisticien – pour atteindre enfin l'objectif poursuivi parfois toute une vie durant.

De même, sa capacité de résistance et d'endurance le prédispose à supporter longtemps une situation inconfortable : il ira jusqu'au bout de ses ressources avant de réagir et (par exemple) de rompre une relation devenue nocive ; ses blessures mettent longtemps à cicatriser : il traînera des années une déception amoureuse et sa méfiance à l'égard de l'autre sexe s'en trouvera justifiée. C'est du reste parce qu'il connaît sa fragilité et son impitoyable mémoire qu'il est si réticent à s'attacher…

Le Capricorne et les rapports humains et amoureux

Son système de défense, c'est de montrer qu'il se suffit à lui-même. Les rapports intimes le trouvent donc désarmé, mal à l'aise, farouche, voire craintif. Il s'éloigne dès que l'on s'approche trop près. Se protège derrière une inémotivité apparente ou réelle par peur de ce qu'il ne contrôle pas.

L'amour Capricorne n'est ni impulsif ni séducteur. Il n'est pas dicté par une rêverie romantique ni par un désir irrésistible ; il n'a que faire des artifices, des jeux malicieux ou pervers, de l'emprise ou de la jalousie. Il préfère être seul plutôt que mal accompagné, ne dédaigne pas le célibat ; il n'est pas non plus mû par un désir de reproduction et de vie de famille. C'est un détaché. Son attachement se tisse sur la durée, sur la confiance et le respect mutuels, se consolide dans les expériences et les épreuves partagées, se construit sur des certitudes. Ce n'est qu'une fois apprivoisé et conquis qu'il dévoile sa passion, alors irréductible. Il est ce qu'on appelle un « passionné à froid »...

La femme Capricorne

C'est une femme de tête – fragile et mélancolique dans ses sentiments, mais exigeante, implacable dans ses ambitions. Elle ne se permet aucun débordement ; culpabilise pour un rien... Un implacable sens du Devoir et des Responsabilités la poursuit ! Distante, froide, elle n'est pas d'abord facile. Elle s'intéresse davantage à son Travail et à sa Carrière (ou, à défaut, à ses devoirs et responsabilités familiales) qu'aux rencontres qui risquent de ne rien lui apporter. Pour entrer dans ses grâces, il faut faire preuve de patience, de constance et de consistance : de caractère bien trempé, elle n'a que faire des hésitants et des papillons et met rapidement ses interlocuteurs au pied du mur. Son attitude peu engageante est une mesure de prudence : peu sûre d'elle, elle a besoin de maintes preuves avant de croire en la sincérité des sentiments d'autrui, et de mettre les siens à l'épreuve du temps. Ce qui la fascine ? La gaieté, l'intelligence, l'éloquence, l'aisance. Ce qui la séduit ? Le pouvoir, l'intégrité et... la fragilité. Si vous savez la conquérir, vous découvrirez une femme sage, profonde, fidèle et responsable, sur laquelle vous pourrez compter.

À condition d'incarner son Soleil, elle exprimera les qualités propres à son signe ; tandis que si elle projette ce Soleil en Capricorne sur son mari, par exemple[1], elle aura plutôt

1. Cf. p. 39.

tendance à s'identifier à sa Lune, ou à son Saturne natal. On ne retrouvera dans ce cas quasiment aucune des caractéristiques du Capricorne dans sa personnalité.

Santé du Capricorne

On s'en doute : c'est un roc. Infatigable, d'une résistance remarquable, il reste sourd aux besoins, aux appétits comme aux limites de son corps, ce qui la plupart du temps lui garantit une santé de fer. S'il tire trop sur la corde – c'est sa tendance –, il peut sur le tard payer ce manque d'attention de soi par des troubles chroniques, notamment dentaires, mais aussi dorsaux et osseux. La Tradition attribue au signe la région des genoux, qui peuvent être une zone douloureuse (rhumatismes...). Mais s'il sait raisonnablement s'écouter, il jouira longtemps d'une excellente santé et d'une bonne longévité.

Mélancolie du Capricorne

Cette intériorisation de l'émotion le fait passer pour froid, indifférent ou austère. De fait, il dépense beaucoup d'énergie à surmonter ses émotions, à rationaliser ses impulsions, à faire passer son sens du devoir bien avant ses besoins propres. Cette autodiscipline en fait une nature souvent contrariée, encline à une certaine tristesse radicale qu'entretient sa solitude fondamentale, pourtant choisie.

Plus profondément, et peut-être plus inconsciemment, le Capricorne porte en lui un inconciliable (et inconsolable) paradoxe, qu'il cherchera parfois à apaiser dans la richesse et le pouvoir, tout en sachant que le véritable apaisement ne peut se trouver que dans une authentique humilité. Cette contradiction interne se trouve dans la volonté consciente de fixer le monde en érigeant des lois – et l'intuition vague de porter en soi les germes d'une conscience et d'un monde nouveaux[1], lesquels remettront toutes ces lois en question. Le stade du Capricorne est à la fois un aboutissement et une promesse, à la fois déclin et germination, fin et renouveau, mort et vie. Sa mélancolie vient peut-être de cette conscience vague que, pour magnifiques et parfaites qu'elles soient, ses cathédrales seront bientôt balayées par le vent du Verseau et les déluges des Poissons. Peut-être aussi est-ce cette prescience-là qui lui dicte, tout au long de sa vie, de ne s'intéresser qu'à l'essence des êtres, qu'aux lois éternelles qui gouvernent les choses ici-bas.

Soleil en Capricorne, combiné à douze Ascendants

Capricorne Ascendant Bélier

Vous êtes un dur à cuire ! Volontaire, ambitieux et déterminé, vous êtes armé pour la vie… que vous prenez peut-être trop souvent pour un combat, un défi à relever. Il est probable d'ailleurs que vous ayez eu maintes fois l'occasion de vous prouver votre courage et votre résistance face aux intempéries de l'existence. Vous êtes également capable d'efforts impressionnants et ignorez la fatigue et le découragement. Votre comportement frontal et décidé, votre façon de réagir au quart de tour peuvent masquer votre patience de fond, le côté plus froid de votre caractère. Vous vous entourez de peu de personnes, sélectionnées en fonction de leur droiture, de leur capacité à défendre leurs opinions et à raisonner de façon objective. Côté cœur, vous n'êtes pas un

1. … qui émergeront au Verseau.

sentimental ; vous recherchez surtout un partenaire fiable et équilibré, un « gant de fer dans une main de velours » : votre *alter ego* est la Balance. Les signes occupés par Saturne et Mars dans votre thème enrichiront et affineront ce portrait.

Capricorne Ascendant Taureau

Pur terrien, vous avez les pieds bien ancrés aux réalités : vous êtes un pragmatique, un saint Thomas à qui on ne « la » raconte pas : seuls les faits et les résultats comptent ! Votre besoin de sécurité matérielle et votre ambition sociale vous orientent vers des carrières sûres, stables, et vous donnent la possibilité de vous perfectionner, de vous spécialiser et d'accroître votre autonomie et votre pouvoir : vous pensez en effet qu'il ne peut y avoir de réelle efficacité, notamment sur le plan social, sans un réel pouvoir. Vous êtes très proche de la nature, vous aimez regarder pousser les plantes et marcher en montagne ; vous êtes patient et la solitude est très tôt dans votre enfance un état naturel. Les relations affectives vous effrayent quelque peu car vous avez pris l'habitude de ne compter que sur vous-même ; mais votre sensualité vous aide à combattre vos craintes et vos inhibitions. Avec beaucoup de temps et de patience, vous finirez par donner votre confiance, de préférence à une personne entière et exclusive, au caractère bien trempé. Votre *alter ego* est le Scorpion. Les signes occupés par Saturne et Vénus dans votre thème enrichiront et affineront ce portrait.

Capricorne Ascendant Gémeaux

Votre personnalité est complexe et riche de contradictions : il est probable que la façon dont vous êtes perçu diffère nettement d'une personne à une autre, chacun étant plus sensible à tel aspect de votre caractère. Votre comportement social est enjoué, ouvert et plutôt volubile ; vous aimez les échanges, les rencontres, les surprises de la vie. Mais derrière cette apparente convivialité, légère et pleine d'humour, se cache quelqu'un d'exigeant, ambitieux et plutôt farouche. Vous aimez les contacts humains mais, pour vous atteindre en profondeur, il faut montrer patte blanche, faire preuve de patience, d'authenticité et de fiabilité. Au travail, vous êtes beaucoup moins « cool » qu'on ne pourrait le croire ; votre côté sympathique décontracté s'évanouit à la première amorce d'un problème, et vous devenez subitement intransigeant et rigide. Vous êtes attiré par les personnes qui peuvent vous enseigner quelque chose, vous faire découvrir des domaines étrangers, inconnus. Votre *alter ego* est le Sagittaire. Les signes occupés par Saturne et Mercure dans votre thème enrichiront et affineront ce portrait.

Capricorne Ascendant Cancer

S'il est un point commun entre ces deux signes opposés, c'est le besoin de stabilité, la recherche de valeurs sûres, de lois immuables. Par tempérament, vous cherchez la sécurité au foyer, au sens large du terme : en famille, ou bien en un lieu intime, secret, propice à toute forme de gestation ou de rêverie. Intellectuellement, vous vous appuyez sur les vérités traditionnellement ou scientifiquement établies. Étudier l'histoire et le passé consolide le socle sur lequel vous fondez votre vie. Vous êtes d'une opiniâtreté remarquable : vous êtes capable de fournir, contre vents et marée, un effort de longue haleine pour atteindre votre objectif. Par pudeur ou par mesure de sécurité, vous conservez une distance prudente avec vos semblables : vous ne vous liez pas facilement et comptez surtout sur le temps pour construire un petit nombre de relations solides, authentiques, profondes. Vous êtes attiré par les personnes volontaires, ambitieuses et responsables avec qui vous souhaitez une relation durable et solide. Votre *alter ego* est le Capricorne. Les signes occupés par Saturne et la Lune dans votre thème enrichiront et affineront ce portrait.

Capricorne Ascendant Lion

Vous possédez une forte personnalité : vous avez la carrure d'un leader et votre caractère autoritaire (pour ne pas dire autocrate !) se nimbe d'un charisme puissant. Bref, vous êtes fait pour galvaniser les foules ! C'est d'ailleurs dans une position de pouvoir que vous donnez le meilleur de vous-même. Vous êtes un(e) *self-made (wo)man* et vous aimez n'avoir que le ciel au-dessus de la tête. Plus intimement, vous n'êtes pas dupe de l'effet que vous produisez et restez parfaitement lucide sur vous-même. Peut-être vivez-vous alternativement vos deux facettes, l'une expansive, conquérante, superbe, qui vous donne cette allure de chef, l'autre plus introvertie, exigeante, laborieuse, jamais satisfaite. Indépendant, autonome et responsable, vous recherchez un partenaire qui respecte votre liberté, et qui vous propose une relation originale. Votre *alter ego* est le Verseau. L'Ascendant en Lion donne un poids supplémentaire au signe solaire : vous êtes donc très Capricorne… Le signe occupé par Saturne dans votre thème enrichira et affinera ce portrait.

Capricorne Ascendant Vierge

Enfant de la Terre, vous abordez la vie avec pragmatisme. Tout se gagne, tout se paye, tout s'explique : ce monde ne laisse pas de place au hasard. Il respecte un ordre immanent, perceptible ou non ; le chaos n'est qu'une apparence ou un dérapage temporaire qui ne demande qu'à retrouver le droit chemin. Qu'il s'agisse d'ordonner le monde sensible ou d'élaborer des systèmes abstraits (philosophiques par exemple), générer de l'ordre est votre fonction et votre joie – même si c'est difficile et laborieux, ce qui ne vous fait pas peur : vous êtes une bête de somme ! De la Terre aussi, vous tenez cette endurance à l'effort, cette résistance face à l'adversité, et cette capacité à poursuivre sans relâche un projet ambitieux et de longue portée. Votre tempérament solitaire et farouche ne vous aide pas à vous lier aux autres : c'est dans les relations humaines – et surtout intimes – que vous êtes le moins sûr de vous. Vous êtes attiré par les personnes dégageant une certaine poésie et une ineffable aisance à naviguer dans la vie (alors que l'aisance n'est pas une qualité dont les fées vous ont doté...). Votre *alter ego* est le Poissons. Les signes occupés par Saturne et Mercure dans votre thème enrichiront et affineront ce portrait.

Capricorne Ascendant Balance

Sociable, agréable, séduisant, vous avez grand besoin de plaire. Être dans l'opposition ou dans le conflit est fort inconfortable : vous l'évitez autant que possible. Vous vous sentez plus à votre aise dans une position conciliatrice de médiateur. Pourtant, ce comportement va à l'encontre de votre vision des choses : seul face à vous-même, vous êtes beaucoup moins souple. Votre exigence est grande, vos idées tranchées, votre ambition affirmée. L'Autre est donc un facteur de perturbation et vous devez apprendre progressivement à garder votre cap, quitte à ne pas plaire à tout le monde... Le Capricorne ayant besoin de temps pour forger sa confiance en soi et trouver sa voie, ce n'est probablement pas avant trente-trois ans que vous parviendrez à gérer vos contradictions de façon créative. Vous êtes attiré par les personnes énergiques, entreprenantes, plutôt masculines et audacieuses. Votre *alter ego* est le Bélier. Les signes occupés par Saturne et Vénus dans votre thème enrichiront et affineront ce portrait.

Capricorne Ascendant Scorpion

Votre comportement social montre assez bien qui vous êtes : une forte personnalité, ambitieuse, déterminée, combative. Vous savez ce que vous voulez et gardez vos doutes pour vous : vous estimez qu'il est important de cacher ses faiblesses et de garder une attitude défensive. Vous n'êtes guère expansif, mais plutôt introverti et secret. De fait, vous êtes respecté par vos proches, et vos adversaires vous craignent : vous êtes capable de calcul, de froideur, de redoutables stratagèmes pour vaincre ou pour atteindre vos objectifs – ce qui ne manque pas d'arriver, grâce à votre persévérance et à votre impressionnante capacité de travail. Physiquement, vous jouissez d'une santé de fer et vous êtes capable d'efforts soutenus : les sports d'endurance vous permettent de libérer votre puissante énergie. Vous êtes attiré par des personnes fortes, bien carrées dans le réel, proches de la nature et de leur nature. Votre *alter ego* est le Taureau. Les signes occupés par Saturne et Mars dans votre thème enrichiront et affineront ce portrait.

Capricorne Ascendant Sagittaire

Vous avez une approche sympathique, une attitude conviviale, chaleureuse et joyeuse. Vous dégagez dynamisme et optimisme, donnez une impression de mouvement et d'élan. Jouer un rôle dans la société est votre priorité et vous avez tendance à vous identifier totalement à ce rôle. Vous êtes probablement fasciné par tout ce qui tourne autour de la loi, qu'il s'agisse de celle des hommes ou de celles de la nature et de l'univers. Dégager de grands principes universels fait partie de votre fonction ; cela peut être pour vous un moyen d'apporter votre pierre à l'édifice. Votre côté bon vivant et votre sens de l'humour cachent une profondeur, notamment philosophique, qui ne transparaît pas toujours immédiatement. De même, vous êtes plus farouche et sélectif que vous n'en avez l'air : à l'aise devant un groupe, vous l'êtes moins en tête à tête ; vous avez besoin de temps pour accorder votre confiance et votre cœur. Vous êtes attiré par les personnes juvéniles, drôles, fines, légères. Votre *alter ego* est le Gémeaux. Les signes occupés par Saturne et Jupiter dans votre thème enrichiront et affineront ce portrait.

Capricorne Ascendant Capricorne

Lorsque le signe et l'Ascendant se trouvent dans le même signe (ou sont voisins), il se présente deux cas de figure : le Soleil se trouve au-dessus de l'horizon – ou en dessous[1]. Seul un astrologue peut vous le dire, mais si le Soleil natal se trouve dans le premier décan (ou le second), et l'Ascendant dans le second (ou le dernier), autrement dit *après* le Soleil, vous pouvez être sûr que votre Soleil se trouve au-dessus de l'horizon, c'est-à-dire dans la Maison XII[2]. Dans ce cas, les caractéristiques propres au signe solaire sont assez masquées au départ et ne se révéleront qu'à travers un véritable chemin de vie initiatique. Dans le cas contraire, le Soleil se trouve dans la Maison I, ce qui rajoute au signe natal une forte valeur solaire (comparable à un côté Lion pour simplifier).

Dans les deux cas, l'Ascendant en Capricorne vous confère un comportement social cohérent avec votre désir et votre idéal. Vous apparaissez comme quelqu'un d'introverti, de farouche et d'ambitieux. Si vous suivez difficilement la loi

---

1. Cf. définition p. 27.
2. Voir p. 432. Pour les détails, voir p. 28-33.

des autres, vous êtes capable de vous imposer des défis ardus. Vous êtes plutôt un coureur de fond qu'un sprinter et tout chez vous prend cette caractéristique secondaire : vous avez besoin de temps pour faire les choses, pour vous attacher et pour vous forger des certitudes. Mais ensuite, elles sont indéfectibles. Vous êtes fait pour poursuivre de grands objectifs sur la durée, et c'est un idéal social ou politique qui vous anime ; vous avez les capacités d'un administrateur discret et efficace. Il est possible aussi que vous soyez davantage tourné vers la philosophie et les systèmes de pensée ; votre profondeur et votre rigueur intellectuelles vous permettent d'avoir une vision distanciée des choses, et d'en extraire la structure essentielle. Les relations humaines vous sont difficiles, car vous êtes à la fois réservé, peu expansif et très exigeant. Vous êtes attiré par les personnes sensibles, tendres, protectrices. Votre *alter ego* est le Cancer. Le signe occupé par Saturne dans votre thème enrichira et affinera ce portrait.

Capricorne Ascendant Verseau

Le paragraphe précédent sous « Capricorne Ascendant Capricorne » vous concerne : dans votre thème natal, le Soleil peut se trouver soit en Maison XII, soit en Maison X ou XI[1] ; dans le premier cas, les caractéristiques propres au Verseau passent devant celles du Capricorne tant qu'un processus évolutif n'est pas abordé (en général grâce à une psychothérapie, voire une psychanalyse) ; les potentialités peuvent rester endormies, à l'état virtuel : vous avez une seconde naissance à vivre. Dans le second, tout se passe de façon classique. Vous avez un comportement sociable, et vous vous sentez foncièrement libre et indépendant (sauf si le Soleil est en XII, auquel

1. Voir p. 432. Pour les détails, voir p. 28-33.

cas la liberté est à conquérir !). Dans l'ordre de vos priorités affectives, les amis passent au premier plan ; vous craignez, dans toute forme de relation exclusive, de perdre votre sacro-sainte indépendance. Foncièrement, vous avez l'impression – probablement justifiée – de n'avoir besoin de personne. Bien carré dans le réel, vous êtes aussi un idéaliste ; vous croyez en l'homme et en ses capacités d'évolution. Bien que peu sentimental *a priori*, vous croyez aux vertus d'une solidarité humaniste. Vous avez tout autant besoin des autres et d'une implication sociale que de solitude et d'autonomie ; cela crée parfois un sentiment de frustration, l'équilibre entre ces deux tendances de fond devant être sans cesse réajusté. Dans le couple, une part d'indépendance doit être préservée pour que les contraintes imposées par la vie à deux ne deviennent pas trop pesantes. Vous êtes attiré par les personnes brillantes, à la forte personnalité, généreuses et positives. Votre *alter ego* est le Lion. Le signe occupé par Saturne dans votre thème enrichira et affinera ce portrait.

Capricorne Ascendant Poissons

Vous êtes quelqu'un de profond et de sensible. Vous êtes capable d'une authentique compassion et pourriez parfaitement vouer votre vie à une action humanitaire. Effacé, silencieux et méditatif, vous n'êtes pas d'un abord facile ; certains vous trouvent froid ou distant, d'autres ne savent par quel bout vous prendre. Vous faites peu d'efforts pour plaire, vous attachant avant tout à être vous-même. En fait, vous préservez une distance suffisante pour ne pas vous laisser envahir par vos émotions ; l'équanimité et la sérénité vous sont essentielles, et vous ne les cultivez qu'en vous octroyant un minimum de solitude contemplative. Si vous êtes plutôt « terrien », votre sensibilité vous permet de naviguer efficacement, de tirer le meilleur parti des circonstances et de vos relations pour atteindre vos objectifs élevés. Vous êtes attiré par les personnes discrètes, efficaces, réalistes. Votre *alter ego* est la Vierge. Les signes occupés par Saturne et Jupiter dans votre thème enrichiront et affineront ce portrait.

Planètes, Ascendant et Milieu-du-Ciel en Capricorne

Lune ☾ en Capricorne ♑

Le signe du Capricorne n'est pas une demeure confortable pour la Lune : la personne a donc initialement du mal à s'abandonner, à s'écouter, à tenir compte de ses besoins. Elle ne sait pas *demander :* cela la mettrait dans une insupportable position de dépendance. La mémoire est prodigieuse ; lorsque l'émotion est suffisamment puissante pour traverser les différentes couches de l'épiderme, elle laisse une empreinte définitive. La constitution est solide, le corps sec et nerveux ; la fatigue, la douleur ont peu de prise sur elle, ce qui lui confère une endurance et une résistance remarquables. Souvent, ce n'est qu'au bord de l'épuisement, ou contrainte par la maladie, qu'elle réagit. Spontanément, le corps est d'abord un outil au service de la volonté, entretenu avec une discipline souvent spartiate.

Le besoin de contrôle s'exerce aussi sur les émotions, qui ont le plus grand mal à s'exprimer, peut-être à cause d'une éducation rigide. Mais c'est aussi une défense visant à préserver l'autonomie : elle se vante de n'avoir besoin de personne. Exprimer un besoin émotionnel (*J'ai besoin de toi, tu me manques*) est difficile. De fait, son besoin de solitude est important, ce qui lui fait juger avec méfiance tout projet de vie commune. En revanche, cette personne aura tendance à projeter ses caractéristiques lunaires, et à rencontrer de préférence des personnes (qu'elle jugera) dépendantes, demandeuses et d'humeur changeante (la Lune est… lunatique, alors que le Capricorne recherche l'équanimité).

Pour une femme, cette position n'incline guère à l'instinct maternel, surtout vis-à-vis du bébé dont elle supportera mal le statut de dépendance et les exigences tyranniques ! L'éducation et la morale passeront avant la tendresse. Pour un homme, l'image de la femme, léguée par sa mère, sera assez austère, mais solide et responsable. Ajoutons que la Lune en Capricorne est très attirée par les natifs du signe.

Mercure ☿ en Capricorne ♑

En Capricorne, la fonction intellectuelle de Mercure s'exprime dans la capacité à réduire à l'essentiel, à trouver la quintessence d'une idée. La pensée est structurée, rationnelle, synthétique. L'esprit est scientifique ou philosophique ; il cherche le point immuable, la loi, l'invariant autour duquel tout s'organise. Sa capacité de concentration est extrême : il peut s'abstraire complètement de tout ce qui est périphérique à son sujet d'étude. Il possède une grande objectivité de jugement, raisonne dans la sphère de l'abstraction et des concepts. Sur le plan de l'échange, il est moins à son aise. Peu pédagogue, il sait mal se mettre à la place de son interlocuteur. Il préférera lire qu'écouter, écrire que parler : il a besoin d'un média entre lui et autrui. La communication directe n'est pas son fort…

Vénus ♀ en Capricorne ♑

Comment concilier le sentiment amoureux (Vénus) et l'autonomie capricornienne ? Cela peut être quelqu'un qui (découragé par un premier échec sentimental ?) optera pour le célibat ou les ordres ; ou bien qui attendra de rencontrer l'âme sœur avant de s'engager ; ou encore qui recherchera la sécurité d'une relation établie, comptant sur le temps pour nourrir un sentiment essentiellement basé sur une confiance et une fidélité mutuelles. Loin des exaltations d'un Lion, du romantisme d'un Cancer, des torrents émotionnels d'un Poissons, elle ne tombe pas facilement amoureuse. Il faut l'apprivoiser, la conquérir – mais une fois nés, ses sentiments sont indéfectibles. Ce qui ne l'empêchera pas d'être peu expansive et de préférer la solitude à une relation trop fusionnelle. Fière et affectivement indépendante, elle ne supportera pas les liquides démonstrations de tendresse ; Vénus en Poissons, passez votre chemin !

Mais elle sera de ceux qui, au soir de leur vie, rêveront avec nostalgie de leurs amours d'antan, remâchant leurs regrets[1]...

Pour un homme, l'image de l'amante sera celle d'une femme digne, intègre, autonome, responsable.

La femme Vénus Capricorne exercera un contrôle sur ses pulsions, mais peut se révéler une « passionnée à froid » ; son exigence et sa capacité à sublimer le désir peuvent lui faire vivre de longues périodes d'abstinence.

Mars ♂ en Capricorne ♑

Avec Mars, dieu de la guerre, vient le temps de la **lutte ;** Mars sera mon outil pour obtenir ce que je veux, pour réaliser mon désir solaire.

Il représente ma forme de **volonté**, ma force de **décision** et d'**action**, mon instinct de défense et de conquête ; il dit

1. *L'Amour au temps du choléra*, de Gabriel Garcîa Marquez, est une belle illustration d'une Vénus Capricorne.

ma capacité à me battre, et ma manière de le faire : sera-ce à la façon louvoyante du Poissons, civilisée de la Balance, opiniâtre du Taureau… ? Mars, c'est aussi la sexualité pour un homme, et le Prince charmant dans le thème de la femme : sa conception de la virilité.

La Tradition dit Mars exalté dans ce signe. Autrement dit : puissant, et porteur d'une dimension de transcendance. L'action va au-delà de l'acte en soi : quelque part, il y a toujours cette notion pour le bien de tous. La dimension sociale du signe pousse Mars à une action politique, dans la cité, pour la société. La volonté, la capacité de réalisation, l'opiniâtreté sont remarquables : Mars Capricorne peut se concentrer sur une action de longue portée, quitte à attendre des années pour en voir l'aboutissement. Pour un homme, cette position donne une ambition froide et une grande détermination ; exigence et perfectionnisme le poussent à se dépasser, à ne pas se satisfaire de l'à-peu-près ni à opter pour la facilité. Ce caractère se double d'intransigeance et de rigidité, et d'un côté « guerrier solitaire ». La sexualité se caractérise par des périodes d'abstinence alternant avec une grande exigence, souvent stimulée par une idéalisation de l'autre sexe, le but ultime étant de transcender la relation charnelle. Le tantrisme est tout indiqué pour ce Mars !

Un caractère intègre, ambitieux et indépendant, c'est ce qu'une femme cherchera en tout homme, si Mars se trouve en Capricorne dans son thème.

Jupiter ♃ en Capricorne ♑

Vous avez de réels moyens de trouver votre place dans la société dès lors que vous travaillez seul, à une activité traitant de sujets essentiels, fondamentaux (philosophiques, politiques, sociaux…), en suivant votre propre ligne de direction et en œuvrant à long terme – en somme, d'une manière Capricorne. Vos ambitions sont plutôt sobres et vertueuses : vous méprisez le luxe et les honneurs, surtout s'ils ne sanctionnent pas un travail d'une réelle valeur. Pour vous, la réussite est avant tout une affaire entre soi et soi, de défis relevés, d'exigences personnelles satisfaites et de contribution à la société. Vous êtes un perfectionniste et donnez une image de sérieux et de responsable. Monter un à un les échelons, avec patience et opiniâtreté, en respectant votre éthique personnelle pour parvenir à une position à hautes responsabilités, voilà votre credo. Mais vous n'irez pas faire des ronds de jambe dans les cocktails pour collectionner les cartes de visite... D'ailleurs, vous n'en avez pas le temps !

Saturne ♄ en Capricorne ♑

L'image paternelle est celle d'un père structuré, droit, qui a fixé un cadre déterminé, posé des bases morales et intellectuelles solides, rigoureuses, sur lesquelles l'enfant s'est construit[1].

L'ego se construit sur le refus de tout ce qui n'est pas essentiel, fondamental, épuré... Il méprise et critique ce qui est superficiel, le bavardage, les pertes de temps, les divertissements oiseux et autres activités stériles... Il y a une certaine dose d'intolérance dans cette attitude.

Même si des problèmes objectifs apparaissent – solitude, difficulté d'intégration, jugements culpabilisants sur soi-même et les autres –, ils font partie de l'économie personnelle du sujet, jusqu'à ce que l'ego soit suffisamment construit pour qu'il puisse lâcher ce refus et s'ouvre à tout ce qu'il refusait auparavant.

1. Cela, c'est la base de la personnalité du père ; mais les *aspects* de Saturne indiquent s'il a pu, ou non, exprimer ce potentiel, et notamment si la mère lui a laissé jouer ce rôle.

Notons un cas qui, bien que particulier, n'en est pas moins fréquent : celui du statut saturnien[1]. Dans ce cas, la personne identifiée à son Saturne en Capricorne se montrera inhibée, physiquement rétractée, timide ; intérieurement, ce sera une sorte de « puriste » qui trouvera que le monde fonctionne sur des bases de futilité, de corruption, d'insoutenable légèreté, et qui se prendra secrètement pour le seul élément vraiment lucide et profond de cette planète décadente. Elle se montrera en somme sous les traits d'une sorte de « faux Capricorne », se voulant ambitieuse, mais manquant de moyens pour exprimer son ambition ; le statut saturnien étant un masque, une défense, il ne peut s'investir des qualités solaires de rayonnement, de sûreté de soi et de joie de vivre. Cette personne aura un chemin à faire pour lâcher ses craintes, s'ouvrir au monde et, par là même, retrouver son Désir.

Ascendant en Capricorne ♑

Si votre signe solaire vous décrit comme sociable (Verseau), fonceur (Bélier) ou exubérant (Lion), il est probable que vous ne vous reconnaissiez que très épisodiquement. C'est que votre Ascendant Capricorne vous donne un comportement social, une attitude vis-à-vis des autres, une *personnalité* plutôt réservée, farouche et pudique, voire une certaine froideur. Il y a quelque chose en vous du misanthrope ; et si d'autres composantes de votre thème vous poussent à aller vers autrui et à vous mêler au monde, une partie de vous reste en arrière, en retrait, jugeant la scène d'une hauteur distante. Vous êtes profondément indépendant et autonome et avez appris très tôt à vous prendre en charge, et à endosser des responsabilités dans votre environ-

1. Cf. p. 39.

nement familial. Lucide, pragmatique, vous êtes clairement conscient de vos devoirs, de la portée de vos actes et de l'image que vous donnez. Celle-ci vous satisfait rarement ; d'abord parce que vous êtes fondamentalement exigeant, ensuite parce que l'on vous renvoie une image de vous-même plus froide, plus distante qu'à votre goût. Parfois, votre réserve naturelle vous empêche de faire preuve d'audace ou d'aisance ; en revanche, vous inspirez la confiance, apparaissez comme quelqu'un de profond, de sage, qui a beaucoup médité sur les questions essentielles et sur le sens de la vie, et se repose sur quelques certitudes et beaucoup de renoncements. Cela ne vous empêche pas de nourrir de hautes ambitions – qui, même en passant par le social ou le politique, conduisent toutes, en dernier ressort, à une élévation de la conscience.

D'une constitution plutôt robuste, propice à une grande longévité, vous devez cependant surveiller les zones sensibles du signe (cf. tableau p. 328), ainsi que la poitrine et l'estomac (régions gouvernées par le Cancer, votre signe opposé, avec lequel vous résonnez).

À noter que le signe de Saturne (gouverneur du Capricorne, donc de votre Ascendant), dans votre thème, donnera des indications supplémentaires sur votre comportement social et la façon dont les autres vous perçoivent.

Milieu-du-Ciel en Capricorne ♑

Quel que soit votre métier, vous l'abordez avec sérieux et opiniâtreté. Il est probable que vous ayez besoin de temps pour affirmer votre vocation, mais pour vous la notion de carrière et d'implication sociale est cruciale. Vous grimpez patiemment les échelons pour parvenir à une position où vous pouvez exploiter vos qualités d'organisation, notamment sur le plan social et politique. Vous avez le profil d'un *self-made man* (surtout si l'Ascendant est en Bélier) et préférez tracer seul votre route, à votre rythme et suivant votre idée. Irréprochable quant aux responsabilités qui vous incombent (de par votre propre choix), vous avez un réel sens du devoir, ainsi qu'un esprit perfectionniste ; vous ne supportez pas le travail bâclé : vous respectez une éthique ferme dans votre parcours professionnel.

Typiquement, ce qui a été dit au paragraphe « le Capricorne et le travail » s'applique aussi ici, et particulièrement le type de métiers qui vous conviendraient ; mais pour être plus près de la vérité, il est indispensable de considérer le signe de Saturne (qui gouverne votre MC) dans votre thème.

PORTRAIT ASTROLOGIQUE
DU SIGNE DU VERSEAU

♒

Image symbolique

Un étranger de passage dans une ville aperçoit un groupe et le rejoint. C'est un apatride. Pourtant, il est accueilli comme un frère. Il est chez lui dans le cœur des hommes. Il parle d'autres lois, brise les carcans de l'habitude et de l'oppression, il parle de l'homme nouveau. Il connaît le langage de chaque homme, sait lui parler et l'entendre. L'eau de son amphore se répand indéfiniment : c'est l'eau de la Connaissance, l'eau-semence. Il est l'éveilleur.

Le bébé Verseau

Le nourrisson, satellite dépendant de sa mère, est plutôt défini par le signe de la Lune natale que par son signe solaire. À partir de l'âge d'un an environ, le bébé acquiert de plus en plus d'autonomie et commence à affirmer ses quatre volontés : c'est le stade de « l'enfant-roi ». Ce n'est qu'à ce moment-là, où il réalise que sa mère et lui forment deux entités séparées et où il cherche à se différencier d'elle, que le bébé « devient un Soleil » à part entière et qu'il adopte les caractéristiques de son signe solaire.

Soleil en Verseau	Environ du 20 janvier au 19 février
Sa fonction	Féconder le monde d'une conscience nouvelle
Sa saison	Au cœur de l'hiver, déjà les jours rallongent, annonçant le cycle nouveau
Ses planètes maîtresses	Saturne et Uranus
Sa planète d'exil	Le Soleil
Sa planète d'exaltation	Jupiter
Sa planète de chute	Mars
Son élément	L'Air
Sa polarité	Masculine
Correspondance physiologique	Les chevilles
Sa couleur	L'anthracite, le noir, le lie-de-vin
Ses fleurs	Le laurier, l'olivier, le géranium
Son métal	Le plomb
Sa pierre	Le saphir
Ses chiffres	2, 7, 13, 14
Ses parfums	La fougère, le lilas
Son type caractérologique	Non émotif, actif, secondaire
Son tempérament	Sanguin[1]

1. Cf. le classique *Traité pratique d'astrologie* d'André Barbault pour aller plus loin.

Votre petit Verseau est un enfant particulièrement sociable ; son besoin d'être en groupe, de se sentir intégré, d'avoir des camarades, d'être entouré d'amis, est sa nourriture essentielle. Pourtant, vous remarquerez rapidement que malgré ce besoin fondamental des autres, il montre une très forte personnalité, ne se laisse guère influencer et a tendance à se démarquer de ce groupe auquel il revendique tellement l'appartenance. Et de fait, en grandissant, il comptera ses vrais amis en petit nombre, alors qu'il semble extrêmement entouré. Il fera preuve précocement du sens des responsabilités, du respect d'autrui, d'une grande tolérance vis-à-vis de ceux qui sont différents, étrangers, exclus ; cet esprit de fraternité le rend serviable, disponible, attentif aux autres. En même temps, il peut se montrer d'une grande intolérance pour ses proches. Il défendra de préférence celui que tout le monde critique ou rejette. En fait, il possède un solide esprit de contradiction ! C'est aussi l'enfant de la modernité par excellence ; s'il n'entre pas dans la catégorie des petits Verseau artistes, poètes, sensibles, il se passionnera pour les technologies les plus avancées, l'informatique en tête…

Le petit garçon et l'ado Verseau

Il a quelque chose d'angélique et comme d'étranger. D'une vive intelligence, d'une curiosité insatiable, c'est aussi un enfant qui n'aime guère être guidé, et tient à faire ses propres expériences. Ne supportant ni la violence ni l'agressivité, il peut avoir du mal à se faire respecter, sauf s'il sait exercer son autorité avec intelligence et charisme, comme il est capable de le faire. C'est dans les arts martiaux qu'il parviendra le mieux à exprimer son agressivité qu'il a tendance à refouler : le contrôle de l'énergie et de la force musculaire est quelque chose qui le fascine et qui lui correspond. Son côté cérébral, parfois rêveur, se double d'une grande originalité d'esprit. Laissez-le découvrir, tester son inventivité et sa créativité, même si ce qui l'intéresse vous échappe : les enfants Verseau sont porteurs d'une vision nouvelle du monde.

La petite fille et l'adolescente Verseau

Ne l'affublez pas de robes à fleurs et ne lui offrez pas de dînette : la petite Verseau veut être traitée à l'égale des garçons et préfère du reste leur compagnie à celle des filles ; ou plutôt, elle préfère marcher hors des sentiers battus, vous contredire pour le principe, et s'entourer d'amis qu'elle jugera spéciaux, originaux, surprenants. Souvent fantasque et imprévisible, individualiste à tout crin, vous aurez du mal à la faire entrer dans une petite case. Et la case « douceur et féminité » est peut-être celle qui lui conviendra le moins... Elle ne peut s'empêcher de ne rien faire comme tout le monde : l'excès de discipline, et surtout la privation de liberté sont pour elle les pires des punitions... L'adolescente Verseau quitte souvent sa famille assez jeune, surtout si celle-ci la bride un tant soit peu. Partir sac au dos rencontrer des gens différents, laissant derrière elle la prudence et les principes parentaux, voici qui la tentera très tôt...

Le Verseau devenu adulte, quel est son comportement de surface ?

Sociable et sélectif

Amical, sympathique, chaleureux sans excès, le Verseau se présente, comme ses deux autres cousins signes d'Air, comme un être d'échanges et de communication. Il se montrera toutefois moins dispersé que le Gémeaux et plus sélectif que la Balance : le Verseau est un signe fixe, ce qui stabilise et concentre l'élément Air. Très à l'aise en groupe et en société, il préférera se réunir avec un cercle privilégié de personnes dont il partage les goûts, intérêts et projets, plutôt que de se perdre en bavardages futiles ou en mondanités stériles (c'est un point commun avec le Capricorne, gouverné comme lui par Saturne : distanciation et sélectivité, exigence et sobriété… Mais, au contraire du Capricorne terrien, l'Air du Verseau en fait en même temps un être fondamentalement sociable). C'est au milieu de son cercle d'amis qu'il se sent le mieux.

L'étranger

Derrière cette convivialité, transparaît – surtout chez l'homme – une étrange distance qui lui donne parfois l'air de n'être « pas d'ici », d'être tombé des étoiles, de se trouver là par hasard, d'être assez peu présent à lui-même et comme étranger à tout ce qui l'entoure. Sa distanciation face aux contingences, aux passions et même aux épreuves prend la forme d'un détachement singulier : que *ressent*-il ? Il semble capable de se déconnecter de ses émotions, de ses pulsions, de son être incarné pourrait-on dire, et de flotter dans un autre plan de réalité. Certains Verseau ne semblent qu'à moitié impliqués par leur nature terrestre ; André Barbault – Verseau lui-même – parle d'une « nature aérienne » qui « appartient plus au ciel qu'à la terre[1] ».

C'est ici que nous passons de Saturne (première maîtrise du signe) à Uranus (second maître depuis sa découverte, en 1781 ; on peut imaginer qu'avant cette date, le Verseau

1. *Traité pratique d'astrologie*, *op. cit.*

n'était pas encore porteur de sa dimension uranienne, et qu'il a fallu plusieurs « tours de roue » pour que l'humanité accouche des valeurs individualistes que l'on prête à cette planète[1]). C'est d'Uranus que le Verseau tient son radical sentiment de différence, son âme d'apatride. Il n'a que faire des notions de terroir, de patrie ou de richesse : il n'est de nulle part. Aujourd'hui, où les distances sont abolies, on peut lui attribuer l'expression de « citoyen du monde »[2].

Première dualité : avec les autres, mais à part.

À Uranus également, il doit sa farouche volonté d'indépendance, son irrépressible amour de la liberté, son caractère original qui ne sait ni ne veut se plier aux us et aux coutumes, et ne craint pas de choquer. Si tous les Verseau ne sont pas excentriques, l'excentricité est une qualité typique du signe. Sociable, altruiste, engagé socialement, il se démarque pourtant du groupe qu'il a rallié. Pour mieux comprendre ce phénomène, revenons à une vision plus globale.

Le zodiaque, « roue de la vie », retrace selon D. Rudhyar[3] les phases de l'expérience humaine. Roue dentelée, en l'occurrence, un signe de polarité masculine (flux) alternant avec un signe de polarité féminine (reflux), et chaque signe se posant comme l'antithèse du précédent. La loi du zodiaque semble respecter l'ordre des signes comme un ordre d'évolution : chaque signe prend appui sur le précédent. La roue du zodiaque fait penser à une spirale ascendante,

---

1. Simultanément à la découverte des planètes transsaturniennes, se produisirent des événements de même nature symbolique que la planète : la découverte d'Uranus (symbole d'individualisme, de liberté, d'insurrection) concorde avec la Déclaration de l'Indépendance aux USA (1776) et la Révolution française quelques années plus tard.

2. À la différence du Sagittaire, qui pourrait aussi prendre cette définition à son compte, le Verseau cherche avant tout à saisir ce qu'il y a en l'homme de plus humain et à éveiller les consciences.

3. *Le Rythme du Zodiaque*, D. Rudhyar, Éd. du Rocher.

menant vers un plus grand degré de conscience. Vue de haut, la logique de l'évolution prend forme. Le Bélier fuit le chaos du Poissons qui dissout l'individualisme du Verseau, qui réfute la hiérarchie du Capricorne, lui-même limitant l'expansion du Sagittaire, etc. En sens inverse, le Capricorne extrait la quintessence du foisonnement de connaissances du Sagittaire, et le Verseau s'extrait du cadre social établi par le Capricorne pour permettre l'émergence de l'individu (de l'Homme nouveau) au cœur du collectif. Le Poissons, à son tour, diluera l'ego prométhéen du Verseau au cœur de l'océan cosmique (l'indifférencié), etc.

Le Verseau ressent donc au plus profond de ses fibres deux injonctions contradictoires, mais pas incompatibles. La première est de générer du liant, de la chaleur humaine, de l'échange, de la communication (autrement dit, de l'Air), de redescendre des solitudes froides et escarpées du Capricorne ; dans son cœur, le Verseau éprouve une authentique fraternité avec ses semblables. La seconde est de s'extraire du cadre normatif, des lois et de l'organisation sociale Capricorne (dont la fonction est assez bien représentée par l'État) et de préserver sa liberté face à toute forme de pression sociale, qu'il ressent rapidement comme de l'oppression.

Une intelligence visionnaire

Le Verseau est donc très concerné par les questions de liberté, de droits de l'homme, de racisme, de sexisme et par toute forme d'inégalité sociale. Tout autant, il est extrêmement réactif aux contraintes : il est plus facile de faire passer un chameau par le chas d'une aiguille que d'imposer quoi que ce soit à un Verseau…

Pour fonctionner, pour remplir sa fonction, et même sa mission, l'esprit large, inventif et novateur du Verseau doit être libre. Cette intelligence rapide, curieuse, qui assimile vite – ses « microprocesseurs » internes semblent fonctionner à une vitesse ultra-rapide ! –, a besoin de champ. Elle ne se laisse pas « plomber » par des considérations morales réductrices, des contraintes forcément « castratrices », des théories périmées que l'on n'applique plus que par conservatisme : son intuition très fine guide rapidement le Verseau vers l'idée qui va générer de nouvelles applications, et jusqu'à un nouveau mode de vie.

À l'extrême, cette intuition touchera au génie du fait qu'elle est radicalement audacieuse et inspirée ; la fantaisie de son imagination est sans limite, ce qui peut donner des artistes radicalement originaux.

Le Verseau « terrestre » s'intéresse aux théories et aux technologies d'avant-garde, à tout ce qui véhicule la notion de progrès. Le Verseau « céleste » *sentira* les connexions subtiles qui le lient aux autres hommes (matérialisées par le réseau Internet, au niveau terrestre), sera sujet à des expériences télépathiques, prémonitoires, médiumniques. Le Verseau évolué est l'archétype du *voyant*, au sens poétique[1] et philosophique[2] du terme. Le Verseau *est* céleste, aérien, détaché ; mais notre monde actuel l'oblige souvent à transposer sa quête d'évolution spirituelle sur un plan matériel, vers des technologies qui, pour avancées qu'elles soient, seront toujours décevantes en rapport à son aspiration ultime.

Le Verseau se taille un chemin au coupe-coupe, hors des sentiers battus et autres autoroutes : sa progression est assez ardue pour n'être pas, en plus, ralentie par des freins supplémentaires… d'où son côté révolté. Ce chemin est surtout d'essence intellectuelle, philosophique et, au bout du compte, spirituelle.

1. A. Rimbaud.
2. R. Abellio.

Le masculin Verseau

Le Verseau n'est pas le signe d'élection des planètes masculines : la Tradition place Mars en *chute*, le Soleil en *exil*[1] (ce qui rappelle la Balance, où ces dignités sont inversées). Le Soleil exilé, c'est tout le rayonnement de l'ego qui est refusé par le Verseau démocrate, qui redoute d'être placé sous les feux de la rampe, de se faire valoir : s'il se bat, s'il peste et conteste, c'est pour les autres, au nom de la collectivité, et non pour lui-même. Le Verseau refuse de briller, et se moque des Lion flamboyants et autres Sagittaire orgueilleux… L'homme Verseau n'aura donc pas tendance à s'imposer, à imposer son désir propre : il préfère le rôle de porte-parole, d'ambassadeur, de délégué. Simultanément, la chute de Mars fait de l'homme Verseau un non-violent aux contours androgynes, qui se démarque de toute violence, de toute animalité – alors qu'il cache, en fait, un fond de virilité, de violence, d'animalité mal assumées (ou mal assurées ?). Ce cérébral profondément civilisé ne supporte ni la colère, ni les éclats ni, d'une manière générale, aucune pulsion incontrôlée. La maîtrise de l'instinct (on retrouve Saturne et le Capricorne) est pour lui une évidente nécessité pour être digne d'humanité…

Mais lorsqu'il se sent « coincé », contraint ou rejeté, il explose alors de façon violente et désordonnée – ce qu'il regrette ensuite, mais trop tard[2].

---

1. *Domicile, exil, exaltation et chute :* il s'agit là des *dignités* des planètes, autrement dit de leurs correspondances avec les signes. Dans le thème natal, une planète dans son signe d'exil n'a pas la même signification que dans son domicile.

2. Même si Mars n'est pas en Verseau dans le thème, on pourra se reporter à la p. 388 pour plus de détails, le Soleil natal en Verseau, lorsqu'il est actif, *faisant chuter* Mars.

La femme Verseau

Pour cette femme hivernale, le tableau est tout différent. Elle projette sur l'homme son masculin Verseau, autrement dit « tombe » de préférence sur des hommes civilisés, plus ou moins désincarnés, scientifiques, intellectuels ou mystiques. De son côté, la femme Verseau est l'archétype de la femme libérée, émancipée jusqu'au féminisme. Peu soucieuse de montrer une image conforme à ce que l'on attend d'elle, loin de l'épouse soumise, de la ménagère oisive comme de la vamp ravageuse, elle veut avant tout s'imposer en tant qu'être humain, avec ses droits, ses libertés et ses idéaux ; elle ne veut pas être définie par les qualités et les charmes propres à son sexe, mais par ce qu'elle a dans la tête. Pour s'affirmer, elle ira jusqu'à l'excentricité, jusqu'à vivre comme un homme, quitte à faire scandale. L'important étant de rester fidèle à elle-même et à ses convictions. C'est une femme de caractère, aux abords parfois abrupts, mais franche et ouverte, accueillante et sociable. Foncièrement indépendante, elle tient à s'assumer pour préserver sa liberté, et se battra pour l'égalité des sexes (Benoîte Groult).

À condition d'incarner son Soleil, elle exprimera les qualités propres à son signe ; tandis que si elle projette ce Soleil en Verseau sur son mari, par exemple[1], elle aura plutôt tendance à s'identifier à sa Lune, ou à son Saturne natal. On ne retrouvera dans ce cas quasiment aucune des caractéristiques du Verseau dans sa personnalité.

Le Verseau et l'amour

Sensible et intuitif, mais régnant en maître sur ses émotions, être aux attachements fraternels et spirituels, mais

1. Cf. p. 39.

ennemi de la passion fusionnelle, le Verseau est un ami fidèle avant d'être un amoureux transi. Sa liberté, son indépendance, sa chère solitude sont des biens précieux, envers lesquels il voudra bien faire quelques concessions à condition que l'objet de sa flamme soit lui-même autonome, tolérant, si possible créatif, qu'il accepte ses amis et qu'il ait de l'humour… Le long fleuve tranquille n'est pas fait pour lui et les contraintes du mariage ne lui sont supportables que s'il peut consacrer du temps à ses amis, qui tiennent une place privilégiée dans sa vie. Malgré son tempérament excessif et exalté, il attendra que sa décision soit suffisamment mûrie pour qu'elle soit définitive : ses choix, comme en toute chose, sont souvent bien arrêtés et, si la vie à deux peut s'apparenter à une forme de compagnonnage « aéré » et ouvert sur le monde extérieur, les liens peuvent devenir indéfectibles.

Santé du Verseau

Nerveux, moyennement sportif, intellectuellement hyperactif, ce signe fixe dispose d'une énergie moyenne mais d'une bonne constitution. Son rapport à son corps et à sa santé est souvent très intellectualisé et porteur d'une idéologie (il y a beaucoup de Verseau militants pour le bio et l'environnement, pratiquant le yoga et se nourrissant de petites graines). Son problème le plus fréquent est d'origine nerveuse et peut se manifester par des troubles cardio-vasculaires. La Tradition lui attribue les chevilles, qui semblent également être une zone vulnérable.

Le Verseau et le travail

Le mot « travail » ne signifie pas grand-chose dans le vocabulaire Verseau ; il laisse volontiers aux Capricorne et autres Vierge le triste privilège de n'avoir pas une minute à eux. « Travail » signifie pour lui « ensemble abrutissant de contraintes imposées », autrement dit l'enfer. Un Verseau n'accepte aucune contrainte, surtout pas lorsqu'elles sont imposées. Non qu'il soit dilettante, bien au contraire : c'est un passionné qui ne fonctionne qu'à l'exaltation. S'il reste concentré seize heures par jour sur la même activité, il n'appellera pas cela « mon travail » mais « mon projet ». Toute la différence tient au fait qu'un acte répétitif et lié à la notion de devoir, d'obligation, briderait toute créativité et plongerait notre Verseau dans une profonde mélancolie qui se terminerait en cure de Prozac. En revanche, être *animé* par une *idée*, chercher à vérifier une hypothèse, trouver la solution à un problème, inventer de nouvelles théories ou de nouvelles techniques (de communication par exemple), voilà qui est différent. Si, de surcroît, il est son propre patron, il sera en parfaite adhésion avec lui-même. Le travail, pour un Verseau, tourne en rond ; le projet, au contraire, est tendu vers les autres, vers l'avenir.

Sa fonction sociale, idéalement, sera motivée par cette injonction : se battre pour les libertés individuelles, l'égalité entre les races, les sexes et les religions, le respect des différences. Il s'épanouira au sein d'une association, d'un syndicat, d'un parti politique (dissident, de préférence), d'une équipe de chercheurs ou d'une troupe d'artistes. Il doit y avoir un but politique, scientifique ou spirituel qui le dépasse. La philosophie du Capricorne avait cherché des systèmes, des lois pour structurer le monde, l'esprit du Verseau cherche à faire éclater les structures établies pour laisser la voie libre à l'Individu.

Il sera donc avant tout attiré par les activités (ou plutôt l'activisme) sociales, politiques, lui permettant d'œuvrer pour changer le système. Si le Verseau peut avoir un côté théoricien, d'intellectuel brassant des abstractions, il se sent tout autant à sa place dans la rue, au contact de la population, au cœur de la réalité sociale.

Moderniste, progressiste, il sera passionné par les hautes technologies, particulièrement celles concernant le monde de la communication. Le type de communication globale et désincarnée qu'offre Internet apparaît comme une sorte de summum de l'idéal Verseau de communion des esprits (le corps étant très secondaire), d'autant que face à leur clavier, les internautes sont tous égaux ! Sa passion pour le progrès peut aussi se manifester en passion pour l'évolution spirituelle, auquel cas il s'intéressera en priorité à tout ce qui peut aider l'homme à élargir sa conscience, à mieux vivre en accord avec ses semblables.

Le Verseau et l'argent

L'*exaltation* de Jupiter (significateur premier des richesses) dans ce signe donne à l'argent et aux biens matériels une signification idéalisée. La réussite matérielle peut permettre au Verseau de se singulariser aux yeux du monde, à travers la possession et l'utilisation d'outils et d'appareils de haute technologie, rares, chers, performants et à la pointe de la modernité ; on est frappé par le contraste affiché par certains de ces personnages, qui peuvent vivre dans un dépouillement extrême, tout en utilisant le matériel hi-fi le plus sophistiqué, par exemple.

L'autre catégorie est celle du Verseau désincarné : l'argent ne compte pas, aucun effort n'est fourni pour en gagner, et sa gestion est assez aléatoire. La vraie richesse est intérieure…

Ce qu'il n'avouera jamais

Le Verseau, en somme, se présente et se considère comme une personne éminemment concernée par les autres, tolérante, altruiste et animée d'un idéal spirituel ou humaniste élevé. Pourtant, si on le pousse dans ses derniers retranchements, on trouve en deçà de cette image une nature (généralement inconsciente) parfaitement autonome, forte, libre, se suffisant à elle-même, pour ne pas dire égoïste[1] ; elle se caractérise par des opinions arrêtées, de la rigidité morale, un sens critique et un esprit de contradiction aiguisés, et une remarquable absence de doute. Le Verseau a toujours raison. Il est à la fois uranien, autrement dit contre les lois des autres (en réaction au Capricorne) et saturnien, fixé sur ses positions, sur sa propre loi. « Il est interdit d'interdire » est un slogan typiquement Verseau. Il impose sa vision des choses de façon autoritaire, avec d'autant plus d'aisance qu'il est animé par un idéal de fraternité et d'égalité, qu'il se bat pour que chacun puisse suivre sa voie, exprimer sa voix. Il met en avant un idéal de tolérance, mais il n'est pas tolérant. C'est un humaniste tyrannique ! Cela, c'est le revers de la médaille.

Un idéaliste

Son côté face est l'idéal Verseau, dont la ferveur peut effectivement déplacer des montagnes.

L'idéal Verseau, c'est un monde libre, peuplé d'individus égaux, conscients, individualisés (ou individués[2]), cultivant leur propre différence et respectant celle d'autrui ; un monde bâti sur la fraternité universelle.

Cérébral, spirituel, désincarné[3], motivé par l'évolution sous toutes ses formes, y compris technique (le but étant de créer des réseaux entre les hommes), la fonction ultime du Verseau est d'ensemencer le monde (aux lieu et temps de son exis-

1. On retrouve ce même mécanisme chez le Cancer.
2. Au sens jungien.
3. Tous les natifs du signe ne sont pas désincarnés, bien sûr ; pour peu qu'ils soient marqués par Jupiter ou par le Taureau, par exemple, le côté éthéré en deviendra fort théorique.

tence, et à son échelle) d'une Idée nouvelle, d'une conception inédite dont les finalités sont la liberté et le développement de l'individu. Authentique original, il ne s'appuie sur aucun modèle : c'est l'archétype de l'Homme Nouveau.

Soleil en Verseau, combiné à douze Ascendants

Verseau Ascendant Bélier

Deux signes masculins, actifs, audacieux et innovateurs vous désignent. Intrépide, la tête fourmillant d'idées pour faire bouger les choses dans le monde, vous avez les moyens d'y jouer un rôle efficace. Votre Soleil Verseau n'aime guère diriger ni se mettre en avant, mais vous saurez motiver, convaincre, éveiller les consciences. Vous avez cette capacité à porter un regard neuf sur les choses, à vous émanciper des us et coutumes pour inventer l'avenir. Vous investir dans la communauté humaine est pour vous essentiel, qu'il s'agisse du monde de l'entreprise ou d'une communauté spirituelle si votre Soleil est en Maison XII[1]. Vous êtes partagé entre votre côté éthéré et vos pulsions et l'on ne sait jamais trop, avec vous, si l'on a affaire à l'ange ou à la bête. Dans le couple, vous avez un faible pour les natures raffinées, pondérées et paisibles ; votre partenaire doit être sociable et apprécié de tous. Votre *alter ego* est la Balance. Les signes occupés par Saturne et Mars dans votre thème enrichiront et affineront ce portrait.

---

1. Vous êtes concerné par ce qui est dit à propos de la position du Soleil en Maison au paragraphe « Verseau Ascendant Verseau ».

Verseau Ascendant Taureau

Votre comportement social ne laisse guère présumer de vos réelles motivations. Vous apparaissez comme quelqu'un de terrestre, pragmatique, proche des choses simples, de la Nature et des plaisirs, et motivé par l'avoir, la propriété, la sécurité matérielle. Cela, c'est votre énergie de vie naturelle et spontanée ; mais vos idées et vos idéaux sont tout autres. Vos aspirations sont plus spirituelles et plus communautaires aussi. Vous portez des jugements défavorables sur vos instincts de propriété et sur votre attachement aux instincts. Peut-être croyez-vous que votre esprit vous tire vers le haut et votre nature vers le bas, alors que c'est en conciliant ces deux aspects de vous-même que vous parviendrez à une unité féconde. Dans le couple, vous êtes attiré par les personnes entières, passionnées et exclusives, qui ont réussi cette alchimie, notamment à travers leur sexualité. Votre *alter ego* est le Scorpion. Les signes occupés par Saturne et Vénus dans votre thème enrichiront et affineront ce portrait.

Verseau Ascendant Gémeaux

Vous êtes un tourbillon ! L'Air est un élément important chez vous, qui vous donne cette légèreté, ce caractère expansif, ce besoin d'espace, de changement et de mouvement perpétuel. Mobile, volubile, curieux et hyper-sociable, vous tendez des antennes sensibles sur le monde, sans cesse à l'affût de nouveautés, d'idées et de théories nouvelles, d'évolutions techniques ou spirituelles. Vous êtes tendu vers l'avenir et vers les autres. Le mental est la fonction la plus développée chez vous, peut-être au détriment de l'émotionnel (sauf planètes en signes d'Eau) ou de l'instinct (sauf Lune en Bélier, Taureau ou Scorpion). Vos idées sont souvent inspirées, parfois géniales, mais vous devez faire un effort de réalisme pragmatique si vous voulez qu'elles ne restent pas à l'état virtuel. Vous êtes attiré par les étrangers et les personnes qui peuvent vous enseigner quelque chose, vous faire découvrir des domaines inconnus. Votre *alter ego* est le Sagittaire. Les signes occupés par Saturne et Mercure dans votre thème enrichiront et affineront ce portrait.

Verseau Ascendant Cancer

Vous êtes quelqu'un de sensible et de subtil, partagé entre un grand besoin des autres, d'intégration dans la société, et un côté farouche, indépendant, recherchant la solitude. Vous êtes partagé entre un attachement profond aux traditions, à la famille, au terroir, et un idéalisme détaché du passé, des ancrages terrestres et des conditionnements extérieurs ; partagé entre une dépendance et une liberté, un côté conservateur et un désir de nouveauté et de changement. Vous avez probablement réglé cette contradiction en la cloisonnant dans des domaines de vie précis. Vous vous définissez comme quelqu'un de tolérant et de pacifiste ; toute manifestation de colère, d'agressivité vous met mal à l'aise. Le jugement moral que vous portez sur le pulsionnel vous oblige à brider celui-ci, ce qui se traduit par moments par de terribles déferlements lorsque vous lâchez la soupape ! Vous êtes attiré par les personnes volontaires, ambitieuses et maîtresses d'elles-mêmes, avec qui vous souhaitez une relation durable et solide. Votre *alter ego* est le Capricorne. Les signes occupés par Saturne et la Lune dans votre thème enrichiront et affineront ce portrait.

Verseau Ascendant Lion

Vous êtes une personnalité forte et brillante. Chaleureux, expansif, vous ne passez pas inaperçu. Vous ne détestez pas sortir du rang, parfois jusqu'à l'excentricité. Pourvu que l'on remarque que vous êtes différent : c'est le but ! Hors norme ou franchement subversif, vous avez un puissant besoin de vous affirmer et de vous démarquer. Idéaliste, vous rêvez d'un monde libre et égalitaire, mais vous vous placez au-dessus du commun des mortels et savez vous montrer assez égocentrique et autoritaire. Drôle, optimiste, charismatique, vous séduisez souvent et dérangez parfois. Les amis ont souvent votre préférence sur la famille ou le couple – sauf si votre conjoint sait susciter votre admiration. Amoureux de l'indépendance, vous recherchez un partenaire qui respecte votre liberté, et qui vous propose une relation originale. Votre *alter ego* est le Verseau. L'Ascendant en Lion donne un poids supplémentaire au signe solaire : vous êtes donc très Verseau... Le signe occupé par Saturne dans votre thème enrichira et affinera ce portrait.

Verseau Ascendant Vierge

Vous avez une personnalité riche et complexe. Vous apparaissez comme quelqu'un de rationnel et de raisonnable, et parlez peu de vous-même. Pudique et indépendant, vous respectez les secrets et l'intimité d'autrui. Le respect de la liberté individuelle est pour vous une nécessité absolue de la vie en société. Cela vous rend très facile et agréable à vivre. Vous êtes tout à la fois très altruiste et très centré sur vous-même : vous avez autant besoin des autres que de solitude, et ne vous laissez pas dévier de votre route. Vous avez besoin de poursuivre un idéal élevé mais vous aimez l'efficacité concrète : vouloir changer les choses passe par une discipline régulière et quotidienne et par une attention humble aux subtilités de l'existence : « Dieu est dans les détails »... Vous êtes attiré par les personnes dégageant une certaine poésie et une ineffable aisance à naviguer dans la vie. Votre *alter ego* est le Poissons. Les signes occupés par Saturne et Mercure dans votre thème enrichiront et affineront ce portrait.

Verseau Ascendant Balance

Vous êtes un humaniste et un intellectuel. Vous avez l'âme d'un philosophe et d'un défenseur de la justice et de la liberté. Vous pourriez être attiré par la politique, les ONG ou la magistrature. Le monde des idées, des échanges humains, des rencontres et de la vie sociale est le vôtre. Votre esprit n'est jamais en repos : vous avez besoin de partager, de comparer, de discuter. Les amis tiennent la première place dans votre cœur. Charmant, séduisant et épicurien, vous dispensez énergie, mouvement et joie de vivre autour de vous : vous n'êtes pas un mélancolique, mais plutôt une personne de projet, tendue vers l'avenir. Votre caractère indépendant ne vous empêche pas d'aspirer à une vie de couple harmonieuse, à condition qu'elle vous laisse un espace de liberté. Vous êtes attiré par les personnes énergiques, entreprenantes, sachant ce qu'elles veulent. Votre *alter ego* est le Bélier. Les signes occupés par Saturne et Vénus dans votre thème enrichiront et affineront ce portrait.

Verseau Ascendant Scorpion

Vous êtes plein de contradictions et il vous a probablement fallu du temps pour trouver équilibre et unité. Vous dégagez une énergie puissante et secrète. Extrémiste, vous avez une grande soif d'absolu et vous vous révoltez facilement contre l'ordre établi ; vous ne suivez que votre propre loi. Vous êtes partagé entre un idéal de tolérance et de fraternité, et une nature intolérante, exigeante et passionnée.

Vos aspirations vous guident vers le céleste, mais c'est une véritable transmutation qui doit s'opérer pour que vos pulsions ne vous tirent pas à hue et à dia. Sur le plan affectif également, vous êtes partagé entre une indépendance foncière, qui vous fait reculer devant tout lien trop accaparant, et un besoin pulsionnel de fusion avec l'Autre. Vous êtes attiré par des personnes solides, saines, bien carrées dans le réel, proches de la nature et de leur nature. Votre *alter ego* est le Taureau. Les signes occupés par Saturne et Mars dans votre thème enrichiront et affineront ce portrait.

Verseau Ascendant Sagittaire

Vous avez le profil d'un humaniste et d'un philosophe. La connaissance, l'évolution de l'homme à travers ses croyances et ses systèmes de pensée, voilà ce qui vous intéresse. Vous avez une forte personnalité : votre curiosité et votre tolérance ne vous empêchent pas d'avoir des idées bien arrêtées, plutôt optimistes et porteuses d'espoir. Vous êtes d'une indépendance foncière et les contraintes n'ont pas de prise sur vous : vous avez profondément besoin de vous sentir disponible à l'instant qui passe, aux circonstances, aux opportunités et aux rencontres. La solitude vous apporte de grandes joies, et la compagnie des amis ou des personnes appartenant à la même communauté spirituelle vous nourrit. La relation de couple ne peut s'envisager qu'avec une personne qui respecte votre liberté et ne cherche pas à exercer une mainmise ou un contrôle quelconque. Vous êtes attiré par les personnes juvéniles, drôles, fines, légères. Votre *alter ego* est le Gémeaux. Les signes occupés par Saturne et Jupiter dans votre thème enrichiront et affineront ce portrait.

Verseau Ascendant Capricorne

Vous avez une forte personnalité. Vous ne vous mettez pas nécessairement en avant (sauf si votre Soleil est en Maison I[1]), mais vos idées sont très personnelles et vos convictions solidement ancrées. Vous ne vous laissez pas facilement influencer et, d'une façon générale, vous êtes plutôt un solitaire. Cependant votre exigence et votre sens critique vis-à-vis de ceux que vous côtoyez ne vous empêchent pas de croire profondément en l'homme et d'œuvrer pour un monde meilleur. Vous êtes taillé pour la politique, la science ou la philosophie. Votre capacité de distanciation, votre sagesse vous permettent un jugement objectif, parfois entaché par un sens moral rigide qui vous empêche de comprendre ceux qui sont trop différents de vous. Vous avez l'étoffe d'un célibataire mais vous êtes attiré par les personnes sensibles, tendres, protectrices. Votre *alter ego* est le Cancer. Le signe occupé par Saturne dans votre thème enrichira et affinera ce portrait.

Verseau Ascendant Verseau

Lorsque le signe et l'Ascendant se trouvent dans le même signe (ou sont voisins), il se présente deux cas de figure : le Soleil se trouve au-dessus de l'horizon – ou en dessous[2]. Seul un astrologue peut vous le dire, mais si le Soleil natal se trouve dans le premier décan (ou le second), et l'Ascendant dans le second (ou le dernier), autrement dit *après* le Soleil, vous pouvez être sûr que votre Soleil se trouve au-dessus de l'horizon, c'est-à-dire

1. Cf. le paragraphe suivant : « Verseau Ascendant Verseau ».
2. Cf. définition p. 27.

dans la Maison XII[1]. Dans ce cas, les caractéristiques propres au signe solaire sont assez masquées au départ et ne se révéleront qu'à travers un véritable chemin de vie initiatique. Dans le cas contraire, le Soleil se trouve dans la Maison I, ce qui rajoute au signe natal une forte valeur solaire (comparable à un côté Lion pour simplifier).

Dans les deux cas, l'Ascendant ne change pas : en Verseau, il vous confère une personnalité résolument originale et individualiste. Vous êtes incapable d'entrer dans un moule ou dans une catégorie, sinon celle des inclassables. Que vous vous en réjouissiez ou non, cette originalité, parfois ressentie comme de la provocation, vous colle à la peau. Vous vous montrez tel que vous êtes : légèrement détaché du réel, comme en suspension, à côté des autres mais jamais vraiment avec eux, concerné par les grandes questions sociales, humanitaires et spirituelles, mais quelque part comme coupé du monde qui vous entoure. C'est que vous incarnez pleinement la fonction du Verseau, qui est celle d'inventer un monde nouveau, une humanité nouvelle. Vous faites partie des rares dont le regard est neuf, et qui peuvent féconder les autres d'une certaine pureté – ce qui ne signifie pas que vous ne soyez pas vous-même humain, que vous n'ayez pas des pulsions comme tout le monde ; mais vous avez aussi ce côté visionnaire, idéaliste, inspiré qui peut permettre à ceux qui vous côtoient de penser autrement. Votre vie sentimentale prend peu de place dans votre vie, sauf si vous vivez une relation libre et fraternelle, ou si vous parvenez à concilier couple et spiritualité. Vous êtes attiré par les personnes brillantes, à la forte personnalité, généreuses et positives. Votre *alter ego* est le Lion. Le signe occupé par Saturne dans votre thème enrichira et affinera ce portrait.

1. Voir p. 432. Pour les détails, voir p. 28-33.

Verseau Ascendant Poissons

Le paragraphe précédent vous concerne : dans votre thème natal, le Soleil peut se trouver soit en Maison XII, soit en Maison XI[1] ; dans le premier cas, les caractéristiques propres au Poissons passent devant celles du Verseau tant qu'un processus évolutif n'est pas abordé (en général grâce à une psychothérapie, voire une psychanalyse, puis une démarche spirituelle) ; les potentialités peuvent rester endormies, à l'état virtuel : vous avez une seconde naissance à vivre. Dans le second, la Maison XI accentue les caractéristiques Verseau et indique une personnalité hyper-sociable, s'épanouissant en groupe, avec les amis ou dans le cadre de relations socioprofessionnelles correspondant à votre tendance politique ou philosophique.

Dans les deux cas, vous êtes profondément un humaniste. Vous apparaissez comme quelqu'un de sensible, émotif, pudique, à la fois serviable, capable d'empathie, de solidarité, et d'une indépendance d'esprit qui vous rend inaccessible et comme imperméable à ce qui se passe autour de vous. Vos idéaux sont élevés et souvent utopiques : vous manquez de réalisme pragmatique (sauf si la Terre domine dans votre thème[2]), mais pas de poésie ni d'inspiration. Vos dons artistiques sont incontestables, et peuvent prendre toutes les formes imaginables, y compris celles qui utilisent une technologie avancée. Le couple n'est pas une affaire simple pour vous qui êtes si indépendant et si occupé par votre monde intérieur. Vous êtes attiré par les personnes discrètes, efficaces, réalistes. Votre *alter ego* est la Vierge. Les signes occupés par Saturne et Jupiter dans votre thème enrichiront et affineront ce portrait.

---

1. Voir p. 432. Pour les détails, voir p. 28-33.
2. Cf. tableau p. 23.

Planètes, Ascendant et Milieu-du-Ciel en Verseau

Lune ☾ en Verseau ♒

La Lune Verseau a un grand besoin de liberté et d'espace. Elle aime aller vers les autres, être au milieu d'une bande d'amis ou d'un groupe, surtout si ses membres la nourrissent spirituellement et intellectuellement. C'est du reste dans ce genre de contexte, en compagnie de ceux qui appartiennent à une même communauté d'esprit, qu'elle aime le mieux se laisser aller ; elle devient alors souple, joyeuse et chaleureuse, préférant se laisser guider par le groupe.

Malgré ce tempérament sociable et amical, elle a tout autant besoin de temps de solitude et de méditation. Elle a beaucoup de mal à supporter les contraintes extérieures, les exigences d'autrui, surtout si elles sont de l'ordre de la possessivité ou du contrôle. C'est du reste sa condition de bonne santé et d'épanouissement.

Ce caractère libre, émancipé et sociable est plus visible dans le thème d'une femme, dont la féminité peut détonner, par rapport aux standards habituels, par ses côtés abrupts et inconventionnels. Ce tempérament indépendant peut aller à l'encontre de la maternité et de la vie de famille, souvent vécues comme autant de contraintes : elle devra impérativement se ménager des espaces pour elle-même, de façon à vivre harmonieusement son rôle de mère. Il est probable que la personnalité de la mère soit marquée d'une façon ou d'une autre par les caractéristiques du Verseau. C'est de sa propre mère que la personne Lune Verseau tient son côté libre, voire insurrectionnel.

L'homme aura tendance à projeter cette partie lunaire de son identité sur la femme – l'épouse ou la mère (et non l'amante, symbolisée par Vénus). Son image de la femme est celle d'une personne autonome, indépendante, au caractère bien trempé, plus cérébrale qu'émotive, volontiers en réaction avec son milieu familial ou social.

Ajoutons que la Lune en Verseau est très attirée par les natifs du signe.

Mercure ☿ en Verseau ♒

Le mental de Mercure Verseau est logique, alerte et assez carré : lentes à se fixer, les idées sont souvent bien ancrées ; elles détonnent souvent avec le milieu familial ou social : Mercure Verseau a un côté original, provocateur, et communique beaucoup à travers la contradiction. Cette capacité de distanciation par rapport aux idées reçues lui confère une grande liberté de raisonnement, et souvent une vision très avant-gardiste : il « sent » l'air du temps, entre en résonance avec ses semblables. Il sait parfois imaginer de quoi demain sera fait (intérêt pour la science-fiction ou les théories d'avant-garde) : c'est un esprit visionnaire. La capacité de communication est excellente, surtout lorsqu'il s'agit de s'exprimer : l'empathie et l'écoute ne sont pas ses qualités premières. Malgré un profond intérêt pour l'humain, Mercure Verseau peut avoir le défaut de chercher à imposer ses points de vue plutôt qu'à s'ouvrir réellement à ceux d'autrui.

Vénus ♀ en Verseau ♒

Amitiés amoureuses, amours amicales, Vénus Verseau s'attache sur les bases d'une complicité fraternelle et d'un sentiment de liberté. Amour ne saurait rimer avec fusion ni passion – ou alors cette passion sera spirituelle, transcendée ou mentalisée. L'instinct brut, l'envoûtement mutuel ne sont pas de son ressort. Cette Vénus-là recherche à travers l'amour avec un autre à s'ouvrir à la fraternité universelle. Il ne faudra donc pas lui demander une dépendance ni une disponibilité absolues : ses amis, ceux avec qui elle partage un même idéal ou une même recherche spirituelle, comptent largement autant dans son cœur que la personne qui partage sa vie… Du reste, plutôt que de dire « mon mari », elle préférera le désigner par son prénom. Le mariage est d'ailleurs bien conventionnel pour cette femme libre comme l'Air… du Verseau.

Dans le thème d'un homme, cette Vénus désigne une image de l'amante idéale : libre, intelligente, spirituelle (dans les deux sens du terme) : la sœur-amante.

Mars ♂ en Verseau ♒

Les valeurs marsiennes d'initiative, de combativité et d'action sont inhibées dans le signe du Verseau où Mars est en *chute*[1]. Un contrôle serré est exercé sur les pulsions et sur l'énergie masculine. Dans le thème d'un homme, ce Mars aura du mal à se mettre en colère et préférera se distancier de ses pulsions et les intellectualiser. Céder à sa part animale est un signe de régression : « On n'est pas des bêtes… » Comme, malgré tout, on est aussi des bêtes, ce Mars ne pourra pas s'empêcher d'avoir des rêves (si seulement on pouvait contrôler aussi ses rêves !) de violence, de viols et autres agressions, et des fantasmes (sexuels notamment) du même acabit. Il y a un jugement de valeur à l'encontre de l'agressivité qui empêche la personne d'être totalement elle-même. Cela est d'autant plus vrai pour un homme (Mars est

1. Cf. note 1, p. 371.

une fonction masculine), la femme ayant tendance à projeter ce Mars sur les hommes et donc à avoir une vision du masculin assez ambiguë – à la fois civilisée et spirituelle et, plus profondément, explosive et imprévisible. Un bon moyen de se réconcilier avec ce Mars ? Les arts martiaux et toutes les pratiques visant à se réapproprier son énergie (yoga, cri primal…).

Jupiter ♃ en Verseau ♒

Vous avez besoin de vous démarquer pour réussir. Participer à des groupes, particulièrement s'ils sont marginaux, porteurs d'un idéal, d'une vision originale du monde, vous motive : vous n'êtes pas quelqu'un qui cherche à réussir dans son coin. Apporter du nouveau, se poser comme modèle de la meilleure façon de vivre et de trouver sa place dans la vie, voici votre moteur. Votre épanouissement peut prendre deux directions ; l'une passant par l'intériorité, la spiritualité, le développement personnel. L'autre, par la technologie d'avant-garde. Votre idéal est de réussir socialement en aidant les autres à atteindre leur autonomie ou leur émancipation, et notamment en revendiquant leur différence.

Saturne ♄ en Verseau ♒

L'image paternelle est celle d'un père individualiste, voire contestataire, plus ou moins marginal ou porteur d'idées utopiques. Ce père a structuré l'enfant autour de la conscience de sa propre différence et du respect de la différence de chacun. Mais aussi autour d'une méfiance contestataire face à l'ordre établi, dès lors qu'il bride l'individu.

Dans un premier temps, l'ego se construit sur un côté anarchisant, contestataire, sur un refus de ce qui est traditionnel, imposé par une autorité arbitraire, par un consensus collectif. Il ne veut pas entrer dans un moule.

Même si des problèmes objectifs apparaissent – difficultés d'intégration sociale notamment –, ils font partie de l'économie personnelle du sujet, jusqu'à ce que l'ego soit suffisamment construit pour qu'il puisse lâcher ce refus et s'ouvrir à tout ce qu'il refusait auparavant.

Notons un cas qui, bien que particulier, n'en est pas moins fréquent : celui du statut saturnien[1]. Dans ce cas, la personne identifiée à son Saturne en Verseau se comportera de façon plutôt contestataire en apparence, avec un fond de timidité et de difficulté à s'ouvrir aux autres. Elle se montrera en somme sous les traits d'une sorte de « faux Verseau », se voulant porteur d'idées nouvelles, mais manquant de charisme pour les transmettre ; le statut saturnien étant un masque, une défense, il ne peut s'investir des qualités solaires de rayonnement, de sûreté de soi et de joie de vivre. Cette personne aura un chemin à faire pour lâcher ses craintes, s'ouvrir au monde et, par là même, retrouver son Désir.

Ascendant en Verseau ♒

Si votre signe solaire vous décrit comme placide (Taureau), fragile (Cancer) ou discipliné (Vierge), il est probable que vous ne vous reconnaissiez que très épisodiquement. C'est que votre Ascendant Verseau vous donne un comportement social, une attitude vis-à-vis des autres, une *personnalité* à la fois très sociable et très individualiste, s'affirmant volontiers à contre-courant de la norme. Votre porte est grande ouverte aux amis et l'amitié est chez vous une valeur-phare. Amitié, rimant avec liberté, fraternité, égalité – le

1. Cf. p. 39.

Verseau est le plus républicain des signes ! On vous perçoit spontanément comme quelqu'un d'ouvert et de disponible, mais également d'indépendant : vous aimez les gens, mais vous n'avez besoin de personne. Vous êtes heureux en société et en groupe, mais la solitude vous permet de retrouver votre sentiment de liberté intérieure et de méditer sur les sujets réellement importants. Engager une vie commune et fonder une famille n'est pour vous supportable qu'à condition de préserver un espace de liberté qui permette aussi bien des activités solitaires, méditatives, que des réunions amicales ou associatives, dans lesquelles vous vous épanouissez pleinement. Cependant le couple est pour vous un moteur puissant, ainsi que toute forme de relation et d'association[1].

Physiquement, vous êtes nerveux, agité, vos gestes sont rapides et parfois brusques. D'une constitution plutôt faible (circulation sanguine, cœur, système nerveux, dos et chevilles sont les zones à surveiller), vous êtes cependant résistant, ce qui compense (en partie !) votre manque d'attention pour votre santé.

À noter que le signe de Saturne (gouverneur du Verseau, donc de votre Ascendant), dans votre thème, donnera des indications supplémentaires sur votre comportement social et la façon dont les autres vous perçoivent.

Milieu-du-Ciel en Verseau ♒

Quel que soit votre métier, vous l'abordez de façon personnelle et originale et, à l'extrême, en réaction violente avec votre milieu d'origine ou avec la société. Même si vous êtes de tempérament conformiste de par d'autres facteurs de

1. Ce n'est pas propre au signe, mais dans le cas d'un Ascendant Verseau, le Soleil (pôle créateur) gouverne (est motivé par) la Maison VII (relation, contrats) en Lion.

votre thème, il se trouve que votre parcours professionnel ne suit pas les sentiers battus – sans que vous ayez particulièrement d'effort à fournir pour cela. Dans votre carrière ou votre métier, il est important pour vous d'apporter du sang neuf, de féconder la société d'une nouvelle façon de voir et d'aborder les choses. Cela peut se manifester sur le plan de la recherche scientifique, ou dans un cadre social : changer la société à travers une action humanitaire, sociale ou politique correspond à votre idéal spirituel de plus grande conscience et de plus grand respect des libertés.

Typiquement, ce qui a été dit au paragraphe « le Verseau et le travail » s'applique aussi ici, et particulièrement le type des métiers pour lesquels vous êtes fait ; mais pour être plus près de la vérité, il est indispensable de considérer le signe de Saturne (qui gouverne votre MC) dans votre thème.

PORTRAIT ASTROLOGIQUE
DU SIGNE DES POISSONS

♓

Image symbolique

Un moine marche dans le désert. Il a traversé les tempêtes de l'âme, abandonné les illusions des réformateurs. Pour préparer le cycle nouveau, il doit se purifier des mémoires du monde, des peurs ancestrales qui résonnent dans ses profondeurs obscures. L'inconnu ne le rebute pas, ni ne l'effraie la perte. En lui viennent s'échouer les questions irrésolues et les prières silencieuses. Il chemine vers l'amour et la compassion, parfois au prix du sacrifice.

Le bébé Poissons

Le nourrisson, satellite dépendant de sa mère, est plutôt défini par le signe de la Lune natale que par son signe solaire. À partir de l'âge d'un an environ, le bébé acquiert de plus en plus d'autonomie et commence à affirmer ses quatre volontés : c'est le stade de « l'enfant-roi ». Ce n'est qu'à ce moment-là, où il réalise que sa mère et lui forment deux entités séparées et où il cherche à se différencier d'elle, que le bébé « devient un Soleil » à part entière et qu'il adopte les caractéristiques de son signe solaire.

Soleil en Poissons	Environ du 19 février au 21 mars
Sa fonction	Aimer, secourir. Faire le lien entre le visible et l'invisible ; révéler l'interdépendance universelle
Sa saison	Transition entre l'hiver et le printemps, dont on perçoit les premiers frémissements. Les giboulées annoncent la fin d'un cycle, le début d'un nouveau
Ses planètes maîtresses	Jupiter et Neptune
Sa planète d'exil	Mercure
Sa planète d'exaltation	Vénus
Sa planète de chute	Mercure
Son élément	L'Eau
Sa polarité	Féminine
Correspondance physiologique	Les pieds, les vaisseaux lymphatiques
Sa couleur	Tous les bleus, surtout tirant sur le vert (bleu canard) ou le violet
Ses fleurs	L'eucalyptus, la marjolaine, le lis
Son métal	L'étain
Ses pierres	Le corail, l'améthyste, l'aigue-marine, la pierre de lune
Ses chiffres	5, 11, 12, 19
Son parfum	La giroflée, la rose
Son type caractérologique	Sentimental (surémotif, non actif, secondaire)
Son tempérament	Lymphatique[1]

1. Cf. le classique *Traité pratique d'astrologie* d'André Barbault pour aller plus loin.

Votre enfant Poissons est d'une grande sensibilité ; il s'imprègne profondément des ambiances, ressent les humeurs de chacun et surtout les tensions de manière décuplée.

Inquiet, craintif, il peut avoir des accès d'angoisse qui le rendent pleurnichard et très en demande d'affection, mais ce n'est pas de la comédie ! Il a effectivement besoin d'être rassuré. Ensuite, il se montre au contraire des plus enjoué, sociable et adaptable, sachant trouver le côté agréable en toutes situations et s'accommodant du reste. L'affectif compte beaucoup plus que les jouets, les bonbons ou toutes les explications du monde : un équilibre affectif épanoui peut lui faire supporter sans problème toutes sortes de privations ou inconforts. Le petit Poissons a d'abord et avant tout besoin de présence humaine et d'amour.

En dépit de cette grande demande affective, et d'une réelle capacité de compassion, il est pourtant capable de s'isoler dans sa bulle et de faire preuve d'une distraction au monde extérieur qui ressemble à de l'indifférence. Ce côté « imperméable » et inaccessible est sa façon de se ressourcer, de se forger progressivement sa solidité intérieure pour ne pas se laisser envahir et bouleverser par ses émotions. S'il fait preuve d'une distraction maladive, oublie ce que vous venez de dire et perd toutes ses affaires, c'est qu'il a fort à faire et qu'il est peut-être perturbé par des problèmes familiaux ou scolaires.

Plein de bonne volonté, il aura cependant du mal à concevoir et à assimiler les notions de limites, d'interdit, de morale, de parole donnée ou de contrainte : naturellement, il ne comprend pas ces limitations, qui lui demandent un réel apprentissage, au même titre que le rangement, l'organisation, les horaires… Ce comportement peut friser la mollesse au moment de l'adolescence, où son caractère influençable et son imagination débridée peuvent lui poser des problèmes relationnels et affectifs, et déboucher également sur une totale confusion pour ce qui est de son orientation. Il devra progressivement apprendre à tenir davantage compte de la réalité que de ses rêves, sans toutefois éliminer ceux-ci définitivement, car c'est dans le rêve qu'il puise son inspiration, sa grande créativité artistique et sa capacité de communion avec l'Autre.

La petite fille et l'adolescente Poissons

Souriante, charmeuse, docile, elle est d'une grande souplesse de caractère, et adore faire plaisir. Ultra-féminine et séductrice, elle saura instinctivement comment enrouler le monde autour de son petit doigt ! Son intuition est grande, comme l'est sa finesse de perception des autres. Elle saura s'intégrer partout facilement grâce à son charme.

Le petit garçon et l'ado Poissons

Sensible et timide, il préférera les jeux d'expression artistique comme le dessin ou la musique aux batailles et à la compétition. La lecture l'intéressera plus que le sport, sauf s'il s'agit de natation ou d'équitation. Le rôle du père est particulièrement important pour un Poissons et pour un garçon, car c'est son influence qui l'aidera à se structurer de façon à canaliser ses qualités dans un sens constructif et créatif plutôt que de les laisser se déliter ; le rêve est à la fois la grâce du Poissons et son piège, aussi convient-il de lui inculquer les notions d'effort et de constance, plutôt que de se reposer sur ses dons.

Le Poissons devenu adulte, quel est son comportement de surface ?

Il se tient d'abord à l'écart, en retrait et silencieux, se donnant le temps de « prendre le vent », de sentir l'ambiance, de percevoir le tempérament et l'humeur de chacun. Son contact est facile : il est ouvert et sociable, et une fois assuré de n'être pas en terrain hostile, il a plutôt tendance à aller vers les autres, parfois avec familiarité. Il dégage une impression sympathique, affectueuse, humaine, qui met en confiance. Sa voix est douce, ses gestes coulants, sa démarche lente ; il a toujours l'air de se promener. Il n'est pas pressé. Il se balade dans l'existence, moitié ici, moitié ailleurs.

Un tempérament adaptable

Nonchalant, il néglige les détails matériels, l'inconfort, la vaisselle sale ou le robinet qui coule, qu'il ne remarque même pas ; il s'adapte à l'environnement sans en être affecté. Il s'esquive devant le conflit, qu'il craint et ne comprend pas. Il vogue sur les vagues du monde tel qu'il est, et la plupart du temps s'en trouve bien. Préférant subir et se soumettre que se révolter, il peut supporter longtemps une situation objectivement inconfortable grâce à sa capacité à *s'absenter*.

Il vous écoute et ne semble pas toujours entendre : c'est qu'il est attentif à ce qu'il ressent, à la musique des mots, aux impressions qui traversent le langage.

De la fusion à la confusion

Sa réceptivité est telle qu'il s'imprègne de vos propres émotions, s'en émeut lui-même ; si sa sensibilité est touchée, il en perd son discernement ; sa compréhension de l'autre se transforme en fusion : il *adhère* parce qu'il comprend. De ce fait, il peut en devenir dangereusement influençable. Une de ses plus grandes difficultés est de maîtriser sa capacité d'empathie et de ne pas se noyer dans l'inconscient de l'Autre.

Indécis quant à son désir propre, qui lui reste longtemps imprécis, il peut s'illusionner ainsi, voguant d'une chimère à l'autre, vaguement guidé par une aspiration spirituelle sur laquelle il ne saurait mettre des mots, et par un flot d'émotions aussi violentes qu'irrationnelles.

Du dévouement au sacrifice

Son désir créateur ne faisant guère le poids face à l'immensité, il le troque volontiers, dans un premier temps du moins, pour celui d'aimer, indissolublement mêlé au désir de secourir ; il ira ainsi naturellement vers ceux qui souffrent, s'entourant des exclus, des poètes maudits, de ceux qui ne trouvent pas leur place. Son dévouement le conduit parfois jusqu'au sacrifice (vécu ou ressenti) dont l'aspect rédempteur lui donne la sensation bien réelle d'exister et d'être utile, sans pour autant avoir d'idée claire de l'objet ni du sens de son sacrifice.

Toutefois ce dévouement, qui devient dévotion lorsqu'il aime, est souvent compensé par des volte-face inattendues ; au bord de la noyade, l'instinct du Poissons le pousse à « tout lâcher » et à se montrer d'un remarquable égoïsme.

L'Eau sensible

Des trois signes d'Eau, c'est le Poissons qui correspond le mieux à la métaphore de l'Eau, car à son élément s'ajoute sa *mutabilité*[1], qui renforce la signification de mouvement, d'instabilité, de transition, d'entre-deux. De plus, Neptune, dieu mythique des océans, est sa planète.

L'Eau frissonne au moindre souffle de vent. Le moindre contact se répercute en ondes infinies jusque dans ses profondeurs intimes ; le Poissons est une véritable éponge, qui s'imprègne des sensations, des émotions d'autrui, des ambiances ; il se laisse inonder, pénétrer par les êtres et les choses. À fleur de peau, il est souvent débordé par ses émotions et par ses sens.

Puis, l'Eau retrouve sa sérénité étale, sans qu'aucune trace ne demeure, ni en surface, ni en profondeur. Malgré les orages intérieurs qu'il peut traverser et les sensations puissantes qu'il peut ressentir, le Poissons ne semble pas profondément affecté par ce qu'il a vécu : c'est oublié, ou refoulé ; en tant que mutable, il ne peut rester longtemps dans le même état émotionnel : le mouvement est la permanence du mutable. Par ailleurs, lorsqu'il ferme ses écoutilles et s'enferme dans sa bulle, il semble que tout glisse sur lui sans l'atteindre, et qu'il puisse alors faire preuve d'une insensibilité étanche.

L'Eau est mystérieuse : elle peut montrer un visage lisse et garder le secret de ses courants profonds ; la douceur du Poissons contient des sous-entendus de mystère ; il semble serein, il reste insaisissable, ailleurs, attentif à sa musique intérieure.

L'Eau est douce, voluptueuse, enveloppante, sa nature est féminine, passive et adaptable. Elle contourne les récifs, coule sur les rochers. Le Poissons est réceptif, tendre et caressant ; il contourne les obstacles, évite la confrontation.

Mais l'Eau qui dort est, dit-on, imprévisible, et peut se déchaîner dans la violence dévastatrice des tempêtes ; le Poissons, aux humeurs instables et irrationnelles, peut brusquement

1. Cf. p. 20.

agir de façon fantasque et extrême, inconscient du scandale ou du risque, dans une forme de tourbillon destructeur. Pris dans les émotions négatives, il semble s'y perdre comme dans un puits sans fond, qui n'est plus celui de ses seuls abîmes mais de toute la détresse humaine ; le torrent de sa tristesse semble se jeter dans un océan démonté, où se rejoignent, dans un violent chaos, toutes les souffrances du monde. C'est peut-être de là que vient ce don d'intime compassion qui le lie à chaque être vivant. « La tristesse de l'eau est infinie[1] » dit joliment Bachelard.

Paisible, l'Eau coule sans résistance, mais peut aussi révéler sa force dans l'érosion lente qu'elle cause, d'une caresse patiente, sur les roches les plus dures ; pour peu que le temps lui permette de concentrer et d'unifier son action, celle-ci peut être d'une ampleur remarquable, ainsi que l'illustrent l'œuvre d'un Victor Hugo, d'un Michel-Ange ou d'un Rudolph Steiner[2].

Le temps : Chronos, alias Saturne

Le Poissons manque de structure, de concentration et de persévérance, autrement dit manque de principe saturnien. Son premier travail sera de développer ces qualités, indispensables pour qu'il ne se « dissolve » pas dans son chaos intérieur. Si Saturne tient une place privilégiée dans le thème (c'est le cas de Einstein), ce travail de structuration se fera naturellement. Sinon, c'est au cours des phases du cycle saturnien que le natif des Poissons apprendra à développer ces qualités.

1. Gaston Bachelard, *L'Eau et les Rêves.*

2. Scientifique, philosophe, mystique, père de l'anthroposophie et esprit éclairé, né le 27 février 1861.

Le facteur temps (pivot de la structure Capricorne) est une notion au départ abstraite pour le Poissons qui vogue dans un monde indifférencié, où l'espace et le temps sont relatifs et subjectifs[1], où le monde visible est étroitement mêlé aux énergies subtiles. Cette notion saturnienne de rapport au temps est pourtant la clé pour que du chaos émerge une réalisation fécondante.

Chaotique, poétique ou *voyant*

Son comportement est déterminé par ce qu'il sent et non par le raisonnement ou la volonté. Le Poissons est profondément subjectif parce que guidé par son ressenti et son intuition, et en même temps objectif parce qu'il regarde tout événement et tout problème comme étant d'une importance très relative en regard de la totalité, et trop vaste pour engager la seule personnalité.

Sa pensée est globale et synthétique ; elle tend à considérer toute chose comme partie d'un tout. Elle s'exprime plus naturellement à travers le symbole, le signe (ésotérique) ou la métaphore poétique, tandis que le raisonnement cartésien la rebute. Elle saisit intuitivement le sens des correspondances universelles, perçoit le lien invisible qui relie toutes choses entre elles. Cette perception peut se fondre dans un magma d'impressions confuses. Elle peut aussi conduire aux illuminations d'un poète *voyant*, au sens rimbaldien du terme.

C'est cette qualité-là qui lui permet de *voir* l'essence divine en chaque être – même si sa conscience ne le perçoit pas clairement. Ce qu'elle perçoit, c'est un sentiment de profonde compassion ; un sentiment que chaque être a son

1. A. Einstein était Poissons (conjonction Mercure/Saturne).

importance et mérite d'être secouru ou consolé ; et, peut-être, que chaque caillou, que chaque brin d'herbe est porteur de vie et d'esprit.

Y a-t-il une vie sur Terre pour un Poissons ?

Autrement dit, hors de l'univers onirique et merveilleux de l'Eau, où « tout est vrai, où l'incertain décide[1] » ?

La sensibilité psychique, occulte et spirituelle du Poissons est particulièrement affinée ; mais il subit souvent ses contrastes intérieurs sans les coordonner, vit du bout des doigts, à portée de rêve (surtout dans l'enfance), indéfini, indécis ; son champ de conscience et de perception est trop vaste pour qu'il s'enferme dans la moindre option, dans la moindre certitude ou la moindre décision. L'idée même de l'exercice de la volonté lui semble incongru, dans un univers régi de forces complexes et toutes reliées entre elles, ordonnées autour d'une intelligence qui se manifeste mystérieusement en toute chose, en tout être, pour peu que son cœur s'ouvre.

Des quatre signes mutables, ce signe d'Eau est le plus difficile à saisir : son symbole évoque un être de dualités.

Dualité entre dissolution et fécondité

L'Eau symbolise tout autant l'absence de forme, la dissolution, le retour à l'indifférencié, que la matrice originelle, féconde et guérisseuse ; purificatrice, elle permet le passage entre deux états. Le Poissons peut aussi bien se sentir attiré par le néant, la dissolution du moi, la déchéance (notamment par la boisson), qu'aspiré vers les plus hautes sphères de l'esprit.

---

1. Tiré du magnifique poème cité en exergue à *L'Univers des Poissons* de J. Berthon (éd. Traditionnelles).

Craintif et confiant

Modeste, se sachant vulnérable, il manque de confiance en lui et adopte un profil bas : il se soumet spontanément devant l'autorité. Son horreur des conflits et des tensions lui dicte des concessions qu'il regrette ensuite. Il est souvent la proie d'angoisses vagues mais profondes ; se sent « une énigme pour lui-même et les autres[1] » ; son désarroi peut l'amener à une introversion fatale « vidant lentement la conscience de ses contenus vivants[2] ».

Mais la menace récurrente de cette chute ne le rend ni méfiant ni prudent : ne se fiant qu'à son sentiment et à son ressenti, il se montre la plupart du temps des plus confiant, naïf et conciliant. Il est partagé entre des angoisses qu'il ne comprend pas et une profonde foi en la vie.

Dualité de l'illimité et de l'enfermement

Suivant les autres facteurs du thème et l'évolution personnelle, la direction de la vie peut suivre la voie neptunienne : c'est celle du nomade, du marin apatride capable de voyager éternellement, cherchant l'illimité dans l'errance, libre de toute attache et de toute possession ; ou encore celle du moine en éternel pèlerinage, en passant par celui qui se fond dans une confrérie ou une communauté.

Elle peut aussi prendre la voie de la Maison XII auquel le Poissons est associé, et s'enfermer sur elle-même, perdre le sens et l'issue, « choisir » les lieux clos, les retraites hors du monde, des hôpitaux à l'exil, en passant par la prison, l'hôpital psychiatrique ou le monastère.

1. S. de Mailly-Nesle, *op. cit.*
2. D. Rudhyard, *Le Rythme du Zodiaque.*

Le Poissons et l'amour

Le besoin d'affection est insatiable chez le Poissons, ce qui le conduit souvent (surtout la femme Poissons, moins timide que l'homme) à des attachements nombreux et chimériques. Mais son amour est ambivalent ; il semble ne pas s'adresser à la personne aimée, mais aller au-delà : Vénus est *exaltée*[1] dans ce signe, ce qui donne à la quête amoureuse une dimension supra-humaine, le Poissons cherchant, en somme, le divin chez l'autre. Il sera donc surtout question d'*illusions* dangereuses, portant aux excès sensuels et sentimentaux les plus débridés – et se soldant immanquablement par un amer retour à la réalité.

L'amour est oblatif et sans limite, confondant la personne aimée avec un être fabuleux, fantasmé, idéalisé. Le Poissons s'identifie à celui qu'il aime jusqu'à se perdre soi-même, ne plus savoir ce qu'il veut, comme s'il *devenait* l'Autre. Il ressent l'état émotionnel de l'Autre avec tant d'acuité qu'il ne peut plus le différencier du sien propre ; la fusion glisse aisément vers la confusion jusqu'à ce que, éventuellement, se développe une conscience saturnienne, ce qui en théorie ne peut se faire avant l'âge de trente ans[2].

La femme Poissons

Elle vit pour se dévouer : à une cause, à un homme, aux animaux abandonnés ou aux enfants battus. Douce, tendre,

1. *Domicile, exil, exaltation et chute :* il s'agit là des *dignités* des planètes, autrement dit de leurs correspondances avec les signes. Dans le thème natal, une planète dans son signe d'exil n'a pas la même signification que dans son domicile.

2. Temps de révolution de Saturne, correspondant au temps nécessaire pour que l'ensemble des fonctions psychiques soient construites. Saturne est la planète de la conscience, de la maturité et du rapport au Réel.

rêveuse et distraite, elle se sent souvent mal adaptée aux rigueurs du monde moderne, mais s'en sort pourtant bien. Elle fait preuve en effet d'un grand sens de l'adaptation et d'une capacité caractéristique à tirer le meilleur parti des circonstances. Elle sait instinctivement séduire, jouer des émotions et des sentiments pour manipuler (naïvement) son entourage et parvenir à ses fins. Mais elle s'empresse de cacher cette force et cette faculté d'autonomie : elle préfère se montrer sous un jour dépendant et fragile... Romantique incorrigible, elle reste longtemps marquée par l'image du Prince charmant, tant et si bien qu'il lui arrive de le rencontrer ! Naïade ensorceleuse, ultra-féminine et sensuelle, elle entraîne irrésistiblement l'élu de son cœur dans les méandres de son univers où rêve et réalité se fondent et se confondent. Sirène magicienne aux masques innombrables, elle est insaisissable et souvent fascinante. Plus elle vous enveloppe, plus elle s'échappe. Il émane d'elle douceur, mystère, poésie, mais aussi irrationalité et incertitude. Comme à son homonyme masculin, il lui faut du temps pour intégrer les notions de responsabilité, de parole, d'engagement ou de rigueur.

À condition d'incarner son Soleil, elle exprimera les qualités propres à son signe ; tandis que si elle projette ce Soleil en Poissons sur son mari, par exemple[1], elle aura plutôt tendance à s'identifier à sa Lune, ou à son Saturne natal. On ne retrouvera dans ce cas quasiment aucune des caractéristiques du Poissons dans sa personnalité.

Le Poissons et le travail

La notion de travail est assez imprécise pour le Poissons, tout comme l'est la notion du temps. Il s'écarte naturellement de

1. Cf. p. 39.

la réalité concrète qui ne l'intéresse guère et se sent attiré par l'art, ou le nomadisme, en somme un impalpable *Ailleurs*, ce qui peut longtemps le plonger dans le désarroi et lui faire choisir de fausses routes, jusqu'à ce que s'affermisse l'appel spirituel. Plusieurs cas de figure se présentent :

– L'intoxiqué qui se noie dans une activité ou une quête à laquelle il consacre toute sa vie, souvent de façon désintéressée et anonyme. Ce peut être le chercheur (de préférence dans le monde de l'infiniment grand, comme l'astrophysicien), le musicien ou le mystique ; son activité devient comme une sorte de drogue, ou de bulle hors du monde. L'intérêt est de vivre ainsi dans une autre dimension de réalité, proche du rêve éveillé, de la poésie ou de l'*extase*[1]. Dans cette catégorie, on peut également ranger le marin et tous les métiers de la mer[2].

– Le clandestin qui ne s'implique dans aucune voie par peur de l'engagement et vit d'expédients ; ou encore, le dilettante qui ne tient qu'à préserver sa liberté, ne se sent de nulle part et partout chez lui, privilégie une vie en symbiose avec la nature et les éléments (liquides de préférence), et ne conçoit le travail que quelques mois par an pour pouvoir profiter de la vie.

– Le bon samaritain, l'infirmier, le thérapeute, qui cherche à apaiser les souffrances d'autrui. Il s'orientera vers les métiers humanitaires, vers la profession de soignant ou la relation d'aide, utilisant idéalement des techniques alternatives (des chakras à la prière en passant par l'énergétique chinoise).

– L'affairiste, qui utilise son intuition, son sens psychologique et sa séduction pour naviguer dans le monde et s'enri-

1. Étymologiquement : action d'être hors de soi.

2. L'astrologie regroupe sous le même symbole de Neptune (planète des Poissons) la mer, la drogue, la poésie, le rêve, la musique et la foi…

chir. Il s'agit souvent davantage d'un jeu que d'une véritable âpreté au gain.

Typiquement, le Poissons suit deux voies simultanément, a deux sources de revenus et vit à cheval entre deux lieux.

Le Poissons et l'argent

La « chance » du Poissons, son flair et sa facilité à naviguer dans la vie, à s'entourer des personnes susceptibles de l'aider sont des atouts qui le mettent *a priori* à l'abri de l'indigence. Ces qualités compensent une certaine négligence, de la distraction, un côté désorganisé et indéterminé qui sont, en revanche, peu propices à la constitution d'un patrimoine (ce qui du reste ne l'intéresse guère, en général).

Le Poissons se partage entre un côté désintéressé, modeste, dénué d'ambition et d'intérêt pour les possessions matérielles, et un côté « filou », capable de manœuvres de séduction, voire de manipulation, pour faire des affaires, du reste souvent assez marginales en regard de la loi. Non que notre Poissons soit délibérément contre la loi, mais il est simplement indifférent et étranger à toute forme de cadre.

Le Poissons peut se montrer tantôt excessivement dépensier, tantôt remarquablement économe, voire mesquin[1]. Mais lorsqu'il a de l'argent, son côté jouisseur allié à son absence de limite l'incline souvent à le dilapider, de préférence en nombreuse compagnie : comme le Sagittaire, régi par Jupiter, planète de la joie, le Poissons a le goût des réjouissances partagées par tous – et là encore, la limite de ce « tous » est assez incertaine…

1. Par effet miroir avec la Vierge, signe opposé (et économe).

Santé du Poissons

C'est par excellence le signe sujet aux troubles psychosomatiques. Sa sensibilité très vive le rend vulnérable aux attaques extérieures, aux intempéries de l'existence, qu'elles infligent des souffrance morales ou physiques. Sa constitution est assez faible, et la plupart du temps ses troubles laissent la médecine perplexe et impuissante. Ce sont souvent les méthodes alternatives (médecines parallèles, guérisseurs...) traitant la personne dans sa globalité (et non pas le symptôme uniquement) qui lui viennent en aide. La Tradition le place en correspondance avec les pieds. Il est également sensible des poumons, des intestins et du système lymphatique.

Entre deux mondes

Le Poissons dit « je crois » : la foi, ou toute forme de croyance, fonde son rapport au monde. Dans sa dimension évoluée, il est inadapté à notre société dans laquelle la dimension spirituelle est refoulée. Le Poissons ne vit pas dans le monde, mais dans *un* univers, le sien. Du reste, il ne peut admettre qu'il n'existe qu'un seul monde, réduit à notre réalité manifestée. Il perçoit plus ou moins intuitivement, en filigrane, d'autres dimensions, d'autres mondes possibles. Certes, on pourrait dire que nous vivons tous dans notre idée du monde, et non dans la réalité objective – si tant est qu'elle existe. Mais en tant que dernier signe, porteur des derniers effilochages de la personnalité née au Bélier, il possède en lui cette connexion avec le plus grand Tout (l'océan cosmique) qui invalide radicalement toute notion d'ego, de pouvoir, d'ambition ou de richesse, à l'intérieur d'une réalité objective définie. Le Poissons porte en lui la fin d'un monde, et les premières contractions d'un nouveau ; en mars éclatent les giboulées de cet enfantement. Cette idée a déjà été abordée pour le Capricorne, qui marquait un apogée, et donc la promesse d'un déclin. Le Poissons symbolise ce déclin, dans toute la violence diluvienne du retour à l'origine. C'est dans l'océan primordial, dans les eaux mères originelles contenant toutes les forces de renouveau[1], que toute vie devra jaillir.

Double mission des Poissons

Sa mission est à la fois d'ordre individuel et collectif.

Sur un plan individuel, elle est unificatrice. Le Poissons peut aisément flotter entre deux rêves désordonnés, suivre une pente déclinante qui conduit nécessairement à une déliquescence. La difficulté est de faire du riche chaos dont il est dépositaire un tout unifié et organisé, et de vivre ainsi pleinement sa nature humaine, compatissante et clairvoyante.

Sur un plan collectif, sa mission est purificatrice.

Au Poissons, « l'homme doit faire face non seulement à son inconscient personnel, mais aussi à l'inconscient collectif particulier de sa race et de sa culture[2] », dont il est dépositaire, comme s'il portait en lui la mémoire de toutes les fautes, de toutes les peurs, des souffrances incomprises et des questions irrésolues.

Les orages équinoxiaux sont une ère de tempête et de désintégration. Dans cette phase Poissons du zodiaque[3], les structures établies s'écroulent, les mirages du Verseau civilisateur sont abandonnés et seul demeure l'homme, « nu

1. Symbolisées par l'Arche de Noé.
2. *Le Rythme du Zodiaque*, D. Rudhyar, Éd. du Rocher.
3. Selon Rudhyard, le zodiaque retrace les étapes de l'évolution humaine, à l'échelle individuelle et collective.

devant son Dieu intérieur[1] », riche de sa seule foi. « Pas de sécurité – c'est la seule sécurité », dit Rudhyard, pour l'homme social qui doit alors « compter uniquement sur sa Voix intérieure ». Il sait qu'il ne peut y avoir de salut individuel et que « la compassion est la Loi absolue d'un univers d'ordre et d'harmonie » ; qu'au cœur de la tempête, toutes les questions, toutes les souffrances trouvent la même réponse dans le mystérieux miracle de l'amour.

La personnalité née au Bélier, achevée à la Vierge, développe à partir de la Balance (signe de relation) une conscience sociale, qui va s'épanouir et s'organiser ; au Capricorne, l'individu recherche les lois universelles ; au Verseau, la fraternité universelle. Au Poissons, ère de déclin, la personnalité se dissout dans l'océan cosmique, qui est celui de l'amour universel.

Soleil en Poissons, combiné à douze Ascendants

Poissons Ascendant Bélier

Le paragraphe p. 420 sous « Poissons Ascendant Poissons » vous concerne : dans votre thème natal, le Soleil peut se trouver soit en Maison XII, soit en Maison XI[2] ; dans le premier cas, les caractéristiques propres au Bélier passent devant celles du Poissons tant qu'un processus évolutif n'est pas abordé (en général grâce à une psychothérapie, voire une psychanalyse) ; les potentialités peuvent rester endormies, à

1. D. Rudhyard, *op. cit.*
2. Voir p. 432. Pour les détails, voir p. 28-33.

l'état virtuel : vous avez une seconde naissance à vivre. Dans le second, tout se passe de façon classique.

Vous avez un comportement chaleureux et direct, qui tranche avec votre nature profonde, réservée et mystique. Cette dualité vous rend assez insaisissable pour ceux qui vous côtoient. Vos airs conquérants, votre tempérament énergique et entreprenant nourrissent vos aspirations, qui peuvent être d'ordre matériel, mais ont toutes les chances d'évoluer vers l'art, l'humanitaire ou la spiritualité. Vous avez une profondeur qui ne transparaît pas immédiatement dans votre attitude, et il vous a probablement fallu du temps pour trouver une cohérence entre ce que vous êtes et ce que vous montrez. Dans le couple, vous avez un faible pour les natures raffinées, pondérées et paisibles ; votre partenaire doit être sociable et apprécié de tous. Votre *alter ego* est la Balance. Les signes occupés par Jupiter et Mars dans votre thème enrichiront et affineront ce portrait.

Poissons Ascendant Taureau

Le paragraphe p. 420 sous « Poissons Ascendant Poissons » vous concerne : dans votre thème natal, le Soleil peut se trouver soit en Maison XII, soit en Maison XI[1] ; dans le premier cas, les caractéristiques propres au Taureau passent devant celles du Poissons tant qu'un processus évolutif n'est pas abordé (en général grâce à une psychothérapie, voire une psychanalyse) ; les potentialités peuvent rester endormies, à l'état virtuel : vous avez une seconde naissance à vivre. Dans le second, tout se passe de façon classique.

Sensuel et romantique, vous apparaissez comme quelqu'un de calme, bien ancré dans la réalité, enclin à profiter de la

1. Voir p. 432. Pour les détails, voir p. 28-33.

vie, parfois non sans égoïsme. Pourtant votre sensibilité et votre capacité d'empathie vous rendent particulièrement réceptif aux autres, et vous êtes autant capable d'abnégation que d'opportunisme, suivant votre humeur et votre évolution dans le temps. Vous vous montrez en tout cas plus matérialiste et plus pragmatique que vous ne l'êtes profondément ; vous êtes certainement tiraillé entre le besoin d'apparaître rationnel et sensé, et une attirance pour l'occultisme, la spiritualité et les mystères de la vie en général. Vos talents peuvent vous mener dans de nombreuses directions, mais vous avez un fond artiste. Dans le couple, vous êtes attiré par les personnes entières, passionnées et exclusives. Votre *alter ego* est le Scorpion. Les signes occupés par Jupiter et Vénus dans votre thème enrichiront et affineront ce portrait.

Poissons Ascendant Gémeaux

Vous êtes quelqu'un de remarquablement mobile, pour ne pas dire agité : d'une sensibilité très fine, vous réagissez à chaque stimulus extérieur, vous vous adaptez à chaque variation. De ce fait, la chose la plus difficile pour vous est de savoir ce que vous voulez, de tenir votre cap et de voir à long terme. Vous sentez une nécessité impérieuse de rester à l'écoute de ce qui se passe, disponible. Prévoir et décider demanderait de vous décoller du présent, ce qui est contre votre nature. Avec le temps, vous avez appris à vous « solidifier », vous cristalliser, vous différencier du monde extérieur ; vous vous laissez moins influencer et savez davantage qui vous êtes et ce que vous voulez. Mais tout vous semble toujours relatif, changeant, et vous ne croyez pas que l'on puisse affirmer aucune certitude éternelle, aucune vérité objective. Vous êtes un as de la communication, du journalisme ou de la vente. Le rapport humain est le sel de votre vie et la solitude, comme le vide, vous effraient. Vous êtes attiré par les étrangers et par les personnes qui peuvent vous enseigner quelque chose, vous faire découvrir des domaines inconnus. Votre *alter ego* est le Sagittaire. Les signes occupés par Jupiter et Mercure dans votre thème enrichiront et affineront ce portrait.

Poissons Ascendant Cancer

Vous êtes un artiste. Vous êtes capable d'élans inspirés qui sont autant de moyens de communier avec un Tout plus vaste. Vous êtes si sensible que vous avez dû, très tôt, vous construire une carapace de protection. Mais celle-ci n'est pas très épaisse et l'on parvient rapidement à vous émouvoir. Attachant et fusionnel, vous avez un grand besoin des autres en général et d'une relation stable en particulier. Vous êtes un cœur d'artichaut, mais cela ne vous empêche pas d'être fidèle ; vos affections bravent le temps et votre mémoire prodigieuse inscrit les sensations et les émotions partagées d'une manière indélébile. Les chagrins d'amour laissent une empreinte profonde, d'où votre réticence à vous remettre en couple après une rupture. Malgré votre tempérament sociable, vous avez un grand besoin de solitude et de silence pour vous ressourcer, et choisissez de préférence un partenaire autonome et indépendant, qui ne vous étouffera pas. Vous êtes attiré par les personnes volontaires, ambitieuses et responsables avec qui vous souhaitez une relation durable et solide. Votre *alter ego* est le Capricorne. Les signes occupés par Jupiter et la Lune dans votre thème enrichiront et affineront ce portrait.

Poissons Ascendant Lion

Vous êtes plutôt quelqu'un de positif, porté par une énergie rayonnante et une bonne dose de joie de vivre. Cependant, votre personnalité se partage globalement en deux pôles bien distincts, et vous n'y voyez pas toujours très clair en vous-même. Extérieurement, vous donnez l'apparence de quelqu'un de sûr de vous, d'autonome, un brin (?) autoritaire, bien que très préoccupé du regard des autres. Certains peuvent vous reprocher de manquer d'humilité ou de discrétion, alors que d'autres trouveront que vous manquez de solidité et de confiance en vous ; c'est que votre côté flamboyant ou rugissant se contredit par un fond plus sensible et plus dépendant. Vous êtes pris dans plusieurs contradictions. Vous avez profondément besoin de vous démarquer, de vous affirmer, mais vous pouvez en même temps manquer d'ambition et de combativité. Vous avez indubitablement une âme d'artiste, mais vous pouvez également réunir autour de vous des personnes motivées par les mêmes aspirations humanitaires. Romantique, romanesque, vous avez à la fois besoin de quelqu'un qui vous fasse rêver et qui vous laisse libre. Vous êtes attiré par les intellectuels, les originaux portés par un idéal ou par une quête spirituelle. Votre *alter ego* est le Verseau. L'Ascendant en Lion donne un poids supplémentaire au signe solaire : vous êtes donc très Poissons… Le signe occupé par Jupiter dans votre thème enrichira et affinera ce portrait.

Poissons Ascendant Vierge

Discret, réservé, vous êtes une personne sensible et compatissante ; soigner, apaiser, consoler vous viennent spontanément et vous ne comprenez pas l'égoïsme. Vous vous comportez comme quelqu'un de fiable, efficace et rationnel, bien que vous ayez un fond beaucoup plus fantaisiste, artiste et peut-être mystique. Adaptable et disponible, il est pour vous indispensable de préserver cette liberté et de vivre l'instant présent, plutôt que d'enfermer son temps dans de petites cases préformatées. Toute forme d'engagement et de planification vous demande donc un sacrifice que vous ne faites que si vous y trouvez un réel intérêt. De même, vos relations sont souvent ambiguës : vous avez besoin des autres et soif de sécurité affective, mais vous avez également besoin de solitude et de votre jardin secret. Vous devez donc trouver quelqu'un qui sache faire preuve d'assez de tact et de sensibilité pour être sur la même longueur d'onde. Votre *alter ego* est le Poissons. Les signes occupés par Jupiter et Mercure dans votre thème enrichiront et affineront ce portrait.

Poissons Ascendant Balance

Tout en rondeur, en douceur et en tolérance, vous avez beaucoup de mal à gérer les aspérités de la vie. Non que vous soyez sans défense – vous savez prendre de la distance par rapport aux problèmes, et séduire pour parvenir à vos fins – mais vous n'êtes pas combatif et toute forme d'agressivité vous rebute et vous fatigue. Vous rêvez d'un monde d'harmonie, et c'est effectivement cela que vous dégagez ; compréhensif, compatissant et très à cheval sur les questions d'éthique et de justice, vous êtes un élément modèle de ce monde idéal. Vos défauts ? Un côté velléitaire, indécis et indolent, une certaine tendance à céder à la facilité ou à l'autorité de personnes plus résolues, et une faculté remarquable à arranger la réalité plutôt qu'affronter les problèmes. Séducteur impénitent, vous avez beaucoup de mal à vous engager dans une relation durable, du moins avant la quarantaine. Vous êtes attiré par les personnes énergiques, entreprenantes, plutôt masculines et sachant ce qu'elles veulent. Votre *alter ego* est le Bélier. Les signes occupés par Jupiter et Vénus dans votre thème enrichiront et affineront ce portrait.

Poissons Ascendant Scorpion

Vous disposez d'une redoutable intuition et d'une perception très fine de vos interlocuteurs et des ambiances. Vous observez beaucoup, enregistrez et évaluez grâce à un sens analytique aigu. Votre capacité à aller au fond des êtres et de percer leurs secrets, à les comprendre et à les ressentir, vous donne des moyens puissants, soit pour manipuler, soit pour aider les autres. Vous pouvez aussi bien être une femme d'affaires redoutable qu'une missionnaire totalement dévouée à une cause, mais vous fonctionnez avant tout à la passion. Votre comportement combatif et farouche ne laisse pas toujours deviner votre sensibilité. Extrêmement fusionnel, vous pouvez entrer en empathie, et même en communion avec autrui. C'est d'ailleurs ce que vous recherchez dans l'amour : une osmose magique qui vous fasse sortir de vous-même, jusqu'à toucher à l'universel, au cosmique, au divin. Pourtant, vous êtes de préférence attiré par des personnes bien carrées dans le réel, proches de la nature et de leur nature. Votre *alter ego* est le Taureau. Les signes occupés par Jupiter et Mars dans votre thème enrichiront et affineront ce portrait.

Poissons Ascendant Sagittaire

Vous êtes un inlassable voyageur. Vous pouvez correspondre au type de l'aventurier, de l'éternel étudiant ou du citoyen du monde sans cesse sur les routes. Votre pays, c'est la Terre, ce pourrait être la galaxie s'il était possible d'aller plus loin : vous n'avez pas de frontières. Vous êtes peut-être adepte du voyage intérieur : philosophe, penseur passionné de connaissances, artiste ou astrophysicien mystique, tous les chemins mènent au Sens. Vous pouvez le trouver dans une fonction d'aide, du psychothérapeute au médecin, en passant par le guérisseur ou l'astrologue… Travailler pour une ONG[1] en tant que soignant vous correspondrait tout à fait. Vous êtes attiré par les personnes juvéniles, drôles, fines, légères. Votre *alter ego* est le Gémeaux. Le signe occupé par Jupiter dans votre thème enrichira et affinera ce portrait.

Poissons Ascendant Capricorne

Vous êtes un solitaire, un méditatif. Vous avez besoin de silence et d'isolement ; l'agitation et le stress urbain ne sont pas pour vous ! Ils vous déstabilisent, vous polluent littéralement. Vous préférez les monastères, les bibliothèques ou la haute montagne. Vous vous intéressez aux questions essentielles et existentielles, aux problèmes sociaux et humains, à la souffrance des autres. Malgré votre grande sensibilité, vous avez vous-même des ressources étonnantes et vous vous suffisez à vous-même. Il se peut aussi que vous affichiez la facette « terrestre » du Poissons : dans ce cas, vous apparaissez comme quelqu'un d'ambitieux, redoutable pour sa persévérance, son intuition et son opportunisme. Vous savez remarquablement naviguer entre les récifs, solliciter et séduire les bonnes personnes, poursuivre contre vents et marée un projet de longue haleine. Dans votre vie privée, vous êtes capable à la fois d'une totale abnégation pour l'amour de l'autre et d'une autonomie remarquable, ce qui vous rend assez insaisissable aux yeux de ceux qui vous côtoient. Lucide, exigeant, vous êtes capable de refouler vos sentiments et vos émotions et d'émettre des jugements tranchants sur ceux qui vous déçoivent. Vous êtes attiré par les personnes sensibles, tendres, protectrices. Votre *alter ego* est le Cancer. Les signes occupés par Jupiter et Saturne dans votre thème enrichiront et affineront ce portrait.

1. Organisation non gouvernementale.

Poissons Ascendant Verseau

Vous vous sentez peu concerné par les questions de profit, d'ambition ou d'ego, ce qui n'est pas toujours facile à vivre dans notre société. À certains, vous apparaissez comme un extra-terrestre... Vous êtes un humaniste et un altruiste authentique. Le sens de votre vie tourne autour de l'aide aux autres, et vous êtes prêt à vous oublier complètement au profit d'autrui. Profondément sociable, sympathique et ouvert, vous avez également besoin de solitude et d'espace d'autonomie. Vous êtes à la fois quelqu'un de libre et d'attaché et, dans vos relations de couple, il est difficile de vous suivre : votre comportement amical, votre façon de montrer que vous n'avez besoin de personne, votre indépendance farouche ne donnent pas l'idée de la personne sensible et romantique que vous êtes au fond. Une fois seul, vous réalisez souvent que vous n'avez pas assez montré à quel point l'autre est important pour vous. Vous êtes attiré par les personnes brillantes, à la forte personnalité, généreuses et positives. Votre *alter ego* est le Lion. Les signes occupés par Jupiter et Saturne dans votre thème enrichiront et affineront ce portrait.

Poissons Ascendant Poissons

Lorsque le signe et l'Ascendant se trouvent dans le même signe (ou sont voisins), il se présente deux cas de figure : le Soleil se trouve au-dessus de l'horizon – ou en dessous[1]. Seul un astrologue peut vous le dire, mais si le Soleil natal se trouve dans le premier décan (ou le second), et l'Ascendant dans le second (ou le dernier), autrement dit *après* le Soleil, vous pouvez être sûr que votre Soleil se trouve au-dessus de l'horizon, c'est-à-dire dans la Maison XII[2]. Dans ce cas, les

1. Cf. définition p. 26.
2. Voir p. 432. Pour les détails, voir p. 28-33.

caractéristiques propres au signe solaire sont assez masquées au départ et ne se révéleront qu'à travers un véritable chemin de vie initiatique. Dans le cas contraire, le Soleil se trouve dans la Maison I, ce qui rajoute au signe natal une forte valeur solaire (comparable à un côté Lion pour simplifier).

Dans les deux cas, l'Ascendant ne change pas. Vous naviguez avec plus (Soleil en I) ou moins (Soleil en XII) d'aisance dans la vie, toutes antennes sorties, captant les variations et les vibrations les plus fines, un pied ici, l'autre ailleurs, à mi-chemin entre rêve et réalité. Votre sensibilité est si fine et votre imaginaire si actif que vous faites parfois de gros efforts pour rester sur terre, étudiant la vie concrète sous ses angles plus pragmatiques, les plus scientifiques, les plus terriens, luttant contre votre nature poétique, artiste et fondamentalement irrationnelle. Vous avez l'âme mystique (surtout Soleil en XII) et vos véritables aspirations ne sont pas matérielles. Vous êtes connecté à plus grand que vous, plus grand que la collectivité humaine : vous êtes branché sur le monde invisible. Vous êtes attiré par les personnes terriennes, réalistes et lucides, susceptibles de mettre un cadre, des limites à vos… inspirations. Votre *alter ego* est la Vierge. Le signe occupé par Jupiter dans votre thème enrichira et affinera ce portrait.

Planètes, Ascendant et Milieu-du-Ciel en Poissons

Lune ☾ en Poissons ♓

Lorsque la Lune en Poissons s'abandonne à la dépendance (en laissant l'Autre ou les autres décider et agir) et se laisse aller à ses pulsions naturelles, on se trouve devant une personne d'une extrême sensibilité : ses antennes très fines captent le moindre frémissement, les vibrations les plus subtiles, les émotions les plus secrètes, la moindre variation d'ambiance. Elle perçoit tout, sans que la volonté y joue le moindre rôle. À telle enseigne que les émotions et les impressions parfois la submergent, comme une vague puissante et irrésistible. Cette grande sensibilité lui permet un contact immédiat avec les animaux, qui vont spontanément à sa rencontre, et pour lesquels elle éprouve un profond attachement.

L'imaginaire est riche, vivant : c'est tout un monde parallèle qui vibre en marge de la vie habituelle. Dans l'enfance surtout, la frontière entre rêve et réalité était toujours ténue, ce qui lui permettait ainsi d'échapper aux contraintes et aux limites du réel. Devenue adulte, cette personne est toujours rêveuse et distraite à ses heures, lorsqu'elle s'abandonne à sa nature. Elle a un besoin fondamental de nourrir son imaginaire par une activité artistique (surtout avec un Ascendant ou un Milieu-du-Ciel en Cancer[1]), par la musique, la poésie, le contact avec l'eau (la mer surtout), ou avec un environnement spirituel. Ces conditions réunies, elle respire l'équilibre et la santé !

Ce caractère est plus visible dans le thème d'une femme. Chez un homme, la Lune en Poissons est souvent projetée sur la femme : l'épouse ou la mère (et non l'amante, symbolisée par Vénus) idéale sera celle d'une femme sensible, émotive, rêveuse, très « branchée » sur le monde invisible et motivée par le don de soi, l'aide aux défavorisés et aux malheureux.

Physiquement, la nature est plutôt indolente et peu encline à l'effort. Capable de longues méditations silencieu-

1. *Domicile* de la Lune.

ses, cette Lune a aussi besoin de changement, de liberté, de disponibilité à la mouvance de l'instant.

Ajoutons que la Lune en Poissons est très attirée par les natifs du signe.

Mercure ☿ en Poissons ♓

L'intelligence fonctionne en étroite connexion avec le ressenti. Mercure en Poissons écoute mieux que personne, avec son cœur et ses sens autant qu'avec sa tête. Il préfère se taire pour mieux entendre, mais il est capable de *chuter*[1] dans un déferlement de paroles qu'il maîtrise mal ; dans ce cas, il saoule rapidement tout le monde ! Son discours n'a de cohérence que pour lui et les autres n'y ont pas accès.

A priori[2], son intelligence est très intuitive et ne se fonde pas sur des déductions rationnelles. Certains peuvent le trouver fantaisiste, louvoyant ou incompréhensible (notre société faisant prévaloir l'objectivité cartésienne sur l'intuition ou l'inspiration), d'autres savourent sa poésie et la sensibilité dont il fait preuve dans les relations humaines. De fait, il n'est pas toujours très clair quand il s'agit de s'expliquer, mais très fort lorsqu'il s'agit de lire entre les lignes, de comprendre le ressenti d'autrui, d'entendre avec le cœur.

Vénus ♀ en Poissons ♓

L'amoureuse Vénus est ici dans son signe d'*exaltation*[3]. Autant dire que l'amour y prend des proportions… hollywoodiennes ! Tout à la fois dans l'ampleur et dans l'aspect onirique. Vénus en Poissons aime avec un grand A, souvent

---

1. Mercure est en chute dans ce signe, cf. note 1 p. 406.
2. Sauf si vous êtes un saturnien type !
3. Cf. note 1 p. 406.

trop grand, du reste, pour l'objet de sa flamme. Là encore, rêve et réalité se confondent, le premier agissant comme une marée irrésistible qui efface toute trace sur le sable du réel. La poésie de cette Vénus et ses élans merveilleux émeuvent, quand ils n'effraient pas. Chez la femme surtout, le sentiment amoureux trouve son exaltation dans une aspiration quasi mystique : aimer absolument, se fondre, se perdre, se dissoudre pour trouver au-delà de cette fusion subtile (des âmes plus que des corps) un aperçu du Paradis, de la communion, de l'Amour universel…

Sentimentale, romanesque et fusionnelle, cette Vénus met la barre très haut ; avec le temps, les déceptions finissent par la ramener sur un plan plus terrestre, fait d'humains et non de dieux. C'est son chemin, que de ne pas en perdre tout à fait ses premières exaltations et de savoir aimer chaque être avec toute son humanité, c'est-à-dire malgré ses différences et ses imperfections.

Cette image féminine sera projetée chez la femme dans le thème d'un homme, mais sa manière d'aimer restera très romantique et très tendre.

Mars ♂ en Poissons ♓

La façon d'agir est instinctive et changeante. Mars en Poissons a du mal à programmer son action et à savoir ce qu'il va faire, et comment, dans une heure. Sentir le vent, s'adapter aux circonstances et naviguer à vue, voici qui vous convient parfaitement. Vous savez remarquablement vous adapter aux imprévus, aux changements de cap et à votre milieu et manœuvrer vos alliés comme vos adversaires pour parvenir à vos fins. Vous utilisez pour cela une intuition très fine et une connaissance innée des réactions humaines. Vous pouvez aussi manquer de volonté et vous laisser impressionner par des adversaires plus agressifs ou plus déterminés :

votre émotivité est votre ennemi n° 1 dans l'action, et il vous a fallu certainement du temps pour apprendre à la maîtriser et à contrôler vos réactions.

Pour une femme, Mars en Poissons donne l'image d'un homme plutôt féminin, sensible, profond, branché spirituellement ou capable d'exploiter sa sensibilité, son intuition pour naviguer dans le monde.

Jupiter ♃ en Poissons ♓

Vous vous épanouissez dans votre métier dès lors qu'il suit l'une de ces voies : l'aide aux autres (thérapie, médecine, social), la spiritualité ou… le monde des affaires. Les deux Poissons regardant dans deux directions opposées, vous pouvez soit privilégier le matériel, soit le spirituel – soit les deux, à deux périodes différentes de la vie. Vous êtes très à l'aise pour trouver votre place dans le monde, à la fois lorsqu'il est question de « naviguer » entre les récifs, de saisir les occasions et de solliciter les bonnes personnes au bon moment… et lorsqu'il s'agit de s'oublier et se dévouer corps et âme aux autres, aux défavorisés, aux exclus, aux malades, à l'humanité souffrante. Vous êtes probablement fasciné et attiré par des destinées telles que celle de Mère Teresa et de tous ceux qui ont choisi l'oblativité et le don de soi.

Saturne ♄ en Poissons ♓

L'image paternelle est celle d'un père sensible, distrait, rêveur, assez inadapté aux réalités. Le père sera perçu par l'enfant comme un facteur structurant au niveau émotionnel : il lui apprendra à ne pas se laisser déborder par ce qu'il ressent, à se contrôler ; à ne pas agir ou réagir de façon irrationnelle, et d'une façon générale à rejeter tout ce qui est irrationnel et émotionnel (y compris la compassion, l'aide aux autres…).

L'ego se construit sur ce refus dans un premier temps (ce n'est pas un refus tranché, c'est plutôt une attitude réticente, une manière de faire sentir sans dire). La personne se sent exister en refusant ce qui est de l'ordre de l'invisible, de l'intériorité, du ressenti, de la sensibilité. Ce rejet fait partie de l'économie personnelle du sujet, jusqu'à ce que l'ego soit suffisamment construit pour qu'il puisse lâcher ce refus et s'ouvrir à tout ce qu'il refusait auparavant.

Notons un cas qui, bien que particulier, n'en est pas moins fréquent : celui du statut saturnien[1]. Dans ce cas, la personne identifiée à son Saturne en Poissons sera quelqu'un qui se laissera totalement envahir par ses émotions et ses impressions, se montrera distraite, rêveuse, indéfinie dans ses choix et ses désirs, irrationnelle dans ses réactions ; elle aura tendance à adopter une attitude de compassion et d'écoute à l'égard des autres, tout en étant plus ou moins « absente », secrète, silencieuse, insaisissable. Elle sera capable d'opportunisme, d'adaptabilité mais il lui manquera un but. Elle se montrera en somme sous les traits d'une sorte de « faux Poissons », se voulant compréhensive avec autrui, habile dans le monde, mais manquant de réelle ouverture et de désir déterminé ; le statut saturnien étant un masque, une défense, il ne peut s'investir des qualités solaires de rayonnement, de sûreté de soi et de joie de vivre. Cette personne aura un chemin à faire pour lâcher ses craintes, s'ouvrir au monde et, par là même, retrouver son Désir.

Ascendant en Poissons ♓

Si votre signe solaire vous décrit comme pragmatique (Taureau), orgueilleux (Lion) ou audacieux (Bélier), il est

1. Cf. p. 39.

probable que vous ne vous reconnaissiez que très épisodiquement. C'est que votre Ascendant Poissons vous donne un comportement social, une attitude vis-à-vis des autres, une *personnalité* Poissons, réservée, mystérieuse, insaisissable. Vous semblez à la fois ici et ailleurs, dédoublé entre une partie terrestre qui semble à l'aise sur cette planète, amicale et tolérante, s'adaptant à ce qui vient… et une partie désincarnée, rêveuse, inaccessible. Il est difficile de savoir ce que vous pensez, ce que vous voulez, quel est votre avis sur telle question ; il est rarement tranché, car votre angle de vue est si large que vous ne pouvez vous attacher à aucun jugement, forcément partiel. Vous ne croyez pas que l'on puisse guider sa vie sur des certitudes, mais seulement sur des croyances ; vous pensez que la foi, bien qu'irrationnelle, est plus puissante qu'aucune « vérité » établie. Votre qualité de présence est assez impalpable ; on vous sent peu concerné par le monde terrestre et surtout par ses limites et ses contraintes. Vous avez un côté approximatif, incertain, flottant. Toute confrontation, tout engagement, tout conflit vous plongent dans un profond malaise. Influençable et impressionnable, vous êtes une véritable éponge : vous ressentez les vibrations, les sensations, les ambiances avec acuité et parfois ne parvenez pas à trouver l'explication d'un mal-être, quand il provient justement de cette réceptivité trop grande à ce qui vous environne.

On vous perçoit spontanément comme quelqu'un de sympathique et de généreux, assez peu ancré dans les réalités terrestres. Physiquement, vous êtes assez indolent et lascif ; d'une constitution plutôt fragile, vous avez tendance à refouler les émotions trop violentes, puis à les somatiser ; surveillez les zones sensibles du signe (cf. tableau p. 396).

À noter que le signe de Jupiter (gouverneur des Poissons, donc de votre Ascendant), dans votre thème, donnera des indications supplémentaires sur votre comportement social et la façon dont les autres vous perçoivent.

Milieu-du-Ciel en Poissons ♓

Votre destinée n'est guère linéaire et vous avez eu l'occasion de changer plusieurs fois de direction, dans votre vie, ou la tendance à vous disperser sur plusieurs activités, souvent en dilettante. *A priori* peu ambitieux, vous êtes surtout très créatif et très concerné par l'aide aux autres. Les métiers humanitaires vous tendent donc les bras : aider les défavorisés, les miséreux, les laissés-pour-compte, les toxicomanes, les femmes battues, les enfants victimes, sauver ceux qui souffrent, voilà qui suscite votre motivation...

Suivent les métiers tournés vers la guérison, quels que soient les moyens utilisés pour soigner – le Poissons n'est guère regardant sur les méthodes, et privilégie tout ce qui utilise la sensibilité, l'intuition, la prière, le paramédical, l'imposition des mains (guérisseurs) ou l'écoute (thérapeutes)...

Dans un autre ordre d'idée, le Poissons est excellent pour gérer les fonctions commerciales ; excellents vendeurs, ils savent se mettre à la portée du client et deviner (avant lui) ce dont il a besoin...

Les différents métiers de la mer, le métier d'artiste (musicien en particulier) sont également attribués à ce signe.

Typiquement, ce qui a été dit au paragraphe « le Poissons et le travail » s'applique aussi ici, et particulièrement le type des métiers pour lesquels vous êtes fait ; mais pour être plus près de la vérité, il est indispensable de considérer le signe de Jupiter (qui gouverne votre MC) dans votre thème.

Petite bibliographie pour aller à la rencontre de l'astrologie

BARBAULT André, *Traité pratique d'astrologie*, Seuil (1961)

DUCHAUSSOY Christian, *L'Astrologie, cette fois je m'y mets*, Sybex (1996) – épuisé. À commander sur Internet.

FUZEAU-BRAESCH Suzanne, *L'Astrologie*, Que sais-je ? (1992). Épuisé.

MAILLY-NESLE Solange de, *L'Astrologie*, La Martinière (1994)

TEISSIER Elizabeth (dir.), *Astrologie Passion* (ouvrage collectif), Hachette (1992) – épuisé. À commander sur le site eteissier. com

Quelques écoles

Centre d'astrologie structurale
Christian Duchaussoy, 15 rue Baudin 34000 Montpellier, christianduchaussoy@wanadoo.fr tél. 04 67 58 91 02

Centre d'astrologie structurale de Belgique (CASBEL)
José Sol-Rolland, Les Orangers, rue des Orangers 24, B 1150 Bruxelles, casbel@gmail.com tél. (322) 770 00 85

Centre d'astrologie humaniste appliquée
Sylvie Lafuente, 1 rue Expilly 38000 Grenoble, sylvie.lafuente @wanadoo.fr tél. 04 76 44 45 96

Astro-psycho-généalogie
Catherine Gestas, 103 avenue de Versailles 75016 Paris, tél. 01 42 30 56 17

Vous trouverez sur mon service Audiotel (08 92 68 27 80 – 0,34 € par minute) la position de vos planètes, Ascendant et Milieu-du-Ciel, ainsi que vos prévisions personnalisées. Vous pouvez également consulter le site www.albumdufutur.com (aller à Calculs en ligne, puis : votre carte du ciel) (gratuit) qui vous donnera toutes les données précises de votre thème.

Vous pouvez m'écrire à l'adresse :
isabelleteissier@free.fr

Table des matières

Sommaire 7

AVANT-PROPOS

Astrologie 11
L'astrologie est-elle une science ? 12
Outil de prévision ? 13
… ou de conscience ? 14
Comment ça marche ? 15
Peut-on parler de « bonnes » et de « mauvaises » périodes ? 16

Les éléments 20
Yin et Yang 20
FEU : Bélier, Lion, Sagittaire 21
TERRE : Taureau, Vierge, Capricorne 21
AIR : Gémeaux, Balance, Verseau 22
EAU : Cancer, Scorpion, Poissons 22

Planètes, Ascendant et Milieu-du-Ciel 23
Soleil 24
Lune 24
Mercure 24
Vénus 25
Mars 25
Jupiter 26
Saturne 26
Ascendant 27

Signe Ascendant et signe solaire : distinction subtile.............. 27
Milieu-du-Ciel 28

Les Maisons 28
Soleil en Maison I (en analogie avec le Bélier) : être.............. 29
Soleil en Maison II (en analogie avec le Taureau) : avoir 30
Soleil en Maison III
(en analogie avec le Gémeaux) : communiquer...................... 30
Soleil en Maison IV (en analogie avec le Cancer) : fonder 30
Soleil en Maison V (en analogie avec le Lion) : créer 31
Soleil en Maison VI (en analogie avec la Vierge) : servir 31
Soleil en Maison VII
(en analogie avec la Balance) : (se) lier.................................. 31
Soleil en Maison VIII
(en analogie avec le Scorpion) : transformer 32
Soleil en Maison IX
(en analogie avec le Sagittaire) : savoir 32
Soleil en Maison X
(en analogie avec le Capricorne) : réussir 33
Soleil en Maison XI
(en analogie avec le Verseau) : participer............................... 33
Soleil en Maison XII
(en analogie avec le Poissons) : méditer 33

… Et si le zodiaque était une montre ? 34

Douze portraits zodiacaux 35
Naissance 35
Zodiaque... 35
Soleil 36
Thème natal.. 36
Signe solaire 37
Cas particuliers.. 37
Petite parenthèse sur les maîtrises 41

PORTRAIT ASTROLOGIQUE DU SIGNE DU BÉLIER

Image symbolique 45
Le bébé Bélier 45

La petite fille et l'adolescente Bélier 47
Le petit garçon et l'ado Bélier 48

Le Bélier devenu adulte,
quel est son comportement de surface ? 48
Homme d'action 49
Santé de fer 50
Pas de limites ! 51
Mais qu'est-ce qui fait donc courir le Bélier ? 51
Être ou ne pas être… 52
Ce qu'il ne sait peut-être pas de lui-même 53
Le Bélier et l'amour 53
La femme Bélier 55
Le Bélier et le travail 56
Le Bélier et l'argent 56

Soleil en Bélier, combiné à douze Ascendants 57
Bélier Ascendant Bélier 57
Bélier Ascendant Taureau 58
Bélier Ascendant Gémeaux 58
Bélier Ascendant Cancer 59
Bélier Ascendant Lion 59
Bélier Ascendant Vierge 60
Bélier Ascendant Balance 61
Bélier Ascendant Scorpion 61
Bélier Ascendant Sagittaire 62
Bélier Ascendant Capricorne 62
Bélier Ascendant Verseau 63
Bélier Ascendant Poissons 63

Planètes, Ascendant et Milieu-du-Ciel en Bélier 64
Lune en Bélier 64
Mercure en Bélier 65
Vénus en Bélier 65
Mars en Bélier 65
Jupiter en Bélier 66
Saturne en Bélier 66
Ascendant en Bélier 67
Milieu-du-Ciel en Bélier 68

PORTRAIT ASTROLOGIQUE DU SIGNE DU TAUREAU

Image symbolique 71
Le bébé Taureau 71
La petite fille et l'adolescente Taureau 73
Le petit garçon et l'ado Taureau 74

Le Taureau devenu adulte, quel est son comportement de surface ? 75
Un terrien pur souche 75
Pensée concrète 75
Importance du ressenti 76
Force d'inertie 76
Rien n'arrête un Taureau ! 77
Artiste sensuel 78
Un signe féminin 78
Le dessous des cartes 79
Le Taureau et l'amour 80
La femme Taureau 81
Le Taureau et le travail 82
Le Taureau et l'argent 83
Santé du Taureau 84

Soleil en Taureau, combiné à douze Ascendants 84
Taureau Ascendant Bélier 84
Taureau Ascendant Taureau 85
Taureau Ascendant Gémeaux 86
Taureau Ascendant Cancer 87
Taureau Ascendant Lion 88
Taureau Ascendant Vierge 88
Taureau Ascendant Balance 89
Taureau Ascendant Scorpion 89
Taureau Ascendant Sagittaire 90
Taureau Ascendant Capricorne 91
Taureau Ascendant Verseau 91
Taureau Ascendant Poissons 92

Planètes, Ascendant et Milieu-du-Ciel en Taureau 93
Lune en Taureau 93

Mercure en Taureau 94
Vénus en Taureau 94
Mars en Taureau 95
Jupiter en Taureau 95
Saturne en Taureau 96
Ascendant en Taureau 97
Milieu-du-Ciel en Taureau 98

PORTRAIT ASTROLOGIQUE
DU SIGNE DES GÉMEAUX

Image symbolique 101
Le bébé Gémeaux 101
L'enfant Gémeaux 103

Le Gémeaux devenu adulte,
quel est son comportement de surface ? 105
Un être de rencontres 105
Amour des mots 106
Un don d'ubiquité 107
Incorrigible bavard 107

Les deux visages du Gémeaux 107
Insaisissable 109
Le Gémeaux et l'amour 110
La femme Gémeaux 111
Santé du Gémeaux 111
Le Gémeaux et le travail 112
Le Gémeaux et l'argent 113

Soleil en Gémeaux combiné à douze Ascendants 114
Gémeaux Ascendant Bélier 114
Gémeaux Ascendant Taureau 115
Gémeaux Ascendant Gémeaux 115
Gémeaux Ascendant Cancer 117
Gémeaux Ascendant Lion 117
Gémeaux Ascendant Vierge 118
Gémeaux Ascendant Balance 118
Gémeaux Ascendant Scorpion 119

Gémeaux Ascendant Sagittaire 119
Gémeaux Ascendant Capricorne 120
Gémeaux Ascendant Verseau 121
Gémeaux Ascendant Poissons 121

Planètes, Ascendant et Milieu-du-Ciel en Gémeaux 122
Lune en Gémeaux 122
Mercure en Gémeaux 123
Vénus en Gémeaux 123
Mars en Gémeaux 124
Jupiter en Gémeaux 124
Saturne en Gémeaux 125
Ascendant en Gémeaux 126
Milieu-du-Ciel en Gémeaux 127

PORTRAIT ASTROLOGIQUE
DU SIGNE DU CANCER

Image symbolique 131
Le bébé Cancer 131
La petite fille et l'adolescente Cancer 133
Le petit garçon et l'ado Cancer 134

Le Cancer devenu adulte,
quel est son comportement de surface ? 135
Le type du Pierrot lunaire 135
Un artiste-né 136
Gardien du passé 136
Le noyau familial 137
Insatisfaction chronique 139
Le monde est une grande famille 139
La face cachée de la Lune 139
Santé du Cancer 140
Le Cancer et l'amour 141
La femme Cancer 142
Le Cancer et le travail 143
Le Cancer et l'argent 144

Soleil en Cancer, combiné à douze Ascendants 144
Cancer Ascendant Bélier 144
Cancer Ascendant Taureau 145
Cancer Ascendant Gémeaux 146
Cancer Ascendant Cancer 146
Cancer Ascendant Lion 148
Cancer Ascendant Vierge 149
Cancer Ascendant Balance 149
Cancer Ascendant Scorpion 150
Cancer Ascendant Sagittaire 150
Cancer Ascendant Capricorne 151
Cancer Ascendant Verseau 152
Cancer Ascendant Poissons 152

Planètes, Ascendant et Milieu-du-Ciel en Cancer 153
Lune en Cancer 153
Mercure en Cancer 154
Vénus en Cancer 155
Mars en Cancer 155
Jupiter en Cancer 156
Saturne en Cancer 156
Ascendant en Cancer 158
Milieu-du-Ciel en Cancer 159

PORTRAIT ASTROLOGIQUE
DU SIGNE DU LION

Image symbolique 163
Le bébé Lion 163
La petite fille et l'adolescente Lion 165
Le petit garçon et l'ado Lion 166

**Le Lion devenu adulte,
quel est son comportement de surface ?** 167
Un créateur 167
Un être doué pour le bonheur 168
La politique du succès 168
Des goûts de luxe 169
Deux types Lion 169

Le dessous des cartes 170
Le Lion et l'amour 171
La femme Lion 172
Santé du Lion 173
Le Lion et le travail 173
Le Lion et l'argent 174

Soleil en Lion, combiné à douze Ascendants 175
Lion Ascendant Bélier 175
Lion Ascendant Taureau 176
Lion Ascendant Gémeaux 177
Lion Ascendant Cancer 177
Lion Ascendant Lion 178
Lion Ascendant Vierge 179
Lion Ascendant Balance 180
Lion Ascendant Scorpion 181
Lion Ascendant Sagittaire 181
Lion Ascendant Capricorne 182
Lion Ascendant Verseau 182
Lion Ascendant Poissons 183

Planètes, Ascendant et Milieu-du-Ciel en Lion 184
Lune en Lion 184
Mercure en Lion 185
Vénus en Lion 186
Mars en Lion 187
Jupiter en Lion 189
Saturne en Lion 189
Ascendant en Lion 190
Milieu-du-Ciel en Lion 191

PORTRAIT ASTROLOGIQUE DU SIGNE DE LA VIERGE

Image symbolique 195
Le bébé Vierge 195
Le petit garçon et l'ado Vierge 197
La petite fille et l'adolescente Vierge 198

La Vierge devenue adulte, quel est son comportement de surface ? 199
Dualité Vierge sage, Vierge folle 199
Sobre et dévouée… 200
solitaire indépendante… 200
ou rebelle et débridée ? 201
Un modèle de perfection : faites comme moi… 201
Discrètement indispensable 203
L'univers de l'infiniment petit 204
La Vierge et l'amour 204
La femme Vierge 205
Santé de la Vierge 206
La Vierge et le travail 207
La Vierge et l'argent 208

Soleil en Vierge, combiné à douze Ascendants 209
Vierge Ascendant Bélier 209
Vierge Ascendant Taureau 209
Vierge Ascendant Gémeaux 210
Vierge Ascendant Cancer 211
Vierge Ascendant Lion 211
Vierge Ascendant Vierge 212
Vierge Ascendant Balance 213
Vierge Ascendant Scorpion 214
Vierge Ascendant Sagittaire 215
Vierge Ascendant Capricorne 216
Vierge Ascendant Verseau 216
Vierge Ascendant Poissons 217

Planètes, Ascendant et Milieu-du-Ciel en Vierge 218
Lune en Vierge 218
Mercure en Vierge 219
Vénus en Vierge 220
Mars en Vierge 221
Jupiter en Vierge 222
Saturne en Vierge 222
Ascendant en Vierge 224
Milieu-du-Ciel en Vierge 225

PORTRAIT ASTROLOGIQUE DU SIGNE DE LA BALANCE

Image symbolique 229
Le bébé Balance 229
Le petit garçon et l'ado Balance 230
La petite fille et l'adolescente Balance 232

La Balance devenue adulte, quel est son comportement de surface ? 232
Séduire ! 232
Un être de relations 233
L'importance du regard de l'Autre 234
Choisir, c'est exclure 235
Aversion pour les extrêmes 235
La Balance exile Mars le guerrier 236
Balance, trône de Vénus : Ordre et Beauté 236
La Balance et l'amour 237
La femme Balance 238
Un signe masculin 239
« L'ambi-balance » 239
Mesure, pondération, détachement 240
Le dessous des cartes 240
Sa mission est d'ordre éthique 241
La Balance et le travail 241
La Balance et l'argent 242
Santé de la Balance 243

Soleil en Balance, combiné à douze Ascendants 243
Balance Ascendant Bélier 243
Balance Ascendant Taureau 244
Balance Ascendant Gémeaux 245
Balance Ascendant Cancer 245
Balance Ascendant Lion 246
Balance Ascendant Vierge 247
Balance Ascendant Balance 247
Balance Ascendant Scorpion 248

Balance Ascendant Sagittaire 249
Balance Ascendant Capricorne 250
Balance Ascendant Verseau 251
Balance Ascendant Poissons 251

Planètes, Ascendant et Milieu-du-Ciel en Balance 252
Lune en Balance 252
Mercure en Balance 253
Vénus en Balance 253
Mars en Balance 254
Jupiter en Balance 255
Saturne en Balance 255
Ascendant en Balance 257
Milieu-du-Ciel en Balance 258

PORTRAIT ASTROLOGIQUE
DU SIGNE DU SCORPION

Image symbolique 261
Le bébé Scorpion 261
Le petit garçon et l'ado Scorpion 263
La petite fille et l'adolescente Scorpion 264

Le Scorpion devenu adulte, quel est son comportement de surface ? 264
Un être intuitif… 264
qui utilise les outils de la logique… 265
par soif de rationalité et de maîtrise 266
Un puissant désir de fusion 266
Le défi du Scorpion 267
Le pouvoir et l'argent : une passion… ou un leurre ? 268
Sa mauvaise réputation 269
Signe de métarmorphose 269
Une nature puissante et combative 270
Santé du Scorpion 270
Toucher le fond et renaître 270
Et si tu m'aimes, prends garde à toi ! 272

Œdipe et le Scorpion ... 272
Importance de la sexualité ... 273
La fusion, mais pas de sentimentalisme ... 273
Le chemin vers le Pardon ... 274
La femme Scorpion ... 274
Le Scorpion et le travail ... 276

Soleil en Scorpion, combiné à douze Ascendants ... 276
Scorpion Ascendant Bélier ... 276
Scorpion Ascendant Taureau ... 277
Scorpion Ascendant Gémeaux ... 277
Scorpion Ascendant Cancer ... 278
Scorpion Ascendant Lion ... 279
Scorpion Ascendant Vierge ... 279
Scorpion Ascendant Balance ... 280
Scorpion Ascendant Scorpion ... 280
Scorpion Ascendant Sagittaire ... 282
Scorpion Ascendant Capricorne ... 282
Scorpion Ascendant Verseau ... 283
Scorpion Ascendant Poissons ... 284

Planètes, Ascendant et Milieu-du-Ciel en Scorpion ... 284
Lune en Scorpion ... 284
Mercure en Scorpion ... 286
Vénus en Scorpion ... 286
Mars en Scorpion ... 287
Jupiter en Scorpion ... 287
Saturne en Scorpion ... 288
Ascendant en Scorpion ... 289
Milieu-du-Ciel en Scorpion ... 290

PORTRAIT ASTROLOGIQUE
DU SIGNE DU SAGITTAIRE

Image symbolique ... 293
Le bébé Sagittaire ... 293
Le petit garçon et l'ado Sagittaire ... 296
La petite fille et l'adolescente Sagittaire ... 296

Le Sagittaire devenu adulte,
quel est son comportement de surface ? 297
L'arc et la flèche 297
Un être éminemment social 298
Extraire des lois générales de l'expérience collective… 298
sans se préoccuper du particulier 299
Missionné par la collectivité 300
Un amoureux de liberté et de changement 300
Signe double, signe mutable 301
Moitié cheval… 302
moitié homme 303
Le Sagittaire et l'amour 305
La femme Sagittaire 306
Le Sagittaire et le travail : l'esprit d'équipe 306
Le Sagittaire et l'argent 307
Santé du Sagittaire 308

Soleil en Sagittaire, combiné à douze Ascendants 308
Sagittaire Ascendant Bélier 308
Sagittaire Ascendant Taureau 309
Sagittaire Ascendant Gémeaux 310
Sagittaire Ascendant Cancer 310
Sagittaire Ascendant Lion 311
Sagittaire Ascendant Vierge 311
Sagittaire Ascendant Balance 312
Sagittaire Ascendant Scorpion 313
Sagittaire Ascendant Sagittaire 313
Sagittaire Ascendant Capricorne 315
Sagittaire Ascendant Verseau 315
Sagittaire Ascendant Poissons 316

Planètes, Ascendant et Milieu-du-Ciel en Sagittaire 317
Lune en Sagittaire 317
Mercure en Sagittaire 318
Vénus en Sagittaire 319
Mars en Sagittaire 319
Jupiter en Sagittaire 320
Saturne en Sagittaire 320
Ascendant en Sagittaire 321
Milieu-du-Ciel en Sagittaire 322

PORTRAIT ASTROLOGIQUE
DU SIGNE DU CAPRICORNE

Image symbolique 327
Le bébé Capricorne 327

Le petit garçon et l'ado Capricorne 329
La petite fille et l'adolescente Capricorne 330

Le Capricorne devenu adulte, quel est son comportement de surface ? 330
Individualiste et conforme 332
Le moine 334
Le chercheur 334
Ambition… ou nécessité ? 335
Conscience sociale 337
Le Capricorne et le travail 338
Le Capricorne et l'argent 339
Le Capricorne et le temps 340
Le Capricorne et les rapports humains et amoureux 341
La femme Capricorne 342
Santé du Capricorne 343
Mélancolie du Capricorne 343

Soleil en Capricorne, combiné à douze Ascendants 344
Capricorne Ascendant Bélier 344
Capricorne Ascendant Taureau 345
Capricorne Ascendant Gémeaux 345
Capricorne Ascendant Cancer 346
Capricorne Ascendant Lion 347
Capricorne Ascendant Vierge 347
Capricorne Ascendant Balance 348
Capricorne Ascendant Scorpion 349
Capricorne Ascendant Sagittaire 349
Capricorne Ascendant Capricorne 350
Capricorne Ascendant Verseau 351
Capricorne Ascendant Poissons 352

Planètes, Ascendant et Milieu-du-Ciel en Capricorne 353
Lune en Capricorne 353

Mercure en Capricorne 354
Vénus en Capricorne 354
Mars en Capricorne 355
Jupiter en Capricorne 356
Saturne en Capricorne 357
Ascendant en Capricorne 358
Milieu-du-Ciel en Capricorne 359

PORTRAIT ASTROLOGIQUE
DU SIGNE DU VERSEAU

Image symbolique 363
Le bébé Verseau 363
Le petit garçon et l'ado Verseau 365
La petite fille et l'adolescente Verseau 366

Le Verseau devenu adulte,
quel est son comportement de surface ? 366
Sociable et sélectif 366
L'étranger 367
Une intelligence visionnaire 369
Le masculin Verseau 371
La femme Verseau 372
Le Verseau et l'amour 372
Santé du Verseau 373
Le Verseau et le travail 373
Le Verseau et l'argent 375
Ce qu'il n'avouera jamais 375
Un idéaliste 376

Soleil en Verseau, combiné à douze Ascendants 377
Verseau Ascendant Bélier 377
Verseau Ascendant Taureau 378
Verseau Ascendant Gémeaux 378
Verseau Ascendant Cancer 379
Verseau Ascendant Lion 379
Verseau Ascendant Vierge 380
Verseau Ascendant Balance 381
Verseau Ascendant Scorpion 381

Verseau Ascendant Sagittaire 382
Verseau Ascendant Capricorne 383
Verseau Ascendant Verseau 383
Verseau Ascendant Poissons 385

Planètes, Ascendant et Milieu-du-Ciel en Verseau 386
Lune en Verseau 386
Mercure en Verseau 387
Vénus en Verseau 387
Mars en Verseau 388
Jupiter en Verseau 389
Saturne en Verseau 389
Ascendant en Verseau 390
Milieu-du-Ciel en Verseau 391

PORTRAIT ASTROLOGIQUE
DU SIGNE DES POISSONS

Image symbolique 395
Le bébé Poissons 395
La petite fille et l'adolescente Poissons 398
Le petit garçon et l'ado Poissons 398

Le Poissons devenu adulte, quel est son comportement de surface ? 399
Un tempérament adaptable 399
De la fusion à la confusion 399
Du dévouement au sacrifice 400
L'Eau sensible 400
Le temps : Chronos, alias Saturne 402
Chaotique, poétique ou voyant 403
Y a-t-il une vie sur Terre pour un Poissons ? 404
Dualité entre dissolution et fécondité 404
Craintif et confiant 405
Dualité de l'illimité et de l'enfermement 405
Le Poissons et l'amour 406
La femme Poissons 406
Le Poissons et le travail 407
Le Poissons et l'argent 409

Santé du Poissons ... 410
Entre deux mondes ... 410
Double mission des Poissons ... 411

Soleil en Poissons, combiné à douze Ascendants ... 412
Poissons Ascendant Bélier ... 412
Poissons Ascendant Taureau ... 413
Poissons Ascendant Gémeaux ... 414
Poissons Ascendant Cancer ... 415
Poissons Ascendant Lion ... 415
Poissons Ascendant Vierge ... 416
Poissons Ascendant Balance ... 417
Poissons Ascendant Scorpion ... 418
Poissons Ascendant Sagittaire ... 418
Poissons Ascendant Capricorne ... 419
Poissons Ascendant Verseau ... 420
Poissons Ascendant Poissons ... 420

Planètes, Ascendant et Milieu-du-Ciel en Poissons ... 421
Lune en Poissons ... 421
Mercure en Poissons ... 423
Vénus en Poissons ... 423
Mars en Poissons ... 424
Jupiter en Poissons ... 425
Saturne en Poissons ... 425
Ascendant en Poissons ... 426
Milieu-du-Ciel en Poissons ... 428

PETITE BIBLIOGRAPHIE
POUR ALLER À LA RENCONTRE DE L'ASTROLOGIE ... 429

QUELQUES ÉCOLES ... 430

Photocomposition Nord Compo
Imprimé en Allemagne par GGP Media GmbH, Pößneck

Pour le compte des Éditions Marabout.
Dépôt légal : juillet 2008
ISBN : 978-2-501-05693-9
Codif. : 40.8118.8
Édition 01